育てたい子どもの姿とこれからの保育

――平成30年度施行　幼稚園　保育所　認定こども園　新要領・指針対応――

無藤　隆／編

ぎょうせい

はじめに

　本書は幼稚園教育要領，保育所保育指針，幼保連携型認定こども園教育・保育要領の平成29年３月改訂（改定）を受けて，その中心となるところを整理し，そういった理論的な提言を実践に結び付けるために，実践とのつながりのポイントを明確にしたものです。

　今回の改訂（改定）のポイントをキーワードで挙げれば，資質・能力，幼児期の終わりまでに育ってほしい姿，乳児保育，小学校との接続，障害児保育（特別支援教育）などです。同時に，以前から重要であった点は変わることなく，大切です。例えば，環境を通しての保育，生活における子どもの主体性，自発的な活動としての遊び，５領域，養護などです。すなわち，今回の改訂（改定）を的確に理解するためには，それらのキーワードの意味を把握する必要があるのです。

　この改訂（改定）は従来の幼児教育（幼稚園，保育所，認定こども園の保育ないし教育）の最良の部分を継承し，発展させ，全国のすべての園でそういった質の高い実践がなされるようにするため，その支援が行われました。幼児期に相応しい保育（教育）の中核は環境を通しての保育という方法にあり，また乳幼児期だからこそ経験すべき事柄は保育内容５領域として整理されています。それらを受け継ぎ，カリキュラム（全体的な計画と指導計画）により，組織的計画的に進めるのです。その上で，そこで育っていく子どもの力を資質・能力として捉え直し，そこから活動の指導のあり方と内容を見直していくようにします。

　さらに，資質・能力がどのように育ち，内容の中で成長していくかを，乳児保育から１・２歳の５つの領域，さらに３歳以上の領域と重ねて捉えて，幼児教育の責任の修了段階では，幼児期の終わりまでに育ってほしい姿として具体化してあります。このような子どもの活動の様子を「姿」として捉えることは，資質・能力の育ちを内容と組み

合わせて捉えることであり，それにより，子どもの保育の質の向上へと発展させていくのです。

　本書では，国や自治体の施策に深く関わり，また様々な園での助言活動に従事し，実践を志向した研究を行っている方々に執筆をお願いしてあります。どの節も端的に要点を示し，実践とのつながりを見えるようにしました。資質・能力の考え方，乳児保育から幼児期の終わりまでに育ってほしい姿まで，また5つの領域について，基本を押さえながら，改訂（改定）点の趣旨を明確にしています。その解説は，単に用語の理解にとどまらず，実践へのつながりが見えるように執筆しています。

　読者としては，勉学としてのみならず，研修のテキストとして，また自らの保育を見直す枠組みとして本書を活用できるでしょう。文章を読んで理解することとともに，実践事例を捉え直し，自分が関わるところでどう活かせるだろうかと検討してほしいと思います。改訂のポイントも従来から強調されてきたところもすべて，実践をよりよくしていくための視点です。概念的道具なのです。使ってみてこそ，勉学も研修も学ぶことが生きたものになります。

　最後に，厳しいスケジュールの中で執筆していただいた方々に感謝し，また巧みにまとめていただいた編集部にもお礼を申し上げます。

編者　　無藤　隆

目　次

序章　3法令の改訂（改定）のポイントとこれからの幼児教育 ……… 1

第1章　速解・新しい保育—改訂（改定）のポイント—

1　3法令の改訂（改定）の背景 …………………………………… 8
2　幼児期において育みたい資質・能力 …………………………… 12
3　幼児期の終わりまでに育ってほしい姿 ………………………… 18
4　全体的な計画 ……………………………………………………… 28
5　指導計画の作成 …………………………………………………… 32
6　乳幼児理解に基づいた評価 ……………………………………… 36
7　特別な配慮を必要とする子どもの保育 ………………………… 41
8　保育のねらいと内容
　　【健　康】……………………………………………………… 45
　　【人間関係】…………………………………………………… 50
　　【環　境】……………………………………………………… 54
　　【言　葉】……………………………………………………… 58
　　【表　現】……………………………………………………… 62
9　養護に関する基本的事項 ………………………………………… 66
10　乳児保育 …………………………………………………………… 73
11　1歳以上3歳未満児の保育 ……………………………………… 78
12　子育て支援 ………………………………………………………… 83
13　認定こども園における教育及び保育 …………………………… 89
14　小学校への接続 …………………………………………………… 93

第2章　乳幼児期の育ちと学び

1　乳幼児期における心と体の発達 ……………………… 100
2　非認知能力とは ……………………………………… 104
3　愛着の形成 …………………………………………… 109
4　遊び・生活と子どもの学び ………………………… 113
5　子どもの「育ち」と「学び」から見た園環境 …… 118
6　ものづくり …………………………………………… 123
7　ごっこ遊び …………………………………………… 128
8　感情の発揮と抑制 …………………………………… 132
9　協同性と社会性の芽生え …………………………… 137

第3章　保育者の仕事——3法令の改訂（改定）を踏まえて——

1　子どもにとっての保育者 …………………………… 144
2　子ども一人一人を生かす指導計画 ………………… 149
3　環境の構成 …………………………………………… 154
4　教材研究と準備 ……………………………………… 158
5　アクティブ・ラーニングの視点を生かした学びの過程 …… 162
6　「幼児期の終わりまでに育ってほしい姿」に向けた
　　実践の評価 ………………………………………… 167
7　認定こども園の1日 ………………………………… 172
8　保育の記録と見直し ………………………………… 178
9　保育者の同僚性とカリキュラム・マネジメント … 182
10　これからの保育者のあり方 ………………………… 186

資料	幼稚園教育要領	192
	保育所保育指針	203
	幼保連携型認定こども園教育・保育要領	225

編者・執筆者一覧

2　環境を通しての保育と内容領域という基本

　環境を通しての保育という原則は20世紀の幼児教育の1つの成果というべきものです。日本では，平成元年の改訂以来，明示されましたが，それ以前からの子どもの主体性と遊びを中心とする保育の発展なのです。

　それは，小さい子どもは決められた教材ではなく，身近な環境にあるもの・ひと・ことへの出会いを通して，それらに積極的に関わることを通して意味のある経験をするのだという原則です。身近な環境にあるものは子どもに出会ってほしいすべてですが，そこで子どもが何に出会い，どういう経験をするかは保育する側がある程度誘導することはできても，細部まで決めることはできません。その都度のたまたまのことが積み上がり，子どもが興味を覚え，さらに関わっていこうとするところから，子どもは深い経験をし，その経験の変容から学びが生まれ，それが積み上がることで長い目での育ちとなっていきます。

　身近な環境にあるものに日常的に繰り返し出会うということとともに，そこに子どもが主体的・能動的に関わるという原則が重要です。単に受け身で見るだけでは思考の働きが十分自律していない子どもには難しいのです。実際に手に取り，操作し，組み合わせることが必要です。

　もう1つの原則はそれらの関わるべき事柄を領域という内容により大きく分類して，それを数週間単位で経験するようなバランスにあります。保育内容の5つの領域はそういった小さい子どもに経験してほしい事柄を整理したものです。小さい時期はすべてに初めて出会う時期です。そこでは最小限，どういうことに出会い，経験すべきかを100年の歴史をかけて精査してきたのです。

3　資質・能力の考え方とは

　では，「資質・能力」の捉え方とは何でしょうか。これは乳幼児期

から始まり，小学校以降18歳までを見通して，子どもの根幹となる力の育ちを捉えるものです。知的な面と情意的・社会的な面とからなります。知的な面は特に対象の特徴を捉えるという働きと，それを自分の側で捉え直し，課題解決に向けて検討していくという思考の働きがあります。即ち，第1は「知識及び技能の基礎」で，特に乳幼児期には「気付き，できるようになること」として，知的また身体的関わりのプロセスを強調しています。第2は「思考力，判断力，表現力等の基礎」で，「試し工夫すること」がそのプロセスの中心です。第3は「学びに向かう力，人間性等」であり，物事の面白さ・不思議さなどに心が動かされ，そこからやってみたいことが生まれ，そのことに向けてしばしば他の子どもと共に粘り強く取り組むことからなります。

　こういった資質・能力はごく短い時間の小さな子どもの活動の主体的で能動的な関わりのよさを示しているものであり，同時に，長い期間を経て，子どもの内面において積み重なり，構造化に向かう知識・技能やそれを活用する思考力や諦めずに難しいことに挑戦し続ける態度として発展していきます。そういった二重性があることにより，資質・能力を育成するという原則は，乳幼児期全体の成長を把握し，それを小学校以降につなぐ土台となりますし，同時に，日々の保育での子どもの様子を捉えながら，それがそういった長期の成長に向かっているかどうかのチェックのポイントともなります。つまり，気付き，できていくことや試し工夫すること，やりたいことを見いだし粘り強く取り組むことなどが活動をよりよくしていくための視点となります。この資質・能力の捉え方を使って，保育での子どもの様子を見直し，内容と組み合わせながら，検討を深めていくのです。

4　乳児保育から始まる

　こういった資質・能力の始まりは保育指針などの乳児保育の規定に現れています。そこでの3つの視点は自分の心身への関わり，親しい他者との関わり，身近なものとの関わりなのですが，そういった乳児

の関わりから，物事の特徴に応じていくことや，自分のやりたいことに向けて考え工夫すること，さらにやりたいことを実現しようと粘り強く取り組む態度が生まれます。

　3つの視点の第1は「健やかに伸び伸びと育つ」であり，健康な心と体の力の基盤を培うことです。まだ大人に依存している時期ですが，自立への芽生えはあり，そういった子どもからの取組を援助し導くのが保育者の役割です。第2は「身近な人と気持ちが通じ合う」であり，身近な保育士などとの安定した信頼関係・愛着関係を，受容的で応答的な対応から育成していきます。子どもはそこから様々な人間関係へと関わりを広げていきます。第3は「身近なものと関わり感性が育つ」であり，乳児が周りに置かれているものに関わって，好奇心を抱き，そのものが何であるかとか，どう使えるのかを働きかけ試すことを助け，子どもの周りのものへの理解を育成します。

　1歳代に入ると，言葉の育ちが始まり，見立てなどの行為から表現活動が広がります。それを受けて，内容面で組織的な整理が必要になり，5つの領域としていきます。その後，その領域として経験してほしいことが広がり，3歳以降の5つの領域となっていきます。その関わる活動において育つ力が資質・能力であり，その成長は具体的な活動内容の中で深められていきます。

　幼児期の終わりになると，その深まりは幼児期の終わりまでに育ってほしい姿となって現れてきます。その具体的な様子を資質・能力の育ちの視点から内容領域を整理したものなのです。乳児保育からの連続性が明確になっていることから，幼児教育は発達の連続性を受けて，学びの連続性を育成することにより成り立つという原則がわかります。

5　幼児期の終わりまでに育ってほしい姿

　幼児期の終わりに資質・能力がどういう姿として現れてくるかを示すものが「幼児期の終わりまでに育ってほしい姿」です。「健康な心

と体」から「豊かな感性と表現」まで，資質・能力が5つの領域の中で特に年長の後半に伸びていく内容の中でどう現れてくるかを描き出しています。それは乳児期からの長い間の育ちを受け，さらに小学校以降へと伸びていく途中の一区切りの子どもの様子を示しています。この姿を，保育者が自分が受けもつ子どもたちの数週間・数か月の様々な活動の中の様子とともに見ていく中で，保育の質の向上を図る道筋が見えてくるでしょう。まさに実践の見直しと改善のための枠組みがこういった「10の姿」なのです。

　「健康な心と体」では，「幼稚園生活の中で，充実感をもって自分のやりたいことに向かって心と体を十分に働かせ，見通しをもって行動し，自ら健康で安全な生活をつくり出すようになる。」とあります。「自立心」では，「身近な環境に主体的に関わり様々な活動を楽しむ中で，しなければならないことを自覚し，自分の力で行うために考えたり，工夫したりしながら，諦めずにやり遂げることで達成感を味わい，自信をもって行動するようになる。」とあります。

　10の姿で大事なことは，まずはこれが途中経過を示すということです。「するようになる」と完成形ではないことを明示しています。次に，これらは資質・能力の現れです。自立心ですと，「自覚する」ことや「行動する」ことは気付き，できるようになること，「考えたり，工夫する」ことは思考力，「諦めずにやり遂げる」は学びに向かう力にそれぞれ対応しています。さらに，健康な心と体で見ると，単に元気で自立した習慣ができることにとどまらず，充実感があり，十分に働かせ，見通しをもち，自らつくり出すのです。そういったあり方を子ども自らが保育者の助けにより実現しようとしていく過程を述べているのであり，単に成果として健康だということではないのです。そして，乳児保育のところで述べたように，これがいきなり年長で現れるのではなく，小さい時期からの育ちの積み重ねとして具体化していき，その後の小学校につながっていくのです。

　なお，「姿」であることの意味を捉える必要があります。それは保

育者が子どもの様子を捉え，記述し，そこで数週間といった中での様々な活動で見えてきた子どもの育ちをこの10の姿と対応させつつ，子どものよさを把握していきながら，もし保育としてさらに充実できることがあるなら，そのような方向に指導を向けていこうというものです。子どもの姿を具体的に捉え，そこでの学びを明らかにするための視点が10の姿なのです。

6　小学校への接続

　小学校では低学年の始まりにおいて，幼児期に育ってきた資質・能力をさらに伸ばすために，幼児期の終わりまでに育ってほしい姿を踏まえて指導を進めます。そのため，1年生の始めの段階では「スタート・カリキュラム」として，この10の姿が発揮されるような場面を用意していきます。それは幼児教育から学ぶことができますし，適応指導などもいろいろな幼保からやってくる子どもがいる中で，子どもの意見を聞きながら，子どもと相談し，小学校の事情を説明しつつ，実施していくことです。そこから徐々に教科の教育へと子どもを導きます。

　例えば，「数量や図形，標識や文字などへの関心・感覚」の姿なら，数量に関わる生活や遊びの場面での数量の体験活動や気付きをまず拾い出し（例えば学校探検でいろいろな教室の広さや椅子の数に気付く），そこから徐々に算数的活動，そして筆算の指導へと進めます。

　そのようにして，幼児期に育った力を活かして，最終的には小学校の低学年での適応をよいものにすると同時に，学力の指導のレベルを上げることが幼児教育と小学校教育の接続の目的です。

第1章

速解・新しい保育
─改訂(改定)のポイント─

1 3法令の改訂（改定）の背景

1　これからの時代を生きる子どもたちに育みたい力

　この度，「幼稚園教育要領」「保育所保育指針」「幼保連携型認定こども園教育・保育要領」の3法令が同時に改訂（改定）されました。この改訂（改定）の背景には，世界規模で進められている教育改革があります。

　地球規模で起こる環境問題や，世界各地で起こる紛争，高度化し制御不能かと思われる科学技術の進歩への恐怖，畏敬の念を抱くしかない自然災害など，困難な要素が私たちの世界には蔓延しています。そのような中，地球の未来への希望は，教育つまり次世代育成にあるといえるでしょう。人類における持続可能な社会の発展には，次世代の教育のあり方の再検討が不可欠であると考えます。

　国際化，情報化，人工知能化が急激な速さで進んでいる現在，子どもたちがこれからの時代を生きていく上で，必要な力とは何でしょうか。また，そのような力を育むことはいかにして可能なのでしょうか。昨今，次世代育成のあり方が世界中で議論されています。この度の3法令の改訂（改定）にはこれらの議論が反映されています。

　経済協力開発機構（以下「OECD」と表記）やヨーロッパ，ニュージーランドなどでは，すべての人々が社会で生きていく上で，また社会の主体的な形成者として貢献する上で重要であると考えられる力量，つまり「コンピテンシー」が検討されてきました。OECDでは，1997年から「コンピテンシーの定義と選択」(DeSeCo) プログラムにおいて検討が開始され，2003年にはその最終報告書が著されました。

　主体的な形成者として社会で生きていく上で大切な知識や技術，そ

してそれらを活用する力は様々なものがありますが，OECDではその主要なものを「キー・コンピテンシー」と命名しました。

> **OECDのキー・コンピテンシー**
> 1．個人と社会との相互関係に関する能力：社会・文化的，技術的ツールを相互作用的に活用する能力
> 2．自己と他者との相互関係に関する能力：多様な社会グループにおける人間関係形成能力
> 3．個人の自律性と主体性に関する能力：自律的に行動する能力

　アメリカや日本でも，21世紀の社会を生きる上で必要とされる能力が検討されてきました。変化が激しく，複雑化する社会に対応するには，知識や技術を細切れで習得するのではなく，既存の知識や技術を文脈とともにいかに活用し，他者と共同で臨機応変に発展させつつ，応用していく力量が必要であるとされ検討されています。国立教育政策研究所も『社会の変化に対応する資質や能力を育成する教育課程編成の基本原理』(2013年報告書) において「21世紀型能力」を整理しています。それは，多様な価値観を有する他者と対話し協働する「実践力」を含む力であり，複雑な21世紀の世界における問題解決につながる「思考力」が中核となり，「基礎力」が根底となります。

　これからの時代の子どもたちに育みたい力とは，自らが判断し（選択し），行動する力であり，コミュニケーションの力，協働性，主体的に参画する力などです。これらの力量は文脈とともに考えながら経験的に身に付けることができると考えられています。よって，中央教育審議会は，要領等法令の改訂にあたり，アクティブ・ラーニングやチーム学校の推進を，答申で示しました。

　アクティブ・ラーニングとは，授業で教員が一方向的に講義形式で話し続けるといった授業形態による教育とは異なり，子どもたちが能動的に参加しながら学ぶ機会を設けた形の教育方法のことを指します。よく挙げられる例としては，発見学習，問題解決型学習，体験学習，調査学習があり，グループ・ディスカッション，ディベート，グ

ループ・ワークなどもアクティブ・ラーニングの方法といわれています。乳幼児期の教育は，そもそもアクティブ・ラーニングであるといえます。教科も教科書もなく，遊びの中に様々な領域の育ちや学びの姿が総合的に展開する経験主義教育が保育だからです。子どもの興味関心が起点となり，文脈とともに臨機応変に展開する乳幼児期の教育は，知識や技術の習得よりも，ものや人への気付きや興味関心，探求心など人の感情との関わりが強く，試行錯誤や創意工夫といったこれからの時代に生きる子どもたちに育みたい生きる力の基礎を培うものであるともいえます。

この観点から，乳幼児期の独自な教育の重要性が注目され，その浸透を図ることの重要性への認識が社会に広がることとなりました。

2　乳幼児教育の重要性への認識の広まり

今世紀に入って，保育学，教育学，心理学研究の発展のみならず，脳科学，社会経済学等の研究成果からも，乳幼児期の教育保障の重要性が指摘されるようになってきました。昨今では特に赤ちゃん研究や胎児研究も盛んです。

これらの研究成果から，乳幼児期に非認知的能力を育むことが大切であることが指摘されるようになってきました。一般に，IQなどテストで測ったり，数値化したりすることができる力を認知的能力といいます。一方で，テストで測りにくい力，つまり，意欲や，好奇心，粘り強さ，協調性，思いやり，自制心などを非認知的能力といいます。非認知的能力が育まれると，おのずと認知的能力の育ちもうながされます。なぜならば自尊感情や，やればできるという自己有能感，意欲，好奇心の育ちが，ものや人への関心を高め，結果的には多様な知識や技術の習得につながるからです。

これら非認知的能力は，乳幼児期にこそ育みたい力と考えられています。その理由は，この時期は，自尊感情も高く，好奇心が旺盛な時

期であるからです。

これらを背景に，教育基本法では，幼児教育は，生涯にわたる人格形成の基礎を培うものであることが明示されています。

〈教育基本法における「幼児期の教育」の位置付け〉

> （幼児期の教育）
> **第11条** 幼児期の教育は，生涯にわたる人格形成の基礎を培う重要なものであることにかんがみ，国及び地方公共団体は，幼児の健やかな成長に資する良好な環境の整備その他適当な方法によって，その振興に努めなければならない。

幼児期の教育の重要性が位置付けられたことにより，その教育を保障する必要性も議論されてきました。各国の研究成果からも，乳幼児期にふさわしい経験を保障することが，のちの育ちにも影響を与えることが指摘されてきました。特に，ハイリスクであったり，支援を必要としたりする家庭の子どもたちの早期からの保育専門職による保育の提供が，その子どもの愛着形成や育ちに肯定的な影響を与えることも明らかにされつつあります。

こういった乳幼児期の教育の独自性や重要性に関する認識の広まりにより，子育て支援や保護者支援の観点からだけではなく，子どもの育ちや学びの権利を保障するという観点から，すべての子どもに対して，保育専門職による施設保育を提供することの重要性が，今日議論されています。

乳幼児期の教育はその方法が独自であるけれども，これからの時代の子どもたちの教育の一環として乳幼児教育が位置付けられることとなりました。この度の改訂（改定）では，園学種を超えて，産まれてから大人になるまでの子どもに育みたい，資質・能力の柱が共通化されました。幼児期の終わりまでに育ってほしい姿が明示され，園での経験を踏まえた連続性のある教育が小学校教育で実施されることが明示されたのです。

2 幼児期において育みたい資質・能力

1 育成を目指す「資質・能力」

今回の改訂（改定）では，生きる力の基礎を育むために，幼児期において育みたい資質・能力として，「知識及び技能の基礎」「思考力，判断力，表現力等の基礎」「学びに向かう力，人間性等」の３つを，５領域（「健康」「人間関係」「環境」「言葉」「表現」）を踏まえ，遊びを通しての総合的な指導により一体的に育むことが目指されています。

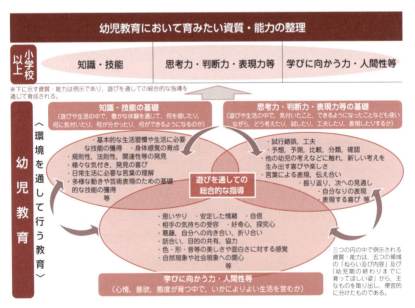

中央教育審議会「幼稚園，小学校，中学校，高等学校及び特別支援学校の学習指導要領等の改善及び必要な方策等について（答申）」補足資料（平成28年12月21日）

この幼児期において育みたい3つの資質・能力は、それ以降の小学校、中学校、高等学校での教育へと貫くものです。中央教育審議会「幼稚園、小学校、中学校、高等学校及び特別支援学校の学習指導要領等の改善及び必要な方策等について（答申）」（平成28年12月21日）において、資質・能力の3つの柱とは、①「何を理解しているか、何ができるか（生きて働く「知識・技能」の習得）」、②「理解していること・できることをどう使うか（未知の状況にも対応できる「思考力・判断力・表現力等」の育成）」、③「どのように社会・世界と関わり、よりよい人生を送るか（学びを人生や社会に生かそうとする「学びに向かう力・人間性等」の涵養）」として示されています。小学校以降のすべての教科等の目標及び内容に関わる「知識及び技能」「思考力、判断力、表現力等」「学びに向かう力、人間性等」の資質・能力を、幼児期から育んで学校教育へつなげていくことが明記されたのです。

2　幼児期の教育における「見方・考え方」

　幼児期の教育における「見方・考え方」としては、「幼児が身近な環境に主体的に関わり、環境との関わり方や意味に気付き、これらを取り込もうとして、試行錯誤したり、考えたりするようになる」ことが示されました。このような見方・考え方を身に付けていくことが、幼児期の学びといえるでしょう。保育者との信頼関係を十分に築いた上で、自己を発揮し、身近な環境に主体的に関わることや、関連する様々な活動を楽しみながら多様な感情体験をすること、そこで考えたり工夫したり試行錯誤したりすることは、幼児期の教育の基本であり、3つの資質・能力とも深く関わっています。

3 幼児期において育みたい資質・能力

　では，幼児期において育みたい3つの資質・能力について考えましょう。「知識及び技能の基礎」は，「豊かな体験を通じて，感じたり，気付いたり，分かったり，できるようになったりする」ことです。小学校での学びを先取りすることではなく，遊びや生活の中で気付いたり，できるようになったりすることです。

　「思考力，判断力，表現力等の基礎」は，「気付いたことや，できるようになったことなどを使い，考えたり，試したり，工夫したり，表現したりする」こととされています。遊びや生活の中で，これまでに気付いたことやできるようになったことなどを生かして，あれこれ考えたり，試行錯誤したり，工夫したりしながら，使っていくことです。

　「学びに向かう力，人間性等」とは，「心情，意欲，態度が育つ中で，よりよい生活を営もうとする」ことです。これまでの幼児期の教育においても心情，意欲，態度が大切にされ，乳幼児期から育まれているものであるため，「基礎」とは表記されていません。

　「学びに向かう力」とは，「自分の気持ちを言う」「相手の意見を聞く」「物事に挑戦する」などの自己主張，自己抑制，協調性，がんばる力（挑戦，集中力，持続力・粘り強さ），好奇心に関係する力とされています（ベネッセ教育総合研究所，2016）。「学びに向かう力」は，知識や思考力などの知的な育ちに対して感情の育ちであり，社会情動的スキル（非認知的能力）とも呼ばれています。新要領・指針で提示された「幼児期の終わりまでに育ってほしい姿」の「自立心」とも深く関連しています。

4 資質・能力を事例から考える

資質・能力について，5歳児のトイつなぎの事例から考えてみましょう。

> 【事例】 T夫のトイつなぎ（5歳児6月）
>
> T夫　：水道から砂場に向けてトイを地面に並べていくが，砂場の縁が高く斜めになる。
> 　　　　水を流すと砂場の縁であふれる。<u>重ね方を変える</u>があふれる。
>
> 保育者：「うまくいかないね」「何でだろうね」
>
> T夫　：「ここでこぼれる」と指して，<u>勢いよく水を流す</u>があふれる。
>
> A美　：斜めのトイを指して<u>「スーって滑り台みたいだから」</u>
>
> H也・T太・M斗：保育者に呼ばれるなどして集まってくる。
>
> H也・M斗：砂場の縁のトイを持ち上げて考えている。
>
> A美　：「そこを上げると<u>今度はここ（隣のトイ）が斜めになって</u>」
>
> T夫　：トイ全体を見まわして困っている。
>
> H也　：「あ，わかった，わかった！」と<u>円柱積木を持ってきてトイの下に置く</u>。
>
> 保育者：「なんか，ちょっと違うのになった」

5歳児6月　トイをつないで並べる。

砂場の縁で斜めになる。
「うまくいかないね」

「わかった，わかった！」
円柱積木を下に置く。

T太　：「ここが…」とその手前の斜めのトイを指す。
H也　：トイを持ち上げると，T夫が円柱積木を持ってきて置く。
A美　：「今度はここが斜めになる！」と嬉しそうに持ち上げる。
H也　：嬉しそうに円柱積木を持ってきて置く。
T夫　：「行きまーす！」と水を流す。
A美　：まだ低いトイから水がもれて「ここ」と指す。
H也・T夫：すぐにそこへ円柱積木を置く。
みんな：トイが真っ直ぐになり水が砂場まで流れ「わぁー！」と喜ぶ。
A美　：「いいこと考えた！ここに何か流す！」
H也　：「あ，ここ（流し）そうめんにする！」と笑う。
H也たち：「何か流そう」とスコップを流して追いかける。
T太　：砂場まで流れると「来てますよ！すごーい」と喜ぶ。

　その後も，次々とスコップや洗濯ばさみを流したり，「裸足になりたーい！」と靴を脱いで砂場の水たまりに入ったり，流れてきたスコップをキャッチして再び最初からトイに流したりする。

砂場まで流れる。
「わぁ」「来てますよ！すごーい」

　5歳男児T夫は，昨年の年長児のように，水場から砂場まで長くつなげたコースをつくろうと，初めて長いトイを並べていました。水があふれると，これまでの砂場での水遊びでの経験や知識（**知識及び技能の基礎**）を使って考え，トイの重ね方を変えたり，水の勢いを強くしたりして試行錯誤します（**思考力，判断力，表現力等の基礎**）。しかし，砂場の縁で斜めになり，水があふれます。保育者は「うまくいかないね」と一緒に見守り，T夫の困った様子に気付いたA美は「スーって滑り台みたいだから」と気付きを伝えています（**知識及び技能の基礎**）。他の男児も加わって水があふれる困りを共有し，何とかしようとみんなで考え続け（**学びに向かう力，人間性等**），傾斜と水の流れとの関係を考えながら試行錯誤しているのです（**思考力，判**

断力，表現力等の基礎）。H也が「わかった，わかった！」と円柱積木を持ってきてトイの下に置いたとき（**知識及び技能の基礎**），保育者は「ちょっと違うのになった」と話し，これまでと比べたり，その後の展開を支えたりする声かけをしています。A美やT太は最初「今度はここが（斜めになる）」と悩んでいましたが，円柱積木を置くことで砂場の縁より高くすればよいことに気付くと（**知識及び技能の基礎**），ワクワクしながら「今度はここが斜めになる！」と伝えて円柱積木を置くという一連の流れを楽しみ，課題が解決していく面白さや喜びを共有しています。結果として，トイが真っ直ぐになり水が砂場まで流れたことにより，みんなで協力して解決した達成感を味わい，次の遊びの展開への好奇心が生まれているのです（**学びに向かう力，人間性等**）。

5歳児10月　ビールケース等でより巧みに傾斜をつくる。
（写真提供：奈良教育大学附属幼稚園）

◆参考文献
・ベネッセ教育総合研究所「幼児期から小学1年生の家庭教育調査・縦断調査（速報版）」2016年

3 幼児期の終わりまでに育ってほしい姿

1 幼児期の終わりまでに育ってほしい姿とは

　幼児期の終わりまでに育ってほしい姿（10の姿）は，次の３つの視点から捉えるとよいでしょう。
○　５領域のねらい・内容・内容の取扱いに示されているものの中で，年長児後半に特に育ちが目覚ましい子どもの姿を整理して示したもの。この５領域のねらい・内容と，前節の「幼児期に育みたい資質・能力」が統合されたものが，幼児期の終わりまでに育ってほしい姿である。そのため，その具体的な文言の中に資質・能力の３つの柱（知識及び技能の基礎，思考力・判断力・表現力等の基礎，学びに向かう力・人間性等）の要素が総合的に含まれるような書き方がされている。
○　幼児の育ちの方向性であり，指導の方向性でもある。そのため，子どもの育ちの理解の視点として，遊びの中で現れている姿を育ちつつある姿としてプロセスとして捉える。また，到達目標として，示されている事柄（姿）を幼児期に到達させるためのものではない。
○　小学校との接続において，幼児期の育ちを明確化したもので，小学校低学年（入学当初）は，その育ちを活かしながら生活科を中心とした各教科の教育の工夫がなされる。

2 子どもの育ちをプロセスで捉えるための視点

(1) 年長児後半に特に育ちが目覚ましい子どもの姿とは

　従来の要領・指針では，５領域の心情・意欲・態度等の「ねらい」

が方向目標として示され，そこに向けて幼児が育っていくように保育内容が考えられ，援助や指導を行ってきました。今回の改訂（改定）で示された10の姿は，その５領域のねらい・内容・内容の取扱いに示されていることのうち，年長児後半に特に育ちが目覚ましい子どもの姿を整理して示したものです。そのため，５領域を基盤にしながら「健康な心と体」「自立心」「協同性」「道徳性・規範意識の芽生え」「社会生活との関わり」「思考力の芽生え」「自然との関わり・生命尊重」「数量や図形，標識や文字などへの関心・感覚」「言葉による伝え合い」「豊かな感性と表現」の10個の姿として表現されています。保育は環境を通して行うことを基本とし，保育の内容として「ものとの関わり」「人との関わり」が豊かに積み重なってくる中で，子どもたちは様々なことに気付いたり，できるようになったり，考えたり，試したり，工夫したり，表現したりします。そして，友達と関わりながら「一緒にやりたい」「次はこうしたい」とさらなる意欲や共通の目標が生まれてきます。このような資質・能力が育っていく中で，年長児後半には10の姿で示されているような子どもの姿が，顕著な姿として現れてくるのです。

　例えば，幼稚園教育要領の「健康な心と体」には次のように示されています。

> 幼稚園生活の中で，充実感をもって自分のやりたいことに向かって心と体を十分に働かせ，見通しをもって行動し，自ら健康で安全な生活をつくり出すようになる。

　これは領域「健康」に示されていることを要約したものです。ここに示されていることが一度に見られる保育場面や子どもの姿はなかなかありませんが，年長児を担当したことのある保育者なら，「そうそう年長さんも秋以降になると，ここに書いているような姿はよく見られるのよね」と感じることが多いのではないでしょうか。

　この中に示されている姿の１つ「充実感をもって自分のやりたいことに向かって心と体を働かせている姿」は「好きな遊び（自由遊び）

の中で，やる気まんまんで夢中になって遊ぶ姿」「友達と遊びながら満足感を感じている姿」などのように，複数の場面で捉えることができるでしょう。「見通しをもって行動する姿」は「もうすぐ長い針が○○になるから，そろそろ終わろうとする姿」「今日はこれやったから，明日はこうしようと考える姿」のように，生活の流れや遊びの見通しをもっている子どもの姿を複数の場面で捉えることができるでしょう。

　このような子どもの育ちの姿は，領域「健康」のねらい「(1) 明るく伸び伸びと行動し，充実感を味わう」「(2) 自分の体を十分に動かし，進んで運動しようとする」「(3) 健康，安全な生活に必要な習慣や態度を身に付け，見通しをもって行動する」を育み，そこに示された内容を様々に経験してくる中で育ってきたものなのです。

　そのため，要領・指針等には「幼児期の終わりまでに育ってほしい姿」は「第2章に示すねらい及び内容に基づく（保育）活動全体を通して資質・能力が育まれている幼児の幼稚園修了時（子どもの小学校就学時／園児の幼保連携型認定こども園修了時）の具体的な姿であり，教師（保育士等／保育教諭等）が指導を行う際に考慮するものである」と5領域のねらい・内容との関連が位置付けられています。ここでは「健康な心と体」と領域「健康」を例に挙げましたが，5領域が相互性・総合性をもつのと同様に，この「10の姿」は個々に独立的に捉えるものではなく，ある一定期間の子どもの遊びや活動の姿の中に，10の姿の複数が絡み合っているものとして捉えていくことが必要です。

(2) 子どもの育ちをプロセスで捉えて，指導の改善を図る

　前述した「健康な心と体」の中に現れている子どもの姿は，何も年長児後半だけでなく，3歳児や4歳児でも見られる姿です。つまり，「健康な心と体」のゴール（到達目標）があるのではなく，育ちの方向性として理解し，3歳児なりの育ち，4歳児なりの育ちがあって，

その延長線上に年長児後半の「充実感をもって自分のやりたいことに向かって心と体を働かせている姿」があると捉えるとよいでしょう。

そのため，子どもの育ちを「育ちつつある姿」の途中経過（プロセス）として現在進行形で捉えていく必要があります。そして，その育ちは，小学校1年生になっても学習面や生活面等で，「自分のやりたいことに向かって心と体を働かせている姿」にもつながっていくわけです。だからこそ，10の姿は子どもが育っていく方向性であって，その育ちを捉える10個の視点が示されているといえます。

他方，前述の要領・指針等で10の姿は「教師（保育士等／保育教諭等）が指導を行う際に考慮するものである」とも示されています。例えば「充実感をもって自分のやりたいことに向かって心と体を十分に働かせる姿」が，もし弱いとしたら，そもそも日々の保育の中で自己充実をしていけるような主体性や自発性の機会が保障されているか，そのような保育の展開や様々な活動の援助が保障されているかといった保育者自身の保育のあり方を見直していく必要があります。

そのため，10の姿は幼児の育ちの方向性であると同時に，指導の方向性でもあります。指導の改善を図っていくために，目の前の子どもの姿を10の姿で捉えながら，育ちつつあるところ，育ちがまだ十分でないところを把握し，次への手立てを考えていくことが求められているのです。

3 10の姿のそれぞれの押さえておきたいポイント

本節の最後に要領・指針等に示されているものを掲載していますが，その中で特に押さえておきたいことは以下の部分です。

「健康な心と体」では「充実感をもって自分のやりたいことに向かって心と体を十分に働かせ」ること，「自立心」では「自分の力で行うために考えたり，工夫したりしながら，諦めずにやり遂げる」こと，「協同性」では「互いの思いや考えなどを共有し，共通の目的の

実現に向けて，考えたり，工夫したり，協力したり」すること，「道徳性・規範意識の芽生え」では「友達の気持ちに共感したりし，相手の立場に立って行動する／自分の気持ちを調整し，友達と折り合いを付け」ること，「社会生活との関わり」では「人との様々な関わり方に気付き，相手の気持ちを考えて関わり，自分が役に立つ喜びを感じる／社会とのつながりなどを意識する」こと，「思考力の芽生え」では「(物との) 多様な関わりを楽しむ／友達の様々な考えに触れる中で (中略) 自分の考えをよりよいものにする」こと，「自然との関わり・生命尊重」では「自然に触れて感動する体験を通して (中略) 自然への愛情や畏敬の念をもつ／身近な動植物に心を動かされる中で (中略) 命あるものとしていたわり，大切にする気持ちをもって関わる」こと，「数量や図形，標識や文字などへの関心・感覚」では「(それらの) 役割に気付く／自らの必要感に基づきこれらを活用」すること，「言葉による伝え合い」では「先生や友達と心を通わせる中で (中略) 言葉による伝え合いを楽しむ」こと，「豊かな感性と表現」では「友達同士で表現する過程を楽しんだりし，表現する喜びを味わう」ことが，それぞれのポイントです。

4　10の姿を具体的に

　ここでは２つの例を挙げながら，具体的に説明したいと思います。

(1) 例１「造形活動の取組」の場合
　例１として「年長後半で取り組む造形活動（作品展等）に取り組む過程」を取り上げます。その際，個人製作ではなく，アイデアを出し合ったりしながら，数週間進めていく協同的な活動を想定します。
　「健康な心と体」では，「こうしたい」「もっとこんなふうにしたい」と子どもたちの思いが生まれて展開していくような場面が「充実感をもって自分のやりたいことに向かう」と読み取れるでしょうし，「作

品展までもうすぐだけど，遊び方はこうした方が来てくれた人が楽しくなるんじゃない？」などのちょっと先のことを考えながら行動していく姿が「見通しをもって行動する姿」といえるでしょう。そして，その造形活動の取組の中で「こうしたい」「もっとこんなふうにしたい」と子ども自身がイメージしたり，考えたりしていることを実現するために「自分の力で行うために考えたり，工夫したりしながら，諦めずにやり遂げていく」という姿が「自立心」といえるでしょう。

「協同性」では，「自分たちのグループでどんなものを作ろうか」「こんなふうに作っていこう」というような「互いの思いや考え」を共有しながら，その「共通の目的の実現に向けて，考えたり，工夫したり，協力したりする姿」といえるでしょうし，その中で見られる「友達の様々な考えに触れる中で自分の考えをよりよいものにする」というのは「思考力の芽生え」といえるでしょう。

また，作っていく過程の中で「物との多様な関わりを楽しむ姿」や「友達同士で表現する過程を楽しんでいる姿」は，「思考力の芽生え」とともに「豊かな感性と表現」ともいえます。

このように取組の過程の中で，子どもたちは「先生や友達と心を通わせ，"こうしよう"，"これはどう"，"それがいいね"と言葉による伝え合いを楽しむ」ような「言葉による伝え合い」の姿も見られ，「友達の気持ちに共感する」姿も見られるでしょうし，他方，自分の思いやイメージが相手に伝わらないときに，「自分の気持ちを調整し，友達と折り合いを付ける」という姿も見られるでしょう。これは「道徳性・規範意識の芽生え」でもあります。そして，協同的な活動を通して「人との様々な関わり方に気付き，相手の気持ちを考えて関わり，自分が役に立つ喜びを感じる」というのは「社会生活との関わり」の育ちの姿といえるでしょう。

さらに，作り上げていく過程で「数量や図形，標識や文字などへの関心・感覚」としては，看板やメニューや地図などを書いたりする中で，文字や数などの役割に気付いたり，自分たちの必要感に基づき，

それらを活用する姿も見られるでしょう。また、どんなふうに作ろうかというイメージや考えを出し合う中で、実際の近隣のお店や施設、公園や森などを訪れ、お店や施設の人に関わったり、公園や森などで自然に触れたりすることは、「社会とのつながりなどを意識する」「自然に触れて感動する体験をする」といった「社会生活との関わり」や「自然との関わり・生命尊重」の姿が見られるでしょう。

　このように年長児後半の数週間かけて行う協同的な造形活動の中には、10の姿で書かれているような子どもの育ちが見られるのです。保育者としては、その取組の過程の中で、どうしたら「自立心」「思考力の芽生え」や「社会生活との関わり」が育っていくのだろうかと意識していくことで、指導の方向性を見通していくことにもなります。

(2) 例2 「秋の自然に関わる保育」の場合

　例2として、「秋の自然に触れたり、感じたりする保育」を取り上げます。園外に秋の自然などを探しに行ったときに開放感を感じながら、秋の自然に触れて、落ち葉などを集めたり、子ども同士が気付いたり、感じたりしたことをやりとりしたり、園に戻ってから、その後の数日〜数週間の秋の自然物を使った製作活動などにつながっていくような保育を想定してみると、ここでも年長児の子どもたちの10の姿は様々に現れてくることでしょう。

　公園などで秋の自然を見つけるというだけでも「ここにもきれいな落ち葉があった」「どんぐりこっちにもある」と見つけた自然に「心を動かしながら、探し回ったりする」ということもあるでしょうし、「みて、きれいな葉っぱみつけたよ」「みて、この葉っぱの形おもしろい！」と伝え合う姿や、「黄色や赤色の落ち葉がいろいろある」「葉っぱにも穴が開いているのがある」と気付いたり、「前は緑色の葉っぱだったのに、どうして色が変わるのかな」と不思議に思ったりする姿などいろいろ見られるでしょう。このような姿の中に「健康な心と体」「自然との関わり・生命尊重」「言葉による伝え合い」「豊かな感

性と表現」の姿を読み取ることができるでしょう。

　それでは，このような活動の中で，①「自立心」「協同性」「思考力の芽生え」，②「数量や図形，標識や文字などへの関心・感覚」，③「道徳性・規範意識の芽生え」「社会生活との関わり」の姿はどのように現れてくるでしょうか。①については「考える」「工夫する」「協力する」「共通の目的をもつ」「考えをやりとりする」というような子どもの姿が現れるようにどのような取組や援助を行うかを考える必要があります。自分たちが見つけたものを使って，協力して知恵を出し合いながら何かを作っていく活動内容があるとよいでしょう。②については，「数を数える」「似た形の葉っぱを集める」ような活動があるとよいでしょう。③については，「この葉っぱ（どんぐり）は何の葉っぱ（どんぐり）だろう」「どうして葉っぱは色が変わるのだろう」と図鑑や科学絵本などを調べたりするのは「情報の活用」といった「社会生活とのつながり」といえるでしょうし，子ども同士のやりとりを通じて，「友達の気持ちに共感したりし，自分の気持ちを調整する」という場面が生まれてくるとよいでしょう。

5　小学校との接続の明確化

　幼児期の子どもの育ちや学びを小学校の生活や教育につないでいくための接点が，これまでは明確ではありませんでした。幼児期に5領域のねらい・内容に沿って保育を進めても，具体的な子どもの姿を小学校と共有するための共通の基盤がなかったのですが，今回の10の姿は，その共通の基盤になります。例えば，「年長児後半の子どもの様子（姿）って，具体的にどんな感じですか？」と尋ねられたとき，「製作活動でも劇遊びでも自分たちで工夫し，試行錯誤しながら知恵を出し合ったり，いろいろな素材を組み合わせて，相談したりしながら自分たちの力でやり遂げようとしている姿がある」「言葉のやりとりが積極的になって，伝え合う姿がある」などいろいろな姿がイメー

ジできると思います。ここには「自立心」「協同性」「言葉による伝え合い」といったことや，「思考力の芽生え」「豊かな感性と表現」などと捉えられる子どもの姿があります。

　このような幼児期の育ちや学び（幼児期の終わりまでに育ってほしい姿）を踏まえて，その学びを活かしながら，小学校においても低学年や入学当初の生活科や算数・国語・体育・音楽・図工等の教育方法を工夫していくことが求められています。そこで要領・指針等には「幼稚園教育（保育所保育／幼保連携型認定こども園の教育及び保育）において育まれた資質・能力を踏まえ，小学校教育が円滑に行われるよう，小学校の教師との意見交換や合同の研究の機会などを設け，『幼児期の終わりまでに育ってほしい姿』を共有するなど連携を図り，幼稚園教育（保育所保育／幼保連携型認定こども園の教育及び保育）と小学校教育との円滑な接続を図るよう努めるものとする」（第1章総則）ということも示されています。

　そのため，幼児期の子どもの育ちを10の姿に示された内容に沿って，具体的に把握したり，意味付けたりする力が保育現場に求められています。だからこそ，「幼児期の終わりまでに育ってほしい姿」を踏まえて全体的な計画や教育課程等を編成することが必要となります。

【幼児期の終わりまでに育ってほしい姿】

（1）健康な心と体
　幼稚園（保育所の／幼保連携型認定こども園における）生活の中で，充実感をもって自分のやりたいことに向かって心と体を十分に働かせ，見通しをもって行動し，自ら健康で安全な生活をつくり出すようになる。

（2）自立心
　身近な環境に主体的に関わり様々な活動を楽しむ中で，しなければならないことを自覚し，自分の力で行うために考えたり，工夫したりしながら，諦めずにやり遂げることで達成感を味わい，自信をもって行動するようになる。

（3）協同性
　友達と関わる中で，互いの思いや考えなどを共有し，共通の目的の実現に向けて，考えたり，工夫したり，協力したりし，充実感をもってやり遂げるようになる。

(4) 道徳性・規範意識の芽生え

　友達と様々な体験を重ねる中で，してよいことや悪いことが分かり，自分の行動を振り返ったり，友達の気持ちに共感したりし，相手の立場に立って行動するようになる。また，きまりを守る必要性が分かり，自分の気持ちを調整し，友達と折り合いを付けながら，きまりをつくったり，守ったりするようになる。

(5) 社会生活との関わり

　家族を大切にしようとする気持ちをもつとともに，地域の身近な人と触れ合う中で，人との様々な関わり方に気付き，相手の気持ちを考えて関わり，自分が役に立つ喜びを感じ，地域に親しみをもつようになる。また，幼稚園（保育所／幼保連携型認定こども園）内外の様々な環境に関わる中で，遊びや生活に必要な情報を取り入れ，情報に基づき判断したり，情報を伝え合ったり，活用したりするなど，情報を役立てながら活動するようになるとともに，公共の施設を大切に利用するなどして，社会とのつながりなどを意識するようになる。

(6) 思考力の芽生え

　身近な事象に積極的に関わる中で，物の性質や仕組みなどを感じ取ったり，気付いたりし，考えたり，予想したり，工夫したりするなど，多様な関わりを楽しむようになる。また，友達の様々な考えに触れる中で，自分と異なる考えがあることに気付き，自ら判断したり，考え直したりするなど，新しい考えを生み出す喜びを味わいながら，自分の考えをよりよいものにするようになる。

(7) 自然との関わり・生命尊重

　自然に触れて感動する体験を通して，自然の変化などを感じ取り，好奇心や探究心をもって考え言葉などで表現しながら，身近な事象への関心が高まるとともに，自然への愛情や畏敬の念をもつようになる。また，身近な動植物に心を動かされる中で，生命の不思議さや尊さに気付き，身近な動植物への接し方を考え，命あるものとしていたわり，大切にする気持ちをもって関わるようになる。

(8) 数量や図形，標識や文字などへの関心・感覚

　遊びや生活の中で，数量や図形，標識や文字などに親しむ体験を重ねたり，標識や文字の役割に気付いたりし，自らの必要感に基づきこれらを活用し，興味や関心，感覚をもつようになる。

(9) 言葉による伝え合い

　先生（保育士等／保育教諭等）や友達と心を通わせる中で，絵本や物語などに親しみながら，豊かな言葉や表現を身に付け，経験したことや考えたことなどを言葉で伝えたり，相手の話を注意して聞いたりし，言葉による伝え合いを楽しむようになる。

(10) 豊かな感性と表現

　心を動かす出来事などに触れ感性を働かせる中で，様々な素材の特徴や表現の仕方などに気付き，感じたことや考えたことを自分で表現したり，友達同士で表現する過程を楽しんだりし，表現する喜びを味わい，意欲をもつようになる。

4 全体的な計画

1　教育課程を中心に全体的な計画を作成

　幼稚園の1日は，教育課程に基づく教育活動と，教育課程に係る教育時間終了後に行われる教育活動，いわゆる「預かり保育」（以下「預かり保育」と表記）の2つの教育活動から成り立っています。教育課程に係る教育時間の教育活動は，入園した幼児全員が対象となりますが，預かり保育は，地域の実態や保護者の要請に応じて，当該幼稚園の園児のうち希望者を対象としています。このため，預かる人数，時間，日数も一定していません。ただし，預かり保育も，当該幼稚園の教育活動として，教育課程と関連を図りながら，教育活動の計画を立てることが必要です。

　「教育課程を中心に」ということは，預かり保育の計画も教育課程の理念に基づいて作成するということです。教育課程の時間と預かり保育の時間の両方を含め，園児の1日の生活を見通した計画が「全体的な計画」です。早朝の預かり保育などを行っている幼稚園では，幼稚園の開園時間から預かり保育が終了する閉園時間までのすべてが，全体的な計画に該当することになります。

　「教育課程の理念に基づいて作成する」ということは，教育課程で大事にしている子ども観や保育観，目標等を共有するとともに，教育課程に基づく活動の内容や，それぞれの時間の人間関係等に配慮して作成することです。その際，預かり保育の趣旨に照らして無理のない生活ができることに留意して作成していくことが大切です。それは，必ずしも，教育課程の時間の指導計画と同じような計画ではありません。むしろ，家庭でゆったり過ごすような雰囲気を大事にしたり，こ

の時期の幼児たちが地域社会で経験することを取り入れたりして，預かり保育らしい計画となります。教育課程の時間や預かり保育の時間の特徴を捉えて，1日の園生活について，例えば，みんなが揃って活動する教育課程の時間を「キラキラタイム」，預かり保育の時間を「ゆったりタイム」とネイミングして，教職員はもちろんのこと，保護者や園児にもそれぞれの時間の特徴や過ごし方を知らせ，共有している幼稚園も数多くあります。

2　学校保健計画と学校安全計画を含む計画

　全体的な計画には，学校保健計画や学校安全計画も含まれます。例えば，学校安全計画では，安全管理に関することと安全教育に関することの計画を作成しますが，とりわけ安全教育に係る計画は，幼児が，身の安全を守るなどの安全に対する構えを身に付けていくための教育ですから，教育課程に位置付けて，それぞれの発達の時期にふさわしい生活を通して安全に係る指導の充実を図ることが必要です。

　例えば，入園当初であれば，園庭の固定遊具の安全な使い方を知ることは不可欠です。入園したばかりの幼児たちにどのように知らせるかについて，教育課程に書き込み，指導計画に安全に係る指導を具体的に書き込んでいきます。また，進級児に対しては，新学期の園庭での入園児の動き方や遊び方を知らせて，安全を確保しようとする意識を育てる指導が必要です。いずれも，教育課程に位置付けて，関連をもって指導の充実を図る必要があります。その内容は，預かり保育の計画にも書き込み，預かり保育の担当者もよく理解して指導に当たるようにします。幼児にとって，教育課程の時間に行う安全指導と預かり保育の時間に行う安全指導が同じであることが大切なのです。

　避難訓練も，同じです。教育課程の時間と預かり保育での避難方法や避難経路が違えば，幼児たちを混乱させてしまいます。担任や担当の先生が替わったとしても，合図で先生のところに集まるとか，集

まったあとの避難経路も共有しておく必要があります。また，教育課程の時間で避難訓練をした日の午後，預かり保育の時間でもそのことを話題にしながら，災害から身を守ることに関心をもたせることもあるかもしれません。ただし，入園したばかりの3歳児や4歳児は，教育課程の時間での避難訓練で相当に緊張していることも予想されるので，必ずしも預かり保育でもまったく同じように実施することが必要なわけではありません。「預かり保育でも，しっかり先生が守っていく」や，「預かり保育では，大きい組さんと一緒だから安心して」等を伝えて，預かり保育のやり方を自然な形で伝えていくことも大切です。教育課程の時間でも，預かり保育でも，いろいろな場面で繰り返し避難訓練を行いながら，災害時に落ち着いて身を守る行動がとれるようにすることが必要なのです。そのためには，1年間を見通して，預かり保育の時間も意識し，関連付けながら計画を立てていくことが必要です。

　学校保健計画も同様です。それぞれの幼稚園では，これまでも学校保健法に基づいて，学校保健計画を作成していると思います。例えば，ある幼稚園の学校保健計画を見ると，4月・5月の保健目標を「生活リズムを整えて，新しい環境に慣れる」とし，学級担任が保育の中で行うことと保健担当者の仕事が，特に「新入児に対しては，生活のリズムに無理がないようにする」と，留意事項が書かれています。また，保健に係る行事や健康・清潔に係る習慣等が挙げられ，保健に係ることが一覧できるようになっています。こうした学校保健計画は，預かり保育でも留意しなければなりません。むしろ，預かり保育では，異年齢の幼児同士が一緒に生活するので，大きい組をモデルにして，健康・清潔の習慣が身に付くようになる指導ができるかもしれません。さらに，預かり保育で行ったことを教育課程の時間に取り上げていくことも可能です。いずれにせよ，教育課程と預かり保育の計画，学校保健計画との関連を図りながら，一体として保健に関わる活動が展開できるようにすることが大切です。

3　全体的な計画の作成

　言い換えれば，全体的な計画は，教育課程に基づく指導計画，預かり保育の計画，学校安全計画，学校保健計画など，それぞれを教育課程の理念に基づいて作成し，一体的な教育活動を展開することが重要なのです。それぞれの幼稚園の実態に沿って作成の手続きや手順は異なりますが，以下のことに留意する必要があります。

① 教育課程の理念について教職員間で共有し，全体的な計画のイメージについて話し合う。
② 年間指導計画等の教育課程に基づく指導計画，預かり保育の計画，学校保健計画，学校安全計画について，それぞれの法律や手続きに基づいて作成するとともに，それぞれの計画について，教育課程との関連を確認していく。
③ 年度当初には，年間指導計画をベースにしながら各計画の相互関連を見直し，1年間の教育活動が一体的に展開できるかどうか確認するとともに，定期的に実施する教育課程の実施状況の把握の際，全体的な計画そのものも見直していく。
④ 年間指導計画等の教育課程に基づく計画，預かり保育の計画，学校保健計画，学校安全計画の相互関連を図りながら全体を見ていくためには，園長のリーダーシップの下で，教職員が協力しながら，全体的な計画を作成する。
⑤ 実施状況の際に，問題が生じた場合には，その担当者だけに任せずに，必要に応じて教職員間で話し合ったりして問題の解決を共有する。

　全体的な計画の作成や見直しを通して，教職員一人一人の幼稚園運営の全体の把握が可能となり，組織の一員としての意識が高まることが大切であり，そのために十分に話し合い作成していきたいものです。

5 指導計画の作成

　教育課程や指導計画の基本的な考え方は，平成元年の幼稚園教育要領改訂で大きく転換しました。それは，望ましい経験や活動の選択・配列としての大人が与えるカリキュラム観から，一人一人の子どもに即した経験の総体としてのカリキュラム観への移行でした。このような捉え方はその後，保育所保育指針や幼保連携型認定こども園教育・保育要領にも反映され，平成29年告示の3法令でも継承されています。

〈幼稚園教育要領〉
第1章　総　則
第4　指導計画の作成と幼児理解に基づいた評価
　1　指導計画の考え方
　　幼稚園教育は，幼児が自ら意欲をもって環境と関わることによりつくり出される具体的な活動を通して，その目標の達成を図るものである。
　　幼稚園においてはこのことを踏まえ，幼児期にふさわしい生活が展開され，適切な指導が行われるよう，それぞれの幼稚園の教育課程に基づき，調和のとれた組織的，発展的な指導計画を作成し，幼児の活動に沿った柔軟な指導を行わなければならない。
（波線部分が平成元年版での記述と共通）

1　教育要領等での規定

　平成29年告示では，「指導計画の作成」についての規定が3法令を通じて「第1章　総則」の中に規定されました。さらに，教育要領と教育・保育要領では，それまでの留意事項としての示し方を改め「指導計画の考え方」として示しています。保育指針では，全体的な計画に基づき長期の指導計画と短期の指導計画が作成されることが規定され，留意事項として3歳未満児には個別の指導計画が必要であること

や異年齢の編成による場合に配慮されることが示されています。

　なお，教育要領，教育・保育要領では，留意事項として，長期の指導計画と短期の指導計画とが互いに関連を保ちながら作成されるようにすることや「主体的・対話的で深い学び」の実現につながるような体験の多様性・連続性への配慮に加え，資質・能力との関連で，思考力と言語活動との関連や遊びや生活の中で見通しをもったり振り返ったりすることの重視などにも触れています。

　3法令での用語の使われ方の違いがあるため，教育課程や全体的な計画との関係など細かな記述のされ方の違いはありますが，それぞれの園で具体的に保育を展開するには，背景にそれぞれの園のカリキュラム（教育や保育の課程）があり，それを具体化するに当たって，一人一人の子どもが環境に関わりながらつくり出す遊びや活動に対して柔軟に応答する指導（保育）ができるようにするために計画がある，という考え方を読み取ることができます。

2　「指導」の意味

　一人一人の子どもが環境に関わりながらつくり出す遊びや活動に対して，柔軟に応答する指導とはどのようなものでしょうか。平成26年版教育・保育要領解説で，幼稚園や幼保連携型認定こども園での「指導の意義」が次のように説明されています。

　「園生活全体を通して園児の発達の実情を把握して園児一人一人の特性や発達の課題を捉え（**子ども理解**），園児の行動や発見，努力，工夫，感動などを温かく受け止めて認めたり，共感したり，励ましたりして心を通わせ（**応答的関わり**），園生活の流れや発達などに即した具体的なねらいや内容にふさわしい環境をつくり出し（**環境構成**），園児の展開する活動に対して必要な助言・指示・承認・共感・励ましなど（**対話的関わり・環境の再構成**）が含まれる。こうした指導は，乳幼児の理解に基づく指導計画の作成，環境の構成と活動の展開，園

児の活動に沿った必要な援助的なかかわり，反省と評価に基づいた新たな指導計画の作成といった循環の中で行われるものである。」(カッコ内，筆者加筆)

　発達の課題とは，その子どもが「今，興味や関心をもち，行おうとしている活動の中で実現しようとしていること」(教育要領解説) です。保育者は，子どもがつくり出す活動に応答的に関わりながら，その子どものよさや可能性として発達の課題を把握します。次に，そのような理解に応じたねらいや内容の想定，つまり具体的な活動の中で子どもがどのように気付いたり，考えたり，表したり，伝えたりするようになるのかを想定した環境を構成していくことになります。子どもがその環境に関わることで活動がさらに展開されていきますが，その際の保育者が行う対話的関わりとは，環境の再構成のイニシアティブを子どもに委ねていくような関わりをイメージしてもよいでしょう。なお，保育指針での「指導」という用語は，単体での使われ方は限定的で，教育要領や教育・保育要領での「指導」に相当する用語としては「保育」が使われています。

3　ねらい及び内容の具体的な設定とは，何をすることなのか

　指導計画の作成は，指導の過程を記録しカンファレンスなどを通して振り返るなど，次節で詳しく説明される「理解に基づいた評価」と表裏一体となったものです。一人一人の子どもに即した「指導」の実現には，日々の子どもの行為や関わりを丁寧に振り返るために記録を作成したり，様々な子どもの姿や出来事を語り合ったりするための時間，いわゆるノンコンタクトタイムの確保を図るなどカリキュラム・マネジメントとともに進めていくことが求められます。その一方で，ノンコンタクトタイムを確保し，機器を導入して写真を活用した指導の記録などを工夫したものの，子どもの姿や出来事からそこに埋め込まれた学びの可能性を探るまでに振り返りやカンファレンスが深まら

ない，という現場の悩みも多く聞かれます。そもそも，子どもが何かをやってみたくなるような魅力的な環境に乏しい場合は，子どもが自ら意欲をもって環境に関わる場面を増やす方向への変革が必要ですが，意欲的に環境に関わる場面が増えたり持続したりするようになると，記録として書き記したいことも増えてきます。しかし，どこに視点を当てて記録するとよいのかがわからない，ということが生じているわけです。

　教育要領，教育・保育要領では「指導計画の作成上の基本事項」として，具体的なねらい及び内容を明確に設定することと，子どもが自ら活動を選択したり展開したりできるような環境構成と援助の手立てを考えることを示しています。指導を記録し振り返ることは指導計画の作成と表裏の関係にありますから，振り返りやカンファレンスが深まらないという悩みは，指導計画の作成における具体的なねらい及び内容の設定・環境構成や援助の手立てへの道筋を，経験を通して学習できていないということでもあります。

　今回の改訂では育みたい資質・能力を子どもの生活する姿から捉えたものとして新たに「ねらい」を規定しています。「体験を通じて，感じたり，気付いたり，分かったり，できるようになったりする」（子どもは何を感じ何が分かっていたのか），「気付いたことや，できるようになったことなどを使い，考えたり，試したり，工夫したり，表現したりする」（子どもは何を考えどう表そうとしたのか），「心情，意欲，態度が育つ中で，よりよい生活を営もうとする」（子どもはどうしようとしていたのか，願いは何だったのか）を捉えることで，具体的なねらい及び内容の設定への道筋が見えてくるでしょう。また，「やってみたくなる，気付きやすい，子どもだけで進められる」「落ち着いて取り組める，伝え合いが起きやすい」「振り返りがしやすい，見通しがもちやすい」といった，資質・能力の3つの柱に対応した，環境の意味付けを指導の記録の中に位置付けることで，環境構成と援助の手立ての道筋を見つけ出すヒントになるでしょう。

6 乳幼児理解に基づいた評価

　今回改訂（改定）された「幼稚園教育要領」「保育所保育指針」「幼保連携型認定こども園教育・保育要領」において，幼児一人一人のよさや可能性を把握し，指導の過程を振り返りながら幼児理解に基づいた評価を実施し，指導の改善を行うことが示されました。

〈幼稚園教育要領〉
第1章　総　則
第4　指導計画の作成と幼児理解に基づいた評価
　4　幼児理解に基づいた評価の実施
　　幼児一人一人の発達の理解に基づいた評価の実施に当たっては，次の事項に配慮するものとする。
　（1）指導の過程を振り返りながら幼児の理解を進め，幼児一人一人のよさや可能性などを把握し，指導の改善に生かすようにすること。その際，他の幼児との比較や一定の基準に対する達成度についての評定によって捉えるものではないことに留意すること。

〈保育所保育指針〉
第1章　総　則
　3　保育の計画及び評価
　　（4）保育内容等の評価
　　　ア　保育士等の自己評価
　　　　(ｱ)　保育士等は，保育の計画や保育の記録を通して，自らの保育実践を振り返り，自己評価することを通して，その専門性の向上や保育実践の改善に努めなければならない。
　　　　(ｲ)　保育士等による自己評価に当たっては，子どもの活動内容やその結果だけでなく，子どもの心の育ちや意欲，取り組む過程などにも十分配慮するよう留意すること。
　　　　(ｳ)　保育士等は，自己評価における自らの保育実践の振り返りや職員相互の話し合い等を通じて，専門性の向上及び保育の質の向上のための課題を明確にするとともに，保育所全体の保育の内容に関する認識を深めること。

> 〈幼保連携型認定こども園教育・保育要領〉
> **第1章　総則**
> **第2　教育及び保育の内容並びに子育ての支援等に関する全体的な計画等**
>   2　指導計画の作成と園児の理解に基づいた評価
>   (4) 園児の理解に基づいた評価の実施
>   　園児一人一人の発達の理解に基づいた評価の実施に当たっては，次の事項に配慮するものとする。
>   ア　指導の過程を振り返りながら園児の理解を進め，園児一人一人のよさや可能性などを把握し，指導の改善に生かすようにすること。その際，他の園児との比較や一定の基準に対する達成度についての評定によって捉えるものではないことに留意すること。

　評価の実際に当たっては，これまでのように一人一人の子どものよさや可能性を評価するという考え方は変わるものではありません。今回改訂（改定）された「幼稚園教育要領」「保育所保育指針」「幼保連携型認定こども園教育・保育要領」で明確化された「幼児期の終わりまでに育ってほしい姿」を，5歳児については，評価の視点として考慮することが必要です。しかし，他の子どもとの比較や一定の基準に対する達成度による評価で捉えるものではないということに留意しておくことも大切です。

　以下において，乳幼児理解に基づいた評価について考えてみたいと思います。

1　幼児を理解し，保育を評価するとは

(1) 乳幼児を理解するとは

　子どもの発達する姿は，同年齢であってもそれぞれの子どもの生活経験や環境によって，興味や関心が違います。例えば，砂場で遊んでいても，ごちそうづくりを楽しんでいる子，砂を高く積み上げトンネル掘りを楽しんでいる子，水を流してダムづくりを楽しんでいる子など様々です。このように，一見同じ場所で同じような遊びをしている

ように見えても,その活動がもつ意味は一人一人の子どもの発達によって違うのです。

　乳幼児を理解するということは,日々子どもたちと生活を共にしながら,一人一人の子どもが,今何に興味をもっているのか,今どのような経験をしているのか,今何を感じているのかなどの多様な視点から子どもを捉え続けることです。それによって,環境の構成も保育者の支援も初めて適切なものとなるのです。つまり,一人一人の乳幼児について理解をすることが,保育の出発点となるのです。保育は,乳幼児理解に始まり乳幼児理解に終わるといっても過言ではありません。

(2) 幼児を理解し評価するとは

　保育における評価は,一定の基準に照らしてその値打ちや優劣を決めたり,他の幼児と比較することではありません。一人一人の子どもに目を向けると,その発達は決して一様ではありません。それは,一人一人の家庭環境や生活経験が違っており,環境への興味・関心,受け止め方や見方,関わり方が違っているからです。

　幼児を理解し評価するとは,一人一人の子どもが発達に必要な体験が得られるようにするために行うのです。そのためには,乳幼児理解を基盤として,適切な評価を行うことが大切です。評価に当たっては,乳幼児の発達する姿を捉えることと,それに対して保育者の指導が適切であったかどうかという側面から行うことが大切です。

① 乳幼児の発達する姿

　乳幼児の発達する姿は,子どもと日々の生活を共にする中で,子どもの具体的な言動からその内面を捉えていくことが大切です。興味・関心がどこにあるか,生活や遊びの中でどのような変容があったか,嬉しい,楽しい,悲しいなどの心情の状態等の視点から子どもの内面を丁寧に読み取ることが必要です。その上で,一人一人の子どもと関わることにより,子どもから新たな反応が示され,さらに関わってい

くという循環の中で，その子なりのよさや可能性を捉えることができるのです。

② 保育者の指導

保育者の指導が適切であったかどうかについては，子どもの生活する姿やよさ，可能性などの乳幼児の発達する姿に照らして，①保育者の関わりは適切であったか，②環境の構成，環境の再構成はふさわしいものであったか，③子どもの姿から設定したねらい，内容は適切であったか，等の視点から子どもへの指導を振り返ることが大切です。

2 適切な評価のための保育者の役割

(1) 適切な評価の実現

乳幼児理解に基づく評価は，保育の一連の流れの中で行われていきます。一般に保育は，①子どもの姿からねらい，内容を設定する，②ねらいと内容に基づき環境を構成する，③子どもが環境に関わり活動を行う，④活動を通して，子どもが発達に必要な援助や環境の再構成を行う，という一連のP（計画）・D（実施）・C（評価）・A（改善）という循環の中で行われていきます。この一連の過程を通して，保育者自身が保育を見直し改善することにより，よりよい保育の実現につながっていくのです。

評価に当たっては，保育中に気付いたことをメモしたり，1日の保育が終わった後で，今日の保育を振り返るなど方法を工夫してみましょう。また，自身の保育で課題だと思っていることや気になっていることなどを同僚に客観的な立場から見てもらい，意見を求めることも効果的です。これらのことにより，保育中に気が付かなかった子どもの姿に感動したり，あの時の支援の方法はよかっただろうかと考え込んだりすることもあるでしょう。このように日々の保育を振り返ることを通して，子どもにどのような方向に育ってほしいのかを考え，そのためにどのようなねらいや内容で，環境を構成していくかなどに

ついて、保育者としての願いをもち、見通しをもって保育を計画することで、今日から明日へとつながるよりよい保育の実現につながっていくのです。

(2) よりよい評価を行うための保育者の役割

　保育者が子どもをどのように理解するかは、保育者の保育に対する姿勢や乳幼児をどのように理解するかにより左右されます。乳幼児理解は、保育者が一方的に理解しようとするだけで成り立つものではなく、保育者と乳幼児の相互の理解によって成り立つということを忘れてはなりません。そのために大切にしたいことは、①子どもとの間に温かい人間関係を育てる、②子どもの立場に立って、物事を見たり考えたりする、③子どもの表出される言動等から内面を丁重に受け止める、④子どもの育ちを長い目で捉える。以上のことを基盤として自分の保育を評価していくことが大切です。

◆参考文献
- 文部科学省『幼稚園教育指導資料第3集　幼児理解と評価』ぎょうせい、2010年
- 文部科学省『幼稚園教育要領』フレーベル館、2008年
- 中央教育審議会「幼稚園、小学校、中学校、高等学校及び特別支援学校の学習指導要領等の改善及び必要な方策等について（答申）」平成28年12月21日

7 特別な配慮を必要とする子どもの保育

　新たな要領では，子ども一人一人の特性や発達の課題に応じた指導を行うことが明記されており，指針でも，子どもの実態を把握し，子どもの個人差に十分配慮しながら保育することが謳われています。子どもの個別性を大切にするとは保育の根幹をなすものといえます。ここでは，その中でも特に特別な配慮を必要とする子どもの理解と支援について学びます。

1　特別な配慮を必要とする子どもとは

(1) 障害がある子ども，発達の特性の強い「発達の気になる」子ども

　ひとくちに「障害」といっても，視覚・聴覚障害や肢体不自由などの身体障害，知的障害，発達障害など様々あり，同じ診断名をもっていても，一人一人その内容や程度は異なります。

　また，入園後，次第に障害の様相が明らかになってくる子どもや，障害かどうかは不明確ながら，何か他の子どもと異なる発達的な特性をもつ「発達の気になる子ども」と呼ばれる子どもたちもいます。

(2) 虐待や貧困などの問題を抱える家庭の子ども

　2011年の児童相談所の虐待の相談対応件数は6万件弱であったのに対し，2016年のそれは12万件を超えました。わずか5年間で倍増したことになります。また，子どもの貧困も近年問題にされており，2015年の子どもの相対的貧困率[注1]は13.9％，おとなが1人の世帯に限ると50.8％にのぼります。家庭の問題は，子どもの健康や心理的安定を損ない，子ども期以降にも続く大きな影響を与えます。

(3) 外国籍など異文化の背景をもつ子ども

　新たな要領と指針では，外国籍の子どもや海外から帰国した子どもへの配慮が記されています。海外から帰国したばかりの子どもは，生活習慣や言葉の違いに戸惑うことが予測されます。また，外国籍の家庭の子どもには，さらに家庭と園との文化の違いから混乱が生まれる可能性があり，家庭との密な連携が求められます。

(4) 複数の要因が絡み合う

　以上，配慮が必要な子どもの背景要因を挙げましたが，子どもやその家庭がもつ要因は一つとは限りません。障害をもつ子どもの育児の困難さが虐待へつながる例や，外国籍の家庭が生活困難に追いやられる例もあります。複数の要因がどのようにつながって現在の状況になっているのか，多角的に全体を見て対応を考える必要があります。

2　支援体制をつくる：園内連携と他機関連携

　特別な配慮を必要とする子どもの保育は，担任保育者がひとり担うものではありません。多角的な視点で状況を理解し，支援の中心となる保育者を支えていくために，支援体制を整えることが何よりも大切になります。

(1) 園内連携

　新しい要領では，個々の子どもの実態を的確に把握し，長期的な視点での子どもへの教育的支援を展望することの重要性が明記されました。的確な子ども理解と小学校以降を見通した支援のために，園内で関係者が協議して，子どもの支援の目的と方法を定める個別の指導計画や，家庭や他機関と支援の方向性を共有していくための個別の支援計画の作成が求められます。また，園内に，特別な支援を必要とする子どもの情報を収集したり，家庭や外部機関との連携の窓口になる特

別支援コーディネータを配置することができます。

(2) 他機関との連携

障害をもつ子どもの保育なら，その子どもの通う医療機関や発達支援機関と連携して，保育における適切な対応について情報交換することができます。虐待の疑いがあるときには，速やかに子ども家庭支援センターや児童相談所に通報することが求められるほか，普段から要保護児童対策地域協議会[注2]と連携して，地域の虐待対策の対応機関やキーパーソンとつながっておくことも有用です。家庭の貧困や外国籍家庭の孤立の問題があるときには，福祉事務所のケースワーカーや保健センターの保健師など，地域をよく知り，ネットワークをつくる中心となる人たちとつながることで支援の輪が広がります。

3 特別な支援が必要な子どもと家庭の支援の実際

(1) 子どもに障害や発達の問題が疑われたときには

一般に子どもの様子が他の子どもと異なることに気付いても，保護者は専門機関に行くことに拒否的なことが多いものです。「障害」とレッテルを貼られたくない，家族や親族に何を言われるかわからないなど，理由はいろいろですが，そこには子どもの成長を信じたい親としての気持ちや障害があると言われることへの大きな不安があります。そうした保護者に対して，子どもの「障害」を無理に認めさせようとすることは逆効果であるだけでなく，保護者と園との信頼関係を損ねます。まずは園の中でその子どもに関して協議し，適切な配慮について検討することから支援を開始します。適切な配慮には，言葉の理解が困難な子どもに対して写真を使って伝えていくことや，指先を使うことが苦手な子どもに自助具[注3]を用意することなどがあります。自治体によっては，こうした子どもについて，専門家にコンサルテーションを受けることができる体制をもっているところもあります。

(2) 家庭の貧困に気付くきっかけとその対応

　子どもの家庭が貧困状態に陥ると，子どもが日々空腹を訴える，衣服が汚れていたり身体に合わないなどのほか，子どもが無気力で元気のない様子を示すことも多いものです。貧困がネグレクトに直結すること，そして子どもの生きる意欲や心身の健康に直接影響することを考えると，家庭がSOSを出せる状態に支えていき，サポート機関につないでいくことの重要性が理解されることと思います。

(3) 多様な子どもたちから学ぶ

　特別な要因や背景をもっていなくても，子どもは一人一人異なる，ある意味特別な配慮を必要とする存在です。「この子どもは特別な配慮を必要とする子ども」と分けたりラベリングしたりして，その子どもたちを「普通の子ども」に近づけるのが保育の目的ではありません。一人一人の個性や違いが大切にされ，その違いから子どもたちも保育者も共に学び合うことができる保育の中での育ちは，子どもたちの人格形成の大きな土台となることと思います。

注1：相対的貧困率
　等価可処分所得（世帯の可処分所得を世帯人数の平方根で割って算出）が全人口の中央値の半分未満の世帯員の比率。貧困家庭の所得が変わらなくても全人口の所得がダウンすると，この数値は下がる可能性がある。

注2：要保護児童対策地域協議会
　虐待を受けている子どもをはじめとする保護を必要とする子ども（要保護児童）の早期発見や適切な対応を図るために，関係機関が集まって情報交換や協議をするネットワーク。地方自治体の設置による。

注3：自助具
　運動に困難をもつ人が自力で日常生活動作が行えるように工夫して作られた器具・道具。子ども対象のものだと，食具，筆記具その他の文房具などがある。

◆参考文献
・市川奈緒子『気になる子の本当の発達支援』風鳴舎，2016年

8 保育のねらいと内容

【健　康】

1　領域「健康」のねらい

　子どもは体を動かしたり，先生や友達と一緒に体を動かす活動に取り組んだりすることが大好きです。幼稚園教育要領等では，領域「健康」のねらいとして次のように挙げられています。

> 〔健康な心と体を育て，自ら健康で安全な生活をつくり出す力を養う。〕
> (1) 明るく伸び伸びと行動し，充実感を味わう。
> (2) 自分の体を十分に動かし，進んで運動しようとする。
> (3) 健康，安全な生活に必要な習慣や態度を身に付け，見通しをもって行動する。
> 　　　　　　　　　　　　　　　　　　　　　　　　　　　　（幼稚園教育要領）

　幼児教育や保育は，ものや人と直接関わる遊びや活動の経験を通しての学びですが，領域「健康」に関わる内容は，体を動かす活動が中心となります。その中で子どもが楽しさや面白さを感じることや，自分の体を思い通りにコントロールする達成感や充実感を得ること，さらに見通しをもって遊びや活動に取り組む経験ができるように，保育者は環境を構成し，適切な援助をします。

2　体を動かす遊びを通して感じる充実感

　体を動かす遊びの例から，保育の中で子どもが経験していることを考えてみましょう。

【事例】「ぐるぐるマットで乗り物ごっこ」(幼稚園3歳児)

3歳児クラスの子どもたちがぐるぐると縄でしばったマットを車や電車に見立てて遊んでいます。

乗り合いバスに見立てたマットには、子どもたちと一緒に先生も乗っています。縄を引っ張る子ども、後ろから押す子ども、お客さんも足を使ってみんなで動かします。

タクシーの運転手になったAちゃんは、お客さんのBちゃんを乗せました。縄を引っ張って運ぼうとしましたが、Bちゃんが乗ったマットは重くてなかなか動きません。「うーーーん!」と思い切り引っ張りましたが、勢い余って尻もちをついてしまいました。しかし、二人は顔を見合わせて「ふっふっふ」と楽しそうに笑っていました。

遊びの最後には、連結しているように並べたマットに、みんなでぎゅうぎゅうくっついてまたがり、満足そうに体を揺らして乗りました。「シュッポーッ!終点に着きました」という先生の声で、みんなは片付けを始めました。

この遊びでは、「歩く」「引っ張る」「押す」という移動する動きや、また不安定なところで姿勢を制御して「座る」などの多様な動きが出現しています。しかし、各々の動きができることが目標ではありません。自分たちのイメージをもったり共有したりしながら体を様々に動かしたり、その動きを調整したり、組み合わせたり、やり方を工夫したりしながら子どもが現在もっている力を発揮します([内容の取扱い](2))。それが遊びとなり、子どもたちは体を動かす楽しさを感じます。

杉原らの研究（2013）によると，運動の能力は特定の運動指導よりも自由な遊びに取り組む中で発達することがわかっています。遊びの中では子どもが主体的に体を動かす時間や回数，動きの種類が多いので，動きは巧みになり運動の能力

「みんなでドッジボール」（認定こども園5歳児）

は高くなります。また自分が選んだ遊びについてもっとこのようにしたいというめあてやイメージを明確にもつので，体の動きを調整したり，何度も繰り返し試したり，やり方を工夫したりするようになります。その結果，体を自在にコントロールできるようになり，充実感や達成感をもつことが自信につながります。

さらに鬼ごっこやドッジボールなどルールのある遊びの中で先生や友達と協力して助け合ったり，作戦を立てたり自分たちでルールをつくったりするなど，次第に仲間と一緒に体を動かす面白さを楽しみ，追求するようになります。

3　健康，安全な生活に必要な習慣や態度

領域「健康」の内容には，体を動かすことだけでなく，食育や生活習慣に関する活動や，健康，安全の取組があります。保育者や友達と一緒に野菜を収穫したり簡単な調理をしたり，みんなで食べることで食べ物や食事に興味をもち，食の大切さを意識する機会となります（［内容の取扱い］(4)）。また，衣服の着脱，食事，排泄など子ども自身が身の回りのことができるようになることも重要です。さらに園に慣れて生活の流れが理解できるようになると，日常に必要なスキルや習慣を身に付けたり，安全に過ごすための知識を獲得したりしま

す。

　遊びで使った道具や遊具を片付けるなど自分で生活の場を整えることや，外遊びから保育室に戻ってきたときに手洗いやうがいをするなどの習慣は，日々繰り返し行う中で身に付けます。生活習慣の獲得は，時に子どもにやらせなければならない課題であると捉える場合がありますが，1つの遊びや活動から次の遊びや活動へ移行するための活動の重要な区切りです。子どもの生活リズムを考慮し，時間的空間的に無理のない流れをつくることによって，徐々に子ども自身で区切りをつけたり，見通しをもって主体的に活動に取り組むことができるようになります（[内容の取扱い]（5））。保育者は子どもの気持ちを尊重しながら，その活動をしたくなるような環境を整えたり，声をかけたり，場の雰囲気をつくったりします。

　さらに子どもたちが活動の見通しをもつようになると，遊びや園の生活の中で判断して危険な場所やものを避ける，避難訓練等の経験を積み重ねることにより災害時における行動の仕方がわかるなど，状況に応じた適切な行動をとるようになります（[内容の取扱い]（6））。

4　領域「健康」と「幼児期の終わりまでに育ってほしい姿」との関連

　幼稚園教育要領等では，「幼児期の終わりまでに育ってほしい姿」として10項目が示されています。「健康」の領域は，その中で「（1）健康な心と体」が最も関わっていると捉えられます。

> **（1）健康な心と体**
> 　幼稚園生活の中で，充実感をもって自分のやりたいことに向かって心と体を十分に働かせ，見通しをもって行動し，自ら健康で安全な生活をつくり出すようになる。
> （幼稚園教育要領）

　しかし領域「健康」の内容からは，（2）自立心，（3）協同性，（4）道徳性・規範意識の芽生え，（9）言葉による伝え合い，（10）豊かな感性と表現，などの姿も見取ることができます。

保育者は，遊びの様子を把握し子どもに対する理解を深めて，子どもが主体的に友達と関わり遊びを発展させることができる環境や，自分たちの健康や安全に関心をもったり関与できるような適切な援助を用意することが必要となります（小川，2010）。

　子どもたちが心身の健康に関心をもち楽しみながら体を動かす遊びや活動を経験することは，健やかな幼児期を過ごすことのみにとどまらず，小学校以降に健康的な生活を営む基礎となります。

　領域「健康」の視点から保育実践を捉えることは，子どもの心身の育ちを保障し促すための環境構成や保育者の配慮を今一度見直して検討することです。このような取組が，楽しみながら自らの健康な生活をつくり出す子どもの育ちにつながります。

◆参考文献
・小川博久『遊び保育論』萌文書林，2010年
・杉原隆・河邉貴子『幼児期における運動発達と運動遊びの指導』ミネルヴァ書房，2014年

【人間関係】

1　領域「人間関係」のねらい

　領域「人間関係」は，「他の人々と親しみ，支え合って生活するために，自立心を育て，人と関わる力を養う。」とされている領域です。子どもは生まれてから，人との関わりの中で育ちます。近年，子どもが育つ過程で経験する，人との関わりが変容してきています。親子の間でもスマートフォンが活躍し，家庭と地域の間はますます関わりが薄くなり，貧困や虐待の問題も深刻化してきています。こういった社会状況の変化を踏まえ，幼児教育施設がこれからを生きる子どもたちに人と関わる力を育む役割は，深化・拡大しています。

(1) 自立へ向かう

　主に３歳未満児では，安心できる関係の下で生活を楽しみ，身近な人と過ごす喜びや関わる心地よさを感じること，また，３歳以上児では，それらを基盤としてより一層生活を楽しみ，自分の力で行動することの充実感を味わうことがねらいとされています。子どもにとっては初めての家庭と異なる生活の場で，まずは保育者との間にしっかりとした信頼関係が築かれ，安心して過ごすことができるようになることが重要になります。身近な人に対する信頼関係が基盤となり，一人一人の子どもがその子らしく自分の力を発揮して，様々な人やものと関わりながら生活を楽しむようになります。保育者は新しい環境に戸惑い不安になる子どもの気持ちを十分に受け止め，徐々に楽しい遊びへと誘います。やってみることで「できた」と思える経験を重ね，さらに「次はこんなことをやってみよう」と子どもが自分の力を発揮することに喜びを感じていくような，園生活の充実が大切です。

(2) 協同性を培う

　主に3歳未満児では，周囲の子ども等への興味や関心が高まり，関わろうとすること，また3歳以上児ではさらに関わりを深め，工夫したり協力したりして一緒に活動する楽しさを味わい，愛情や信頼感をもつと

宿泊保育の夕食の材料を買いに

いうことがねらいとされています。特に幼児期の後半には，友達と目的を共有し，いろいろに考え合って工夫したり，それぞれのよさや得意なことを生かして役割を分担して協力したりして，試行錯誤しながら活動の楽しさが深まるようにしていくことが大切です。

　これは，小学校との接続を考えていく上でも重要です。幼児期に育まれた協同性は，小学校就学後における様々な学級活動や学習の中で，それぞれが自己を十分に発揮し，友達と協力して学び合う姿へとつながっていきます。

(3) 望ましい習慣や態度を身に付ける

　主に3歳未満児では，園生活の仕方に慣れ，きまりの大切さに気付くこと，また3歳以上児では社会生活に望ましい習慣や態度を，幼児期にふさわしい遊びを中心とした生活の中で身に付けていくことがねらいとされています。今，家庭や地域では子ども同士が一緒に遊ぶ姿があまり見られなくなっており，幼児教育施設は現代の子どもたちにとって，同年代の子ども同士で遊び，主張や感情のぶつかり合いを経験する貴重な場です。生活や遊びの中で葛藤が生じるような具体的な場面を捉えて，他者との間で気持ちよく生きていくために必要な態度やきまりが意味あるものとして感じられるように指導していきます。

2　非認知能力を育む

近年，豊かな人生を支える力として，粘り強さや自尊心，気持ちを調整する力といった非認知能力が注目されています。これらの内容は以前より領域「人間関係」と深い関わりをもって実践されており，「内容の取扱い」の項目と共に理解を深めることが重要です。

(1) 諦めずにやり遂げる粘り強さ

今回の改訂では，領域「人間関係」の内容の取扱い(1)に「諦めずにやり遂げることの達成感や，前向きな見通しをもって」という文言が新たに加わり，自分の力で行う充実感を味わうようにと記載されています。少し難しいと感じても，「自分にはきっとできる」と前向きな見通しがもてるよう，子どもの表情や言葉，仕草などから心情を読み取り，支えます。また，やり抜くことができるように，どうしたらよいか一緒に考えたり，時には少しヒントとなることを提示したりして援助していきます。

(2) 自尊心

内容の取扱い(2)では，「自分のよさや特徴に気付き」という文言が新たに加わり，自信をもって行動できるようにするとされました。これは，自己肯定感や自尊感情といわれるもので，自分はかけがえのない価値ある存在であると感じることです。自分らしさを発揮しながら生きていく際の支えとなります。そういう子どもの姿を育むには，保育者が一人一人のよさを見取り，言葉にして伝え，励まし，支えていくことが重要になります。一人一人が認められ自信をもつことで，子ども同士が互いのよさを認め合う温かい集団を形成することへとつながっていきます。

(3) 気持ちを調整する力

　幼児期は自己主張と自己抑制の両方が発達する時期です。園生活でそれぞれがやりたい遊びを十分にやる中で、気持ちのぶつかり合いが起こります。また、ある目的を共有して遊びを進めている際にも、やり方やこだわりの違いが出てきて、意見が衝突することもあります。そのようなときが、自分とは異なる感じ方や考えをもつ人がいることを知る大切な機会となります。気持ちを主張し合い、その違いを知ることや、どうすればよいか互いに考え、よりよいあり方へ向かって気持ちに折り合いをつけることが必要になります。そのためには、「一緒に遊びたい」と思う友達がいて、「これがやりたい」という遊びがあることが重要です。保育者がそれぞれの気持ちをしっかりと受け止め、どうしたらいいか投げかけることで、子どもは「一緒に遊びたい」という気持ちを基盤として、相手の気持ちとの間で折り合いをつけることができるようになっていきます。

ルールのある遊びで主張がぶつかり合い、みんなで話し合う
(写真提供：京都市立中京もえぎ幼稚園)

【環　境】

1　領域「環境」のねらい

　「環境」とは，子どもが日々の生活を営む，身近で様々な環境であり，自然環境や文化的環境，地域・社会的環境から成ります。

　領域「環境」には，子どもが関わる「対象」としての環境と，その環境との「関わり方」が示されています。「対象」としては，季節や身近な動植物，身近な物や遊具，数量や図形，簡単な標識や文字，国や地域の文化や伝統，情報や施設など，「自然」「文化」「社会」それぞれの環境に応じて内容が挙げられています。それら対象への関わり方については，「親しむ」「興味や関心をもつ」といった「馴染みと関心」の次元，「気付く」「比べる」「関連付ける」「試す」「工夫する」という「理解や操作」の次元，「大切にする」「取り入れる」という「取り入れと活用」の次元として違いが示されています。縦軸に「自然」「文化」「社会」の対象を，横軸に「馴染みと関心」「理解や操作」「取り入れと活用」という関わり方をおいてみると，行と列のそれぞれの交差に経験と発達が表れます。

　領域「環境」では，生活・環境と学びとを往還させていきます。まず，子どもは生活において環境に親しみ，環境の中の事物に好奇心を寄せます。「何だろう，どういうことだろう」と関心が焦点化されると，事物を観察したり取り扱ったり，考えたりします。そうした関わりを通して対象についての理解を深め，発見を楽しみ，事物への感覚を豊かにしていきます。そして，得られた理解や発見，感覚を自らの生活や環境に還元し取り入れて，生活や環境を見直しよりよくしようと活用していきます。つまり，身近な環境に親しみ，環境への関心から考えをめぐらせ，多様な関わり方を行い，環境について新たな気付きを得るとともに，環境を見直しよりよくしていく——このように生活・環境と学びとの循環が経験され，探究が深められていきます。

2　自然環境との関わり

　自然環境は季節や成長，生死など変化を伴います。その変化にはしばしば秩序や規則性があり，人間には制御しがたいこともあります。

　自然への馴染みや関心は生活に表れます。生活の中で開花や結実，気温の変化などに出合います。特に関心をもった虫を採集して飼育したり，花弁などを採集して色水遊びに使ったり，氷が張るか実験したりするなど，何かしら操作を行い，自然環境への理解を深めます。

　例えば，ダンゴムシは，湿気のある物陰で採集しやすいことに気付きます。飼育ケースに土や新聞紙を入れて湿気を与え，その生態を観察し理解します。湿った新聞紙を食べることに驚いたり，しおれた野菜を好むことを発見したりします。エサの色によってフンの色が変わることを不思議がります。食性や排泄などが気になって飼育が日課になると，ダンゴムシの飼育は生活に欠かせないものになります。

　やがてダンゴムシは産卵し幼虫が孵化したり，死んで動かなくなったりします。子どもは生命の受け渡しに立ち合い，慈しみや悲しみの感情を覚えます。飼育を通して，生命と食との関係や，命がなくなることと対比して命あることの尊さに気付いていきます。

　秩序や規則性によって変化するとともに制御しがたい自然は，思いがけない様々な事象に子どもを出合わせます。自然物から自然風景までその不思議さや美しさ，精巧さなどに気付かされたり，時に人を圧倒する力を発揮することに自然への畏敬の念を感じたりします。

3　文化的環境との関わり

　文化的環境は，共同体や集団において行動様式や観念や意味が共有され，体系化され，適用される環境です。

　文化的環境との関わりの1つに，物や遊具との関わりがあります。

転がしコースづくりでは，コースや玉の素材によって転がり方が異なり，遊びを通して素材の性質を理解します。そして，トイの重ね方や傾斜の付け方などコースの仕組みに関心をもち，比べたり関連付けたり試したりして，コースの組成や，落下や転回という物理的現象を操作し理解していきます。やがて，トイやパイプ，玉などは遊びに欠かせない道具として，大切に扱われるようになります。

　２つには，数量や図形，標識や文字など，記号や概念との関わりがあります。これらは人々の観念を表し交流する道具でもあります。イモの収穫量を知るために個数を数えたり，重さを量ったり，山積みにしてかさを見たり，地面に並べて広さを捉えたりします。量を知るときに数をもち込むことで共通の基準ができ，収穫量を比べられます。数と大きさを組み合わせて大きさごとに同数を分配したりします。標識や文字については，その表現と指し示す意味との関係を理解し，道具的な価値に気付くようになります。また，体験に基づく感覚や思いを表したいという必要感に基づき，数量や文字は生活に取り入れられ活用されます。「運べないほど重い」という感覚を確かめたくて量を測ったり，「友達に来てほしい」という思いを文字にしたりします。

　３つには，我が国や地域社会における様々な文化や伝統への関わりがあります。正月や節句などの年中行事の迎え方や，日本語の韻律が反映されたわらべうたなどに遊びを通して親しむことで，歴史的に育まれてきた地域や民俗の文化のありようを認識していきます。

4　地域・社会的環境との関わり

　地域・社会的環境は，人間が集団として共同的に営みを行う環境であり，子どもの生活空間を包摂するとともに拡張する環境です。

　地域・社会的環境との関わりの１つには，生活に関係の深い情報や施設などとの関わりがあります。子どもは遊びや生活の中で，自分や友達がしていることや発見したこと，工夫したことなどの情報を発信

し取り入れる経験を重ねて,情報とは何かを認識し,その役割を理解します。目的に応じて情報を探索し,選択し,評価し,よい情報は友達と伝え合い,生活に取り入れて集団で活用するようになります。

体験や生活の広がりとともに,地域や社会の情報にも目が向けられます。地域の催しや報道された出来事など,生活に関係の深い情報を共有し,時に催しに参加することに役立てます。地域にある図書館や高齢者福祉施設,消防署など公共の施設を利用したり訪問したりして,公共心の芽生えを培い,社会とのつながりを意識し,自らの生活圏を見直す契機としていきます。

2つには,我が国や地域社会の文化や伝統や,異なる文化への関わりです。オリンピックやパラリンピックなどの報道に接したり,地域間や異文化間の交流に参加したりして,身近な生活圏の延長で社会や国とのつながりを意識し,自分が慣れ親しむ言語や行動,事物などとは異なる文化があることを理解し認めようとする意識を育みます。

5 思考力を育む

領域「環境」では,様々な環境との多様な関わりにおいて思考の過程を重視し,思考力の芽生えを育んでいきます。乳幼児期における思考力とは,より直接的な関わりを通して,物や事,人などを相互に関係付ける力であり,関係の付け方を工夫する力です。対象物や事象の性質や仕組みなどについての「理解」と,対象との多様な関わり方に関する「操作」と,自らの考えや関わりなどを見直す「振り返り」が相互に関連し合って,全体としての思考力を形成します。

問題解決場面では,環境への親しみや関心に基づき,「こうしたい」という子どもの思いがめあてとなります。予想に基づき分類や比較,関連付けなどの操作が試され工夫され,事物の仕組みや法則性などを理解していきます。対象について自分の考えをもち,結果を振り返り,友達と話し合って自分の考えをよりよいものにしていきます。

【言 葉】

1　領域「言葉」のねらい

　領域「言葉」では，次の2点が改訂されました。ねらいの(3)に「言葉に対する感覚を豊かにし，」が新たに加えられ，これに関わって，内容の取扱い(4)「幼児が生活の中で，言葉の響きやリズム，新しい言葉や表現などに触れ，これらを使う楽しさを味わえるようにすること。その際，絵本や物語に親しんだり，言葉遊びなどをしたりすることを通して，言葉が豊かになるようにすること。」が新設されました。

　言葉に対する感覚とは，言葉そのものの響きやリズムに敏感になることです。また，言葉の微妙なニュアンスや，相手や場に応じた使い方に気付くことでもあります。こうした言葉そのものに対する興味を促し，言葉の楽しさや面白さなどを絵本や言葉遊びなどを通して感じられるようにすることが，今回の改訂では求められています。

　そこで本節では，「言葉に対する感覚を豊かにする」ことについて，まず「言葉のリズムや響きを楽しむ」，「新しい言葉や表現を獲得する楽しさを感じる」の2点から検討していきます。その上で，改訂内容を踏まえた保育実践の展開について考えていきます。

2　「言葉に対する感覚を豊かにする」とは？

(1) 言葉のリズムや響きを楽しむ

　言葉は，思いや考えを表現し，伝える手段です。そのため，言葉には表し，伝える「意味」があります。今回の改訂では，そうした「意味」以前の言葉のもつ響きやリズムなど，言葉そのものへの興味を促し，「言葉に対する感覚」を豊かにすることが強調されています。

　子どもの言葉の獲得過程を考えると，子どもはまず声として発せら

れた言葉の音声の響きやリズムと出会います。今回，同時に改定（改訂）された保育所保育指針，幼保連携型認定こども園教育・保育要領では，乳児と3歳未満児の保育の内容が書き込まれました。乳児期の保育の重要性が認められるとともに，子どもの育ちと学びの過程を乳児期から丁寧に捉える視点が重視されたといえます。言葉の獲得においても，子どもと言葉の最初の出会いである，言葉の響きやリズムを楽しむ経験を大切にすることが求められます。

　園での生活や遊びを見ると，子どもたちが自ら言葉で遊び，言葉の音やリズムを楽しむ姿が見られます。「ゆーら，ゆーら，ゆーらら」と繰り返し声に出しながら，ブランコをこいでいたり，「よいしょ，よいしょ，よいしょっしょ」と友達と声をそろえながら，サーキット遊びをするために巧技台を運んでいたりします。ブランコをこぐのも，巧技台を運ぶのも，こうした言葉があると楽しくなります。何だか力も湧いてきます。子どもたちは，言葉のリズムや音の響きを身体の中に取り込み，言葉の力を感じながら，言葉で表現する楽しさを味わっています。

　このように，身体を通して言葉そのものの響きやリズムに出会うことは，言葉で表現する力を育むことにつながります。例えば「そよそよ」と「ビュービュー」。風が吹く様子を表現する言葉も，風を身体で感じながら，その響きとリズムを体感してこそ，子ども自身の言葉となります。言葉も，そして言葉に対する感覚も豊かになるのです。

（2）新しい言葉や表現を獲得する楽しさを感じる

　近年，幼児期の語彙数がその後の学力に大きな影響を及ぼすことや，小学校低学年において語彙量を増やしていくことがその後の学習に極めて大きな影響を与えることが研究から明らかにされています。では，子どもはどのようにして言葉を獲得していくのでしょうか。

　言葉は何かを表すものです。それゆえ，言葉を獲得するためには，言葉の音や文字だけではなく，それが表すものや状況を実際に見て，

聞いて，体験することが必要です。また，その体験を言葉にしてくれる人の存在も重要です。例えば「にがい」という言葉も，実際にゴーヤなど，苦みのあるものを食べた経験がなければ，その意味はわかりません。また「にがいね」とその体験を言葉にしてくれる人がいなければ，その味を「にがい」と言うのだと知ることはできません。このように，言葉は身近な人とのやりとりの中で，具体的な状況や体験とともに獲得されていくのです。

言葉を獲得すると，子どもは喜々として生活や遊びの中で使い始めます。色水遊びのジュース屋さんに「にがにがジュース」が登場し，「にがいけど，おいしいですよ」と売り込む姿が見られたりします。子どもにとって，言葉の獲得は喜びであり，楽しいことです。言葉を豊かにするとは，単に語彙数を増やすことではありません。幼児期は，身体感覚や経験を伴う，体験に根付いた言葉を獲得していくことが重要です。生活や遊びに生きる言葉を獲得し，それを使う，うれしい，楽しい経験を重ねていくことが大切です。

3　「言葉に対する感覚を豊かにする」ために：実践への展開

それでは，どのように言葉を豊かにしていけばよいのでしょうか。新設された内容の取扱い(4)には，その活動例が挙げられています。

(1) 絵本や物語

絵本や物語は，子どもたちが普段の生活の中では出会うことのない新しい言葉であふれています。子どもたちはそうした言葉に，保育者に読んでもらって出会います。同時に，その言葉の音が何を表すのか，物語の文脈や絵本の中の絵から見て取り，言葉を獲得していきます。

お話の世界を楽しみながら，子どもたちは美しい言葉や韻を踏んだ言い回しに触れ，音の響きを味わったり，リズムを身体で感じたりします。繰り返し出てくる言葉を，友達と一緒に声に出して楽しむ姿も

よく見られます。繰り返しの一節がクラスの共通言語となり，友達関係を深めることもあります。5歳児クラスで『いいから　いいから』（長谷川義史・作，絵本館）のシリーズ絵本が人気となり，友達の失敗にも「いいから　いいから」と声をかけ合い，子ども同士で支え合う姿が見られたこともありました。

　言葉を獲得する幼児期だからこそ，絵本や物語，紙芝居などを通して豊かな言葉に触れ，それらを使う楽しさを味わえるようにしたいものです。

(2) 言葉遊び

　子どもにとっては，言葉も遊び道具の1つです。園生活の中でも，言葉遊びを楽しんでいます。昼食時に「『い』がつく食べ物なあんだ？」とイチゴを見てなぞなぞを出したり，「布団がふっとんだ」「トイレにいっトイレ」などと，友達同士でダジャレを言い合う姿も見られます。

　クラスのみんなで発達に合わせた言葉遊びを楽しむことも，言葉との出会いを広げます。しりとりや言葉集めは，自分の知っている言葉を使いながら新しい言葉にも出会う，言葉に親しむよい機会です。

　手遊びや歌も，身体でリズムを感じながら，言葉を使って表現する楽しさを味わうことにつながります。替え歌や，歌や物語の続きをみんなで考える活動は，イメージを広げ，言葉に対する感覚を養います。こうした言葉を使った遊びを楽しむ経験を重ねることが，子どもが豊かな言葉を獲得していくことにつながります。

◆参考文献
- 中央教育審議会「幼稚園，小学校，中学校，高等学校及び特別支援学校の学習指導要領等の改善及び必要な方策等について（答申）」平成28年12月21日
- 横山真貴子「言葉」津金美智子（編著）『平成29年版　新幼稚園教育要領　ポイント総整理　幼稚園』東洋館出版社，2017年，pp. 129-134

【表　現】

1　領域「表現」のねらい

　感性と表現に関する領域「表現」は，幼児が「感じたことや考えたことを自分なりに表現することを通して，豊かな感性や表現する力を養い，創造性を豊かにする」ことを目的としています。以下の3点がそのねらいですが，「ねらい」と「内容」は従前のものとまったく同じです。

> 1　ねらい
> （1）いろいろなものの美しさなどに対する豊かな感性をもつ。
> （2）感じたことや考えたことを自分なりに表現して楽しむ。
> （3）生活の中でイメージを豊かにし，様々な表現を楽しむ。　　（幼稚園教育要領）

　今回の改訂における領域「表現」での改変は僅かで，それは，幼児の発達を踏まえた指導を行うに当たって留意すべき事項が述べられた「内容の取扱い」への加筆です。感性の育ちについて記された(1)の末尾には，「その際，風の音や雨の音，身近にある草や花の形や色など自然の中にある，音，形，色などに気付くようにすること。」と，身の回りの環境との感性的な出会いや気付きの大切さが強調されています。また(3)には「様々な素材や表現の仕方に親しんだり」の加筆があります。ある特定の表現活動に偏ることなく，様々な表現を十分に楽しむことのできる環境を構成することが強調されているといえるでしょう。

　なお，「ねらい及び内容の考え方と領域の編成」に示されているように，領域「表現」のねらいもまた，幼稚園教育において育みたい資質・能力を幼児の生活する姿から捉えたものであることが求められています。すなわち領域「表現」においても，「幼児期の終わりまでに育ってほしい姿」の10項目を手掛かりとして幼児理解を深め，それらを方向目標として表現活動を構想することが大切なのです。

2 環境を通しての教育としての表現

　まず,「内容の取扱い」への加筆事項の意味について考えてみましょう。これは,幼児教育の基本である「環境を通しての教育」が,領域「表現」においてもしっかりと認識されるよう,その内容が具体的に示されていると捉えることができるでしょう。

　領域「表現」における環境とは,幼児の豊かな感性を育むための「感性的な出会いの多様な環境」であり,「幼児の表現を引き出すような環境構成」ではないでしょうか。表現は多様な感性的インプットにより,豊かさがふくらみます。その環境とは,芸術的な作品との出会いやお話を聞いたときの心の動きはもちろん,例えば「風さんが歌っている」,「雨だれが合奏している」のように,身の回りの素朴な事象への気付きなど,様々です。

　また,幼児が「表現したい」と思う環境構成も重要です。ある幼稚園に,学生が卒業研究として,写真の手作り楽器(竹のスリットドラム)を置かせていただきました。保育室にそれを置いただけでは,幼児に何のアクションもありませんでしたが,木工遊びの場所に置いてみると「叩く」という行為が生まれました。金槌で叩く行為に対し,保育者が「金槌だと割れるか

竹のスリットドラム

もしれない。他に叩くものあるかな?」と声をかけると,幼児らは撥になる素材を探し,あっという間に楽器遊びが始まりました。

　保育室に置かれていたときには,幼児にとって単なる置物にすぎなかった竹が,「叩く」行為が営まれる場所に移されたことによって「音」を出す道具となり,撥が添えられると楽器に変化したのです。このように,環境構成や保育者の言葉がけによる気付きが幼児の表現を誘い,発展させていくのです。

3　表現の中で育つ資質・能力のために

　次に,「幼児期の終わりまでに育ってほしい10の姿」と表現活動について考えてみましょう。

　表現というものは一般に（大人社会では）,表現された結果に対し評価されるものです。しかし幼児期においては,音楽や造形表現等の表現された結果をもってその活動を評価するのではなく,その表現に至るまでの様々な気付きや試行錯誤,人間関係等を含めて子どもの表現を見ていくことが大切です。その視点として「育ってほしい姿」を意識すると,幼児の表現する過程における様々な育ちが目に入ってくるはずです。表現する過程における育ちが可視化されることにより,個々の幼児の次の「ねらい」が見えてくるのです。

　ここまで,「結果よりも表現する過程を」と述べてきましたが,それは,結果はどうでもいいのだということではありません。保育者には,幼児が十分に表現を楽しむことに配慮するとともに,「できるようになる」「わかるようになる」ことの喜びを味わい,幼児自身がもっと工夫し,表現を深めていくような指導（環境構成を含む）が求められます。幼児の表現に対し,「上手にできました」だけで終わるのではなく,幼児が自分の表現をメタ認知したり,さらに好奇心を抱いて活動を発展させたりするよう言葉をかけていくことが大切なのです。

　そのために必要なのが,教材研究です。幼児が楽しいと思う要素は何か,どのような素材が必要か,さらに表現を深めるには……といった準備としての教材分析と,それに向き合っている幼児の活動から,その教材の可能性を分析するという教材研究です。

　以前,保育者のピアノ伴奏に合わせて季節のうたを歌っている幼児に出会いました。幼児はピアノが始まると椅子に座り,1回通して歌った後すぐに,おやつの牛乳を飲んでいました。保育者が何も言わなくても,ピアノが鳴り始めると椅子に座り,1回歌うとおやつを食

べるということが約束されているのです。このようにルーティン化された歌唱活動を表現と呼べるのか疑問です。「コオロギはどこで鳴いているのかな？」「昨日の夕焼けは綺麗だったね！」など，ちょっと問いかけてみることで，幼児は言葉の意味を考えたり，情景を思い描いたり，後で調べてみようと思ったりなど，思考を活性化することでしょう。押し付けられた表現ではなく，自分で感じたり考えたりしながら表現することが幼児にとっては楽しく学びに向かう力となるのです。

4　表現における主体的・対話的で深い学び

対話的であるということの対象は，人に限りません。環境に主体的に関わりそれと対話する。右の写真に，その姿があります。おそらく男の子は，傍に見えた紫陽花に思わず手を伸ばしてみたのでしょう。対象の色の美しさに心惹かれたのかもしれませんし，不思

紫陽花と対話する男児

議な形に好奇心を抱いたのかもしれません。いずれにせよ，男の子の視線は真剣に対象に向き合っています。主体的に「環境と対話する」とは自己内対話であると，この1枚の写真は物語っています。こうした実体験から蓄積された感性は，いずれどこかで表現に反映されます。

また，主体的な表現活動において，幼児はその表現自体と「対話的」な関係になっているといえるのではないでしょうか。いま表現していることに対し，できるようになったことをつなげてみたり，知っていることから連想したりして試行錯誤を繰り返す。表現に没頭する幼児の姿を見守り，共感し，問いかけることで気付きを促し，表現の深化に向けて環境を整える。幼児期の表現教育は，このようでありたいと思います。

9 養護に関する基本的事項

1　3法令における「養護」の位置付け

　ここでは，3法令の改訂（改定）を踏まえた「養護に関する基本的事項」がどのように記載されているのかについてポイントを示します。全体としては，「乳児保育と3歳未満児の保育の姿と，幼児期の終わりまでに育ってほしい姿」を提示しています。また，「子ども理解」として必要な入園前の子どもの姿，すなわち「家庭養育」との関係を基盤とした「養護性，愛護性」は，幼稚園・こども園・保育所における「情緒の安定，生命の保持」へと受け継がれています。3法令によって言葉の使い方は少しずつ異なっていますが，乳幼児教育におけるこの観点は教育（資質・能力，5領域）を育てる基盤として必要な事項と考えられます。

　幼稚園教育要領及び幼保連携型認定こども園教育・保育要領は，「養護」という言葉は使っていませんが，以下に示す言葉で表されています。

〈幼稚園教育要領〉
第1　幼稚園教育の基本
　1　幼児は安定した情緒の下で自己を十分に発揮することにより発達に必要な体験を得ていくものであることを考慮して，幼児の主体的な活動を促し，幼児期にふさわしい生活が展開されるようにすること。

〈幼保連携型認定こども園教育・保育要領〉
第1　幼保連携型認定こども園における教育及び保育の基本及び目標等
　1　幼保連携型認定こども園における教育及び保育の基本
　（1）乳幼児期は周囲への依存を基盤にしつつ自立に向かうものであることを考

慮して，周囲との信頼関係に支えられた生活の中で，<u>園児一人一人が安心感と信頼感をもって</u>いろいろな活動に取り組む体験を十分に積み重ねられるようにすること。
(2) 乳幼児期においては<u>生命の保持が図られ安定した情緒の下で</u>自己を十分に発揮することにより発達に必要な体験を得ていくものであることを考慮して，園児の主体的な活動を促し，乳幼児期にふさわしい生活が展開されるようにすること。

(下線は筆者)

特に，児童福祉法を根拠とする保育所のための保育所保育指針は「養護」がより丁寧に記載されました。児童福祉法の改正により，保育所保育は「保育に欠ける子ども」を保育するという発想から，「保育を必要とする子ども」を保育するという発想に転換しました。

2　保育所保育指針における「養護」

今回の保育所保育指針（改定）では，以下に示す「第1章　総則」の中に，「2　養護に関する基本的事項」が入りました。1の基本原則の中の「(1) 保育所の役割」「(2) 保育の目標」における「養護」の位置付けは従来と同じです。しかしながら，それに連なる事項として「総則」に位置付けられたことは，保育所保育全体が「養護」を背景とするという意味をもちます。今回，「2 (1) 養護の理念」に「保育所における保育全体を通じて」という言葉が初めて記載されたことに大きな意味があります。

1　保育所保育に関する基本原則
(1) 保育所の役割
　イ　保育所は，その目的を達成するために，（略）保育所における環境を通して，<u>養護及び教育を一体的に行うことを特性としている。</u>
(2) 保育の目標
　ア(ｱ)　<u>十分に養護の行き届いた環境の下に，</u>くつろいだ雰囲気の中で子どもの様々な欲求を満たし，<u>生命の保持及び情緒の安定を図ること。</u>

> 2 養護に関する基本的事項
> (1) 養護の理念
> 　　保育における養護とは，子どもの生命の保持及び情緒の安定を図るために保育士等が行う援助や関わりであり，保育所における保育は，養護及び教育を一体的に行うことをその特性とするものである。保育所における保育全体を通じて，養護に関するねらい及び内容を踏まえた保育が展開されなければならない。
> (2) 養護に関わるねらい及び内容
> 　ア　生命の保持　イ　情緒の安定
> 　　　　　　　　　　　　　　　　　　　　　　　　　　　（下線は筆者）

　保育所保育指針（2008年版）には，「第3章　保育の内容」に「保育士等が，『ねらい』及び『内容』を具体的に把握するための視点として，『養護に関わるねらい及び内容』と『教育に関わるねらい及び内容』との両面から示しているが，実際の保育においては，養護と教育が一体となって展開されることに留意することが必要である。」と記載されていました。今回の改定では，この部分は，「2　養護に関する基本的事項（2）養護に関わるねらい及び内容」として総則に位置付けられています。文面はほぼ同じです。

　今回，「第2章　保育の内容」は，従来の保育所保育指針を踏襲し，「基本的事項」に「乳児保育」「1歳以上3歳未満児」「3歳以上児」という年齢区分ごとの「保育のねらい及び内容」として，「養護における『生命の保持』及び『情緒の安定』に関わる保育の内容と，一体となって展開されるものであることに留意が必要である。」と記載されています。

> **第2章　保育の内容**
> （前略）保育における「養護」とは，子どもの生命の保持及び情緒の安定を図るために保育士等が行う援助や関わりであり，「教育」とは，子どもが健やかに成長し，その活動がより豊かに展開されるための発達の援助である。本章では，保育士等が，「ねらい」及び「内容」を具体的に把握するため，主に教育に関わる側面からの視点を示しているが，実際の保育においては，養護と教育が一体となって展開されることに留意する必要がある。
> 　　　　　　　　　　　　　　　　　　　　　　　　　　　（下線は筆者）

変更の1つ目は,「2　養護に関する基本的事項（1）養護の理念」が新たに加わったことです。このことは,従来の総則からすでに記載されている保育の目標の「十分に養護の行き届いた環境の下に,くつろいだ雰囲気の中で子どもの様々な欲求を満たし,生命の保持及び情緒の安定を図ること。」と関連しています。保育所保育は,今まで以上に長時間保育,長期間保育となっています。この実情を鑑みたとき,子どもにとって保育所保育は生活と共に学びの場所としての保育でなければなりません。すなわち,養護の大切さを軸とした保育実践が必要です。子どもがこの時期にどのような体験をすることが大切かを考えたときに,「養護」は単なる言葉ではなく,生活の中で気付いたり,発見したり,ほっとしたりするような自然環境,物的環境,そして人的環境が必要です。

　保育における養護とは,子どもたちの生命を保持し,その情緒の安定を図るための保育士等による配慮や働きかけを総称するものです。心身の機能の未熟さを抱える乳幼児期の子どもが,その子らしさを発揮しながら心豊かに育つためには,子どもを深く愛し,守り,支えようとする保育士等の姿勢が欠かせません。そのため,養護は保育所保育の環境の要件となっています。したがって,養護と教育を一体的に展開するということは,保育士等が子どもを一人の人間として尊重し,その命を守り,情緒の安定を図りつつ,乳幼児期にふさわしい経験が積み重ねられていくよう丁寧に援助することを指します。このことは,乳幼児期の保育において最大の原則です。子どもは自分の存在を受け止めてもらえる保育士等や友達との安定した関係の中で,自ら環境に関わり,興味や関心を広げ,様々な活動や遊びにおいて心を動かされる豊かな体験を重ねながら,新たな能力を獲得していきます。乳幼児期の発達の特性を踏まえて養護と教育が一体的に展開され,保育の内容が豊かに繰り広げられていくためには,子どもの傍らに在る保育士等が子どもの心をしっかりと受け止め,応答的なやり取りを重ねながら,子どもの育ちを見通し援助していくことが大切です。

変更の2つ目は、「(2) 養護に関わるねらい及び内容　ア　生命の保持　(イ)内容」の「④子どもの発達過程等に応じて、適度な運動と休息を取ることができるようにする。また、食事、排泄、衣類の着脱、身の回りを清潔にすることなどについて、子どもが意欲的に生活できるよう適切に援助する。」です。この文章は睡眠への記載がありません。「寝なければならない」という概念ではなく、「急がせることなく、子どもの様子をよく見て、一人一人の子どもにとって適切な時期に適切な援助をしていくこと」が求められます。
　また、「イ　情緒の安定　(ア)ねらい　④一人一人の子どもがくつろいで共に過ごし、心身の疲れが癒されるようにする。」という部分が変更になっています。「くつろいで共に過ごし」という言葉には、身体の発育とともに、心の育ちにも十分に目を向け、子どもの気持ちに応え、手を携え、言葉をかけ、共感しながら、一人一人の存在を認めていくことが大切であることを示しています。このような保育士等の関わりにより、子どもはありのままの自分を受け止めてもらえることの心地よさを味わい、保育士等への信頼を拠りどころとして、心の土台となる個性豊かな自我を形成していきます。
　いずれも養護に関わるねらい及び内容は、1の(2)に示される保育の目標の「(ア)十分に養護の行き届いた環境の下に、くつろいだ雰囲気の中で子どもの様々な欲求を満たし、生命の保持及び情緒の安定を図ること」を具体化したものです。そして、それは「生命の保持」に関わるものと、「情緒の安定」に関わるものとに分けて示されています。健康や安全等、生活に必要な基本的な生活習慣や態度を身に付けることは、子どもが自分の生活を律し、主体的に生きる基礎となるものです。保育士等は見通しをもって、子どもにわかりやすい方法でやり方を示す等、適切な援助を行い、一人一人の子どもが達成感を味わうことができるようにすることや、子どもが、自信や満足感をもち、もっとやってみようとする意欲を高めていくことが重要です。また、保育士等が子どもの状態を把握し、心身の疲れが癒されるよう配慮するこ

とも必要です。子どもの情緒の安定を図り，その心の成長に寄り添い支えながら，保育所全体で子ども主体の保育を実践していくことといえます。情緒の安定に関わる保育の内容は，生命の保持と相互に密接に関連するとともに，領域「人間関係」に示されている事項とも深く関わることに留意しましょう。また，新たな計画を立てる上でも，養護と教育の視点を明確にもつことは非常に重要です。

3　保育現場での実践の工夫

　長時間保育，長期間の在籍をする保育所の保育は，人との関係性を抜きには生活できません。子どもと，保育者がこの時間空間をどのように共に過ごすのかを考えてみましょう。「くつろいだ」という言葉は，1日の中で元気いっぱい走り回るような活発な活動があってもよいし，反面「ほっと空を眺めること」もあってよいといえます。保育所における全体的な生活とは，「歌を歌う」「絵を描く」「好きな遊びをする」等といったコアな時間以外のすべての保育時間を指します。コアな時間は，保育者の意識が行き届きやすいといえますが，むしろ，それ以外の時間をどのように過ごすのか，保育者はどのような働きかけとして子どもとの対話をするのかが「養護」として大切です。例えば，「きょうは，いい天気。」と保育者がくつろいで子どもと空を眺める時間はあるのでしょうか。近年，忙しく人不足の保育所では，確保されていないともいえます。家庭養育ではくつろぐ時間が保障されないからこそ，保育所の全体的な計画において意識したくつろぎの時間，空間，対話することへの意識が求められます。子どもは保育者の一言から，「天気」という自然事象に気付き，変化を感じ，天気には様々な状況や言葉があることを学ぶ契機となります。保育における朝と夕方の時間の使い方やくつろぎ時間や対話時間の保障は，偶然や無意識では育ちません。全体的な計画と共に位置付けていくことが大切です。

養護とは，生活全体の中で保育者が気付いたこと，感じたことを子どもにどのように伝えていくかというまなざしや心持ちともいえます。養護を軸としたとき，1日の生活の流れもまたくつろぐ時間や活発に過ごす時間などへの配慮も意識することが「養護と教育」の視点の明確化にもなります。「養護と教育」「生命の保持及び情緒の安定」は，実践では常に一体的に提供されていることも忘れてはならないことです。保育所において，子どもが安心して過ごせる時間・空間・人との関係性が最善の利益として保障されること，家庭養育が困難であっても保育所では癒されること，児童福祉施設としての役割と養護への理解が大切です。

10 乳児保育

1 乳児保育について

　乳児とは「満一歳に満たない者」(児童福祉法第4条)であり，保育所等での乳児保育は産休明け保育として生後57日より行われています。

　「保育所等関連状況取りまとめ」(平成29年9月・厚生労働省)によると，平成29年4月時点で全国の保育所，認定こども園等において約14万7千人の乳児が保育されており，これは乳児全体の14.7％に当たります。日中，家庭で過ごす乳児が8割以上ですが，近年，女性の就労の継続等により乳児保育へのニーズは高まり，入所率も10年前(平成19年)の7.8％に比べ確実に増えています。乳児の保育所等の待機児童は全国に約4千人，特に3歳未満児の保育の場が足りていないのが現状です。

　このため，国においては「子ども・子育て支援新制度」(平成27年度より施行)により，認可保育所や認定こども園以外の小規模保育所や家庭的保育，事業所内保育等を地域型保育事業として一定の条件の下，給付の対象としました。これにより都市部を中心に認可保育所以外の保育の場が増え，また，多様化しているといえます。

　保育の場がどこであっても，最も小さく未熟であどけないいのちを手厚く保護し，愛情深い関わりと丁寧な保育により大切に育てていかなければなりません。SIDS(乳幼児突然死症候群)の防止や食物アレルギーのある乳児への対応，事故の予防や疾病への迅速な対応など，乳児の未熟性を考慮した適切な対応が求められます。安心・安全な環境の下で乳児の探索意欲を満たしていくことも大切なことです。

認可保育所，認定こども園のみならず，乳児の保育に関わるすべての人が保育指針，教育・保育要領に示されている乳児保育の基本を踏まえ，その内容を理解し，日々の実践を通して乳児の健やかな成長を支えていかなければなりません。

2 乳児保育に関わるねらい及び内容

(1) 基本的事項

保育の指標である保育指針及び教育・保育要領には，乳児保育に係る基本的事項がまず示されています。ここには「特定の大人との応答的な関わりを通じて，情緒的な絆が形成される」とあり，「乳児保育は，愛情豊かに，応答的に行われることが特に必要」としています。また，「視覚，聴覚などの感覚や，座る，はう，歩くなどの運動機能が著しく発達」することや，これらの発達の特徴を踏まえ，身体的発達，社会的発達，精神的発達に関する3つの視点から「ねらい及び内容」を示すと明記されました。

また，第1章総則にある「養護に関する基本的事項」（教育・保育要領では第1章第3－5），及び第3章「健康及び安全」に示されている事項を踏まえ，5領域で示される1，2歳児の保育のねらい及び内容へのつながりを見通しながら保育していくことが望まれます。

(2) ねらい及び内容

乳児保育のねらい及び内容は次頁の図のように3つの視点で示しています。このうち，身体的発達に関わる「健やかに伸び伸びと育つ」は，健康の領域や養護（生命の保持）との関連が深く，乳児の心身の発達の状態を踏まえ，食事など日常の生活面の援助を丁寧に行っていくことや十分に体を動かすことの重要性について記しています。

社会的発達に関わる「身近な人と気持ちが通じ合う」は，人間関係や言葉の領域及び養護（情緒の安定）との関連が深く，受容的・応答

的な関わりの中で身近な人との信頼関係を育てることについて規定しています。また、発声や喃語が言葉の獲得につながることを踏まえ、何かを伝えようとする意欲を育てることが大事だとしています。

精神的発達に関わる「身近なものと関わり感性が育つ」は、環境や表現の領域との関連が深く、身近な環境に興味や好奇心をもって関わることや五感を通して様々な感覚を豊かにしながら表現の基盤を養うことについて示しています。子どもの発達に応じた良質な遊具や絵本が必要であることや手先指先を使って遊ぶことの大切さが読み取れます。探索活動を満たして自由に遊ぶことが大切とされています。

3つの視点が相互に関連し合い、また重なり合って子どもの発達が促されていくことを踏まえ、乳児期にふさわしい環境を整えて保育していくことが求められます。また、「内容の取扱い」を読み取り、乳児の特性やその発達過程について熟知して保育することが肝要です。

乳児保育に関わるねらい及び内容

保育指針及び教育・保育要領第2章より

ア 健やかに伸び伸びと育つ

健康な心と体を育て、自ら健康で安全な生活をつくり出す力の基盤を培う

ねらい
①身体感覚が育ち、快適な環境に心地よさを感じる
②伸び伸びと体を動かし、はう、歩くなどの運動をしようとする
③食事、睡眠等の生活のリズムの感覚が芽生える

①〜⑤まで5つの内容

内容の取扱い
①心と体の密接な関連を踏まえ、遊びの中で自ら体を動かす意欲を育てる
②食習慣の形成と食物アレルギーへの対応 等

イ 身近な人と気持ちが通じ合う

受容的・応答的な関わりの下で、何かを伝えようとする意欲や身近な大人との信頼関係を育て、人と関わる力の基盤を培う

ねらい
①安心できる関係の下で、身近な人と共に過ごす喜びを感じる
②体の動きや表情、発声等により、保育士等と気持ちを通わせようとする
③身近な人と親しみ、関わりを深め、愛情や信頼感が芽生える

①〜⑤まで5つの内容

内容の取扱い
①一人一人に応じた適切な援助
②言葉の獲得への配慮 等

ウ 身近なものと関わり感性が育つ

身近な環境に興味や好奇心をもって関わり、感じたことや考えたことを表現する力の基盤を培う

ねらい
①身の回りのものに親しみ、様々なものに興味や関心をもつ
②見る、触れる、探索するなど、身近な環境に自分から関わろうとする
③身体の諸感覚による認識が豊かになり、表情や手足、体の動き等で表現する

①〜⑤まで5つの内容

内容の取扱い
①発達に応じた玩具、探索意欲を満たす
②表現しようとする意欲、様々な遊び

配慮事項 ア 保健的な対応 イ 特定の保育士が応答的に関わる ウ 職員間・嘱託医との連携 エ 保護者との信頼関係と支援 オ 担当が替わる場合の配慮 等

ア 健やかに伸び伸びと育つ	イ 身近な人と気持ちが通じ合う	ウ 身近なものと関わり感性が育つ
内容 ①生理的・心理的欲求を十分満たし、心地よく生活する ②はう、立つ、歩くなど、十分に体を動かす ③授乳を行い、離乳を進め、様々な食品に慣れ、食べる ④生活リズムに応じて、安全な環境の下で十分に午睡をする ⑤おむつ交換や衣服の着脱を通じて清潔になる心地よさを感じる **内容の取扱い** ①心と体の健康は相互に密接な関連があることを踏まえ、温かい触れ合いの中で心と体の発達を促すこと。特に…遊びの中で体を動かす機会を確保し、自ら体を動かそうとする意欲が育つようにすること ②望ましい食習慣の形成が重要であることを踏まえ…食べる喜びや楽しさを味わい、進んで食べようとする気持ちが育つようにすること	**内容** ①応答的な触れ合いや言葉がけによって、欲求が満たされ安定感をもって過ごす ②体の動きや表情、発声、喃語を受け止めてもらい、保育士等とのやり取りを楽しむ ③身近な人の存在に気付き、親しみの気持ちを表す ④語りかけや歌いかけ、発声や喃語等への応答を通じて、言葉の理解や発語の意欲が育つ ⑤温かく受容的な関わりを通じて、自分を肯定する気持ちが芽生える **内容の取扱い** ①子どもの多様な感情を受け止め、温かく受容的・応答的に関わり、一人一人に応じた適切な援助を行うようにすること ②…次第に言葉が獲得されていくことを考慮して、楽しい雰囲気の中で…ゆっくりと優しく話しかけるなど、積極的に言葉のやり取りを楽しむことができるようにすること	**内容** ①身の回りのものに対する興味や好奇心をもつ ②生活や遊びの中で様々なものに触れ、音、形、色、手触りなどに気付き、感覚の働きを豊かにする ③保育士等と一緒に様々な色彩や形のものや絵本などを見る ④つまむ、つかむ、たたく、引っ張るなど、手や指を使って遊ぶ ⑤あやし遊びに機嫌よく応じたり、歌やリズムに合わせて手足や体を動かして楽しんだりする **内容の取扱い** ①玩具などは、音質、形、色、大きさなど子どもの発達に応じて適切なものを選び…遊びを通して感覚の発達が促されるようにすること。安全な環境の下で探索意欲を満たして自由に遊べるよう…常に十分な点検を行うこと ②表情、発声、体の動きなどで…表現しようとする意欲を受け止めて、様々な活動を楽しむことを通して表現が豊かになるようにすること

(3) 保育の実施に関わる配慮事項

　乳児保育においては、一人一人の子どもへの対応、つまり個別支援が基本となります。幼い子どものいのちを預かることの使命感や責任を受け止め、細心の注意を図りながら保育していきます。

　保育指針及び教育・保育要領では乳児保育の実施に関わる配慮事項として、次頁の図のように5つの事項を示しています。ここには①一人一人の子どもの健康状態を把握し保健的な対応を行うこと、②子どもの生育歴や発達過程を踏まえ応答的に関わること、③職員間の連携や嘱託医との連携を図ること、④保護者との信頼関係を築き子育て支援に努めること、⑤担当が替わる際の引継ぎや協力等について規定されています。これらの配慮事項を一つ一つ確認しつつ、具体的な実践につなげていくことが求められます。保育所等における保育時間が長くなっている現在、生活全体を通して子どもの心と体の安定を図り、適切に援助することが保護者の子育てを支えることになるでしょう。

| 乳児保育の実施に関わる配慮事項 | 保育指針第2章1(3)/教育・保育要領第2章第4-1-(1) |

ア 乳児は疾病への抵抗力が弱く，心身の機能の未熟さに伴う疾病の発生が多いことから，一人一人の発育及び発達状態や健康状態についての適切な判断に基づく保健的な対応を行うこと。
イ 一人一人の子どもの生育歴の違いに留意しつつ，欲求を適切に満たし，特定の保育士が応答的に関わるように努めること。
ウ 乳児保育に関わる職員間の連携や嘱託医との連携を図り，適切に対応すること。栄養士及び看護師等が配置されている場合は，その専門性を生かした対応を図ること。
エ 保護者との信頼関係を築きながら保育を進めるとともに，保護者からの相談に応じ，保護者への支援に努めていくこと。
オ 担当の保育士が替わる場合には，子どものそれまでの生育歴や発達過程に留意し，職員間で協力して対応すること。

（図はすべて指針，要領に基づき筆者作成）

3　乳児保育の計画及び評価

　乳児保育の実施に当たっては，年間指導計画，月間指導計画，週案等を作成し，計画に基づき見通しをもって保育していくことが求められます。さらに，発達が顕著で個人差が大きい乳児では一人一人の子どもの個別計画を作成します。

　個別の指導計画の作成は担当する保育士が行いますが，職員間で検討したり見直したりしながら，子どもの育ちを支えていくことが肝要です。また，一人一人の個人差や発達の課題に対応し，その興味・関心を踏まえて環境を構成していくことが大切であり，遊具や絵本，様々な生活用具や自然物などを子どもの身近に置いたり，安全面に配慮しながら遊びの場を設定したりしていきます。五感を働かせながら周囲の環境に自分から働きかけたり，保育士と一緒に遊んだりする中で，子どもの発達が促されていくその過程を見守り，丁寧に記録します。

　保育の計画と記録に基づき，一人一人の子どもの育ちを確認するとともに，保育士の関わりと援助が適切だったか，自ら心を動かし体を動かす環境が構成されていたかなど，総合的に保育を振り返ることが重要です。自己評価を次の保育に活かしていくことが求められます。

11　1歳以上3歳未満児の保育

1　乳児保育から1歳以上3歳未満児，3歳以上児の保育へ

　今回改定された保育所保育指針では，1歳以上3歳未満児の保育にもねらい及び内容が記載され，3歳以上児と同様に，5つの領域から示されています。この5つの領域は，乳児保育における3つの視点からの発達的な発展が見られ，3歳以上児の保育における5領域へとつながっていきます。また，1歳以上3歳未満児の保育においても，「生命の保持」・「情緒の安定」という養護に関わるねらい及び内容を基盤にしながら，5領域を意識して保育が営まれること，つまり養護及び教育の一体性が重要です。

2　保育に関わるねらい及び内容「健康」

　保育指針の保育に関わるねらい及び内容の「健康」には，「健康な心と体を育て，自ら健康で安全な生活をつくり出す力を養う」とあります。体を動かすことの楽しさや心地よさを感じるとともに，同じ動きを繰り返し楽しみ，自ら体を動かそうとする意欲が高まることが示されています。また，日々の習慣の意味に気付き，自分のことをやろうとすることが示されています。

【事例1】「あそこに行ってみたい」（1歳児・6月）
　ナミは，園庭にある小さな築山を登ろうとする。保育者は，築山の途中に立ち，ナミが来るのを待つ。ナミに続いてユウトも登ろうとするが，ふらふらして，手をついてしまう。それでもユウトは，両手で踏ん張り

> ながら築山を登ろうとする。頂上までたどり着くと、保育者は2人に「登れたね」と満面の笑みで気持ちを共有する。

　ナミとユウトは、保育者がそばで見守る中で、体全身を使う喜びを味わいながら、挑戦することを楽しんでいるように感じられます。登るにはどうしたらよいか全身で試行錯誤しながら、自分の体を動かす感覚も味わっていると思われます。安全に配慮しながら、十分に体を動かすことができる機会や空間を確保し、体を動かそうとする意欲を育てることが大切です。

3　保育に関わるねらい及び内容「人間関係」

　「人間関係」には、「他の人々と親しみ、支え合って生活するために、自立心を育て、人と関わる力を養う」とあります。保育士等と気持ちを通わせる中で、同年代の子ども等の周囲の人と自ら関わろうとしたり、自分なりに考えてやってみようとするなど主体的に園生活を楽しむ中で、他者が自分とは異なる思いや感情をもつことや、きまりの大切さに気付くことが示されています。

【事例2】「あれも使いたい」（1歳児・5月）
　ナオヤは、テラスでミニカーを走らせて遊んでいる。そこに、左手にミニカーを持ったリョウタがやってきて、ナオヤのミニカーを取り、走らせ始める。それを見ていた保育者は「ナオヤくんが使ってたんだよね」、「ナオヤくん、使いたかったよね」と言葉にする。保育者はリョウタにミニカーを無理やり返させようとはせず、ナオヤに別のミニカーを渡す。

　保育者は、ナオヤが使っていたミニカーで遊び始めたリョウタの思いも、ミニカーで遊び続けたいナオヤの思いも受容しています。自分の思いを受け止められた喜びを感じるとともに、少しずつ保育者や友達の思いにも気付いていくようになる過程が大切です。

4　保育に関わるねらい及び内容「環境」

「環境」には，「周囲の様々な環境に好奇心や探究心をもって関わり，それらを生活に取り入れていこうとする力を養う」とあります。周囲の環境に興味をもち，自分からものとの関わりを楽しみ試行錯誤をすることを通して，ものの性質や仕組みに気付いたり，「自分のもの」という意識や場所に親しみをもつことが示されています。

> 【事例3】「あんなふうに水を飛ばしたい」（1歳児・8月）
> 　2歳児のミキが水鉄砲（筒形で水を押し出す形体）で草木に水をかけているのを見て，ケイトは同じ形体の水鉄砲を保育者に差し出す。水を入れてもらった水鉄砲を上に向けてみたり，下に向けてみるものの，水を出すことができない。保育者が見本を見せながら何度も試しているうちに，ケイトはついに水鉄砲から水を出すことができた。

　ケイトは，保育者の動きを真似て，諦めずに繰り返し試してみる中で，「水を押し出す」という水鉄砲の仕組みに気付き，それが動きにつながっています。保育者は子どもの遊びにじっくり付き合う中で，一人一人の子どもの何気ない動きや興味を捉え，試行錯誤をする過程や，ものの性質や仕組みに気付く過程を支えることが求められます。

5　保育に関わるねらい及び内容「言葉」

「言葉」では，「経験したことや考えたことなどを自分なりの言葉で表現し，相手の話す言葉を聞こうとする意欲や態度を育て，言葉に対する感覚や言葉で表現する力を養う」とあります。簡単な言葉に親しみをもち，信頼する保育者等に言葉を用いて自分の思いを伝えようとしたり，生活や遊びの中で保育者や仲間等と言葉のやりとりを楽しむことが示されています。

> **【事例4】「『ふーふー』ってやるんだよ」**（2歳児・5月）
> ソウタは絵本棚から船の絵が描かれている絵本を持ってきて，ちゃぶ台で見始める。シュンも絵本を持ってきて，ソウタの隣で見始める。しばらくすると，シュンは，ソウタが見ている絵本に描かれている船を指さす。ソウタは「ふ，ね」と言う。シュンも「ふ，ね」と応え,「ふーふー」と言う。今度はソウタも,「『ふーふー』ってやるんだよね」「『ふーふー』って」と言葉を返す。

　絵本を介して自分の思ったことや感じたことを言葉に表し，友達と言葉のやりとりを楽しんでいる姿として捉えることができます。友達同士や保育者との関わりの中で，言葉そのものの音やリズムの響きがもつ面白さを感じ，言葉を使うことの楽しさを重ねることが大切です。

6　保育に関わるねらい及び内容「表現」

　「表現」には，「感じたことや考えたことを自分なりに表現することを通して，豊かな感性や表現する力を養い，創造性を豊かにする」とあります。様々なものに触れ，様々な感覚を働かせ，ものの性質や特徴を捉えたり，イメージを膨らませ，自分なりに表現することを楽しむことが示されています。

> **【事例5】「おふろなの」**（2歳児・9月）
> マリエとエミは，段ボールの中で楽しそうにおしゃべりをしている。保育者が「たのしそうね」と言葉をかけると，「おふろなの」と返す。保育者は，マヨネーズの空容器やスポンジを持ってきて，「こんなのありますよ」と2人に渡す。2人は，スポンジで体を洗ったり，空容器で水をかける真似をして遊ぶ。

　興味のあることや経験したことからイメージを膨らませて，遊びに

取り入れ，自分なりに表現したり，ものやイメージを介して友達と一緒に遊ぶ姿として捉えることができます。保育者は，友達とイメージを共有しながら遊びを展開したり，友達とものを介した遊びが楽しめるように環境を工夫することが求められます。

12 子育て支援

1 幼稚園における子育て支援

　教育基本法において，幼稚園を管理監督・指導する国や地方公共団体の責務が次のように明示されています。

〈教育基本法〉
第11条　幼児期の教育は，生涯にわたる人格形成の基礎を培う重要なものであることにかんがみ，国及び地方公共団体は，幼児の健やかな成長に資する良好な環境の整備その他適当な方法によって，その振興に努めなければならない。

　これを受けて学校教育法では具体的に，幼稚園における子育て支援が法的に位置付けられています。

〈学校教育法〉
第24条　幼稚園においては，…（中略）…，幼児期の教育に関する各般の問題につき，保護者及び地域住民その他の関係者からの相談に応じ，必要な情報の提供及び助言を行うなど，家庭及び地域における幼児期の教育の支援に努めるものとする。
第25条　幼稚園の教育課程その他の保育内容に関する事項は，第22条及び第23条の規定に従い，文部科学大臣が定める。

　この第25条の「その他の保育内容に関する事項」とは，いわゆる「預かり保育」のことを指しています。つまり，子育て支援も預かり保育も幼稚園の業務であるということが，示されています。これについては，幼稚園教育要領第3章「教育課程に係る教育時間の終了後等

に行う教育活動などの留意事項」の部分に示されています。

(1) 在園児における子育て支援

「預かり保育」は，通常の教育時間の前後や長期休業期間中などに，地域の実態や保護者のニーズに応じて在園児のうち希望者に行うものです。どのような点に配慮したらよいのでしょうか。

① 幼児の心身の負担に配慮する

　まず，健康と安全が保障される環境を整えることが必要です。幼児の生活リズム，家庭での過ごし方などに十分配慮して，1日の流れや環境を，無理のないようにつくることです。入園当初や進級時などは特に不安になったり緊張したりするものです。また休み明けは，疲れが溜まっていることもあります。必要に応じて午睡ができるような場やくつろげる空間があるとよいでしょう。また日中の保育の担当者と預かり保育の担当者の連携も大切です。

② 地域と連携する

　子どもを取り巻く環境として地域での生活があります。「預かり保育」の時間にも，地域の人的，物的資源を生かすことが求められます。地域には自然環境や様々な人材，公共施設などの社会的資源がありますので，それらの資源を活用し，子どもの生活体験全体が豊かになるような計画を立てるとよいでしょう。

③ 家庭と連携する

　「預かり保育」は，家庭の教育力を損なうものであってはなりません。そのため，その趣旨や家庭における教育の重要性は十分に伝える必要があるでしょう。日頃から保護者との情報交換の機会をもち，保護者と幼児が一緒に活動する機会等も設けるとよいでしょう。日常の園生活への理解や，保護者の幼児期の教育に関する理解が高まります。このような日々の積み重ねが子育て支援につながります。

　この他にも，地域の実態や保護者のニーズに合わせて弾力的な運用をすること，またその時間の責任体制と指導体制の整備もしっかり行

うことが求められています。

(2) 地域における子育て支援

　幼稚園は地域からの要請を踏まえ，地域の教育センターとしての役割も求められています。地域の子どもの成長発達を促進するための遊びを伝え，保護者が子育ての喜びを感じられるような援助や地域の子育てネットワークづくりなどの役割があるのです。具体的には，子育て相談の実施，お便りやポスターでの情報の発信，園庭開放，子育て講座の開催，子育てサークルとの交流などを行います。地域の人が気軽に利用できる雰囲気が大切です。教育課程に基づく活動に支障が出ないように配慮しながらも，積極的に行うことが求められています。また，保護者の養育が不適切な場合など問題があると感じたときには，園で抱え込むことなく関係機関と連携して適切な支援をしていくことが大切です。

2　保育所における子育て支援

　保育所における子育て支援については，児童福祉法第48条の4において，次のように示されており，入所児とその保護者に対する支援は当然のこと，地域の子育て家庭に対する支援が求められています。

> 〈児童福祉法〉
> **第48条の4**　保育所は，当該保育所が主として利用される地域の住民に対してその行う保育に関し情報の提供を行い，並びにその行う保育に支障がない限りにおいて，乳児，幼児等の保育に関する相談に応じ，及び助言を行うよう努めなければならない。

　今回改定された保育所保育指針では，新たに「子育て支援」の章が新設され，その重要性が強調されています。ここでは，保育所の特性を生かした子育て支援が求められます。専門性を有する保育士と子

もの存在がある環境を十分に生かした支援です。子どもの最善の利益を念頭に置き，通常の保育と密接に関連して展開していくことが重要です。相談等では守秘義務を前提としつつ保護者を受容し，その自己決定を尊重します。必要があれば，地域の関係機関につなげる役割もあります。

(1) 在園児における子育て支援
① 保護者との相互理解
　日々の連絡帳，お便り，登降園時の対話，保育参観や保育参加，行事，面談などの機会を通して保護者と情報共有し信頼関係を結びます。保護者が子育てに自信をもち，子育てが楽しいと感じられるような支援をします。

② 保護者の状況に配慮した個別の支援
　保護者の「仕事と子育ての両立」を支援するため，病児保育や延長保育を行うこともあります。その場合，通常の保育とは異なる環境や集団の構成となるため，安定して豊かな時間が過ごせるような工夫が特に必要です。また障害や発達上の課題が見られる場合や，外国籍家庭や外国にルーツをもつ家庭，ひとり親家庭，貧困家庭などに対応する場合には，関係機関と連携を取りつつ，個別の支援を行うようにします。不適切な養育等が疑われる家庭がある場合は，要保護児童対策地域協議会で検討するなど適切な対応を図ります。虐待が疑われる場合は，速やかに市町村または児童相談所に通告し，適切な対応をします。

(2) 地域における子育て支援
　地域の家庭で子育てしている親子に対して，保育所の資源を活用しつつ，周辺の施設と協力や連携をしながら支援をしていくことになります。保育所の機能を生かした地域の子育て支援とは，例えば，園庭を開放して未就園児の親子の遊び場を提供したり，誕生会や季節のイ

ベント等への参加を呼びかけたりするなどです。その場合，子育て支援担当の保育士が対応しますが，「離乳食をどう始めたらよいかわからない」「ミルクを嫌がって飲まないので体重が増えない」など，相談内容によっては栄養士や看護師が専門家として相談に応じます。一時預かりを行う場合は，一人一人の子どもの心身の状態などを考慮します。専用の部屋を設ける園もありますが，在園の子どものクラスに入り，保育者が配慮しながら一緒に活動をすることもあります。このように，日常の保育との関連に配慮し，柔軟に活動を展開していくことが大切です。

3　幼保連携型認定こども園における子育て支援

認定こども園法（就学前の子どもに関する教育，保育などの総合的な提供の推進に関する法律）では，第2条に子育て支援事業について以下のように定められています。

〈就学前の子どもに関する教育，保育などの総合的な提供の推進に関する法律〉
第2条
12　この法律において「子育て支援事業」とは，地域の子どもの養育に関する各般の問題につき保護者からの相談に応じ必要な情報の提供及び助言を行う事業，保護者の疾病その他の理由により家庭において養育を受けることが一時的に困難となった地域の子どもに対する保育を行う事業，地域の子どもの養育に関する援助を受けることを希望する保護者と当該援助を行うことを希望する民間の団体若しくは個人との連絡及び調整を行う事業又は地域の子どもの養育に関する援助を行う民間の団体若しくは個人に対する必要な情報の提供及び助言を行う事業であって主務省令で定めるものをいう。

これらの支援は，子どもの利益を最優先して行い，家庭と連携して行うことが求められています。

(1) 在園児における子育て支援

　登降園や連絡帳など日常のやりとりの中で，園児の様子を伝えたり教育や保育の意図を伝えたりし，保護者との相互理解を図るように努めます。その際，保護者の積極的な参加が有効です。保護者が参加しやすい雰囲気や日時の設定を心掛けます。保護者が受け身になるばかりの子育て支援ではなく，保護者と共に協力して子育てをしていく関係が望まれます。保護者の就労等の生活形態が異なるため，保護者同士の相互理解や交流にも配慮が必要となります。保護者をさりげなく支え，安心感につながる支援を心掛けましょう。

(2) 地域における子育て支援

　地域における子育て支援についても義務付けられています。地域の保護者の子育ての相談に応じたり，一時保育を行ったり，援助に関するコーディネートや情報の提供，助言などです。その際，地域や家庭の実態を踏まえることが大切です。また，保護者の気持ちを受け止めて，その気持ちを尊重しながら関わることが求められています。幼保連携型認定こども園の特性を生かしつつ，地域の関係機関と連携をとりながら進めていくことが大切です。

　以上，それぞれの施設での子育て支援について述べてきましたが，支援の方法や考え方は共通する部分が多いため，施設ごとの違いにとらわれることなく，その地域の資源やニーズに合わせて進めていけるとよいでしょう。

◆参考文献
・無藤隆，汐見稔幸，砂上史子『ここがポイント！　3法令ガイドブック』フレーベル館，2017年

13 認定こども園における教育及び保育

1 新たな認可施設における「教育・保育」の指針

　平成27年度施行の「子ども・子育て支援新制度」で新たな認可施設として誕生した幼保連携型認定こども園は、「幼保連携型認定こども園教育・保育要領」を「教育及び保育」等の指針としています。今回の改訂では、幼・保の要領・指針との明確な「整合性」を保ちながら、「幼保連携型認定こども園として特に配慮すべき事項」やその他の課題の記載の充実が図られています。

　認定こども園運営のキーワードは、「一体性」と「一貫性」です。幼保の機能に加えて子育て支援機能の一体性を実現しながら、乳児から就学前までの子どもの育ちの一貫性を確保することで、地域のすべての子育て家庭と子どもを包む機能を発揮します。

　そこは、法令上の意味での学校が提供する「教育」と児童福祉施設が提供する「保育」が一体的に提供される場所です。1号認定と2号認定の利用児が在籍している3～5歳では、どの時間、どの場面を見ても、「教育及び保育」が豊かに息づいているという理解が大切です。

2 幼保連携型認定こども園として特に配慮すべき事項

(1) 在園時間や日数が異なる多様な園児がいることへの配慮

　認定こども園の生活で最も大きな課題が、「在園時間や日数が異なる多様な園児がいることへの配慮」で、幼保の機能をもつからこそ見えてくる課題です。しかし、利用時間が多様な園児がいることはただ難しいことなのでしょうか。

教育保育を行う施設は，園児一人一人の多様性が見える場所です。一人一人の個性や現実を響き合わせながら共に生きている場所ということができます。月齢や年齢，外国籍の子どもや帰国子女の存在，能力の違いや感性，興味関心の違いなど。特に，障害といわれる個性も，育ち合う仲間の中では大切な存在となります（「保育の計画及び評価」及び各領域の「保育の実施に関して留意すべき事項」参照）。加えて認定こども園には，「在園時間や日数が異なる」という，「機能が異なるために見える多様性」があるのです。

　1日の生活の中で，保護者の就労状況等によって，昼過ぎに帰る子どもと夕方まで過ごす子どもたちがいます。「僕のママは仕事をしているから夕方まで楽しく過ごすけど，○○くんはママが仕事をしていないから早く帰る」など，子どもたちは置かれた現実を柔軟に受け止めます。4～5歳になると，「続きは明日！」とか，「どうなったか教えて」など，言葉や思いを次の日につなげていく姿を見ることができます。長期の休みも，それぞれの場で異なる経験を積み上げます。

　保育教諭は，「共通利用時間」といわれるコアタイムに，共通の経験ができるように配慮しつつ，それ以外の時間にも，「ここは楽しい場所」として過ごせる工夫をしたり，経験したことを翌日紹介する時間をとるなど，経験がつながり共有されるような配慮をしましょう。

　違っていることを前提にしてみると，子ども一人一人の言動を「受容と共感」をもって受け止め，子どもの個々の多様性に加えて利用の多様性も豊かなこととして捉えられるのではないでしょうか。

(2) 2歳児から3歳児への移行に当たっての配慮

　認定こども園の3歳児の生活の始まり。そこでは，乳児期から入園し，保育者との愛着形成が図られ，保育者との信頼の中で「ここは安心。僕は大丈夫！」と自己肯定感を握りしめて過ごしている子どもたちの集団に，大きな不安をもって初めて登園する子どもたちが出会い，過ごすこととなります。認定こども園として特に配慮すべき事項

の1つがここにあります。保育教諭はこの「混乱期」を試行錯誤しながら過ごすこととなります。

　入園は、その時期が早くても遅くても、子どもにとって衝撃的な出来事です。「どうしてママは僕をここに置いていくの」「ここはどこ、あなたは誰？」と、子どもたちはどんなに不安なことでしょう。このショックは長く続くこともあるので、「慣らし保育」の期間を設定するなど、不安を小さくする工夫がなされます。

　初めての環境、保護者がいない場所に戸惑う新入園児たちですが、保育者との信頼関係ができてくると「この人がいれば大丈夫」と少しずつ周りに目が向くようになりますし、そこには、集団を経験してきた進級児たちが元気に遊ぶ姿があり、新入園児だけの集団よりもスムーズに集団の生活に慣れていく姿を見ることができます。

　一方、2歳から進級した子どもたちは、6人に1人の保育者が寄り添った生活から、15人（20人）に1人という配置になります。自分に向けられている保育者の眼差しを感じることが少し減って、人数が増えた子ども集団の中で自分を生きてみます。そんな中に「おうちに帰りたい」と泣いて生活する新入園児の姿があります。そして「そうだよ。僕もおうちがいいよ」と不安になり、2歳のときにはできていたことができなくなったり、保育者から離れられなくなったりする場合があります。でも、園の環境で育んだ経験、友達や保育者との関係性が次第に力を発揮し、「いや、ここは大丈夫な場所だよ」と子どもたちの思いを支え、自分と環境を再確認して遊び始める姿につなげてくれます。

　幼保の機能を一体的に発揮するために、新入園児と進級児を分けてクラスを編成することは許されませんが、複数担任や補助者がいることを活用したり、時にはより少人数のグループで過ごすなどして、一人一人の不安が解消される配慮を行き届かせる環境をつくるのもいいでしょう。

　まだまだばらばらかもしれませんが、すでに互いに響き合う力を発

揮し始めている3歳の子どもたちです。保育の計画は，個別の計画ではなく，学年や学級の計画に移行しています。子どもたちが響き合い育ち合う集団としての学級の指導計画が息づき，個への配慮が届いている空間で多くの困難やトラブルをも心の糧にして，共に生きる力が生み出されています。「非認知能力」という新要領・指針でクローズアップされている力は，マイナスの中からプラスが生まれる，そんな営みにおいて豊かに育まれる場合が多いと思います。保育教諭は，子どもが自ら未来を切り開いていく力への信頼をもって，「きっとすてきなことが起こる」と，必要な配慮をしながら待ちつつ見守ることを大切にしたいものです。心の安定を得て3歳で十分に自己発揮できる生活が，4歳の自己充実，5歳の自己抑制につながるということも覚えておきたいことです。

3　その他の課題

上記のほか，教育・保育要領は，①特別に支援を要する子どもへの配慮，②研修の重要性・資質の向上，そして，③教育・保育要領の「周知に向けた取組」についても，その重要性と配慮事項が記されています。

新制度における「利用認定」を受けない在宅子育て家庭も含めて，地域のすべての子育て家庭に寄り添い，地域のコミュニティの再生をもたらす可能性をもっている施設が認定こども園です。教育・保育の現場に共に生きるように集められた保育者，子ども，保護者が，育ち合い，支え合っていく営みの中に，地域コミュニティを新たに創造し，地域を元気にする可能性が秘められていることを覚えましょう。今日という日に出会う「ひとり」と同じ場所に立って，「さあ，一緒に歩こう」との思いを交わす営みが，明日の社会を豊かにしていく営みとしてつながる。そんな働きを，社会が私たちに期待しているのです。

14 小学校への接続

1 新3法令の小学校教育への接続に関する基本的姿勢

「幼稚園教育要領」「保育所保育指針」「幼保連携型認定こども園教育・保育要領」の3法令では，これまでも小学校との連携の必要性が示されてきました。今回の改訂（改定）では，幼児期に育まれた資質・能力を小学校でさらに伸長できるよう，保育者と小学校教師が「幼児期の終わりまでに育ってほしい姿」を共通認識し，子どもの育ちと学びを共有して，より一層連携を強め，円滑な接続が実現するよう求めています。

では，保育者は，幼児期の終わりまでに育ってほしい姿を念頭におきながら，どのように資質・能力を育み，円滑な接続を図っていけばよいのでしょうか。接続に関する時代背景を振り返りながら，これからの保幼小接続のあり方について考えていきましょう。

2 小学校への接続に関する時代背景と考え方

1990年代後半，「小1プロブレム」(新保, 2010) という小学校1年生の学校不適応の問題が注目されたことをきっかけに小学校の生活や教師，あるいは上級生に適応できるよう，保幼小の子ども同士の交流や，保育者と教師の情報交換が徐々に行われるようになっていきました。近年，国際的に質の高い幼児教育が求められるようになり，さらにその豊かな成果を小学校教育へ円滑につないでいくことの重要性が強調されるようになってきました。

このため，小学校への円滑な接続のための教育制度やカリキュラム

の改革，教育方法の改善が，現在世界各国で取り組まれています（OECD，2017）。日本においても様々な施策が出され，「幼児期から児童期への発達の連続性や学びの連続性を確保」（国立教育政策研究所教育課程研究センター，2005）すること，しかし幼児期と小学校の学びのあり方には違いがあり「学びの芽生えの時期から自覚的な学びの時期への円滑な移行」（文部科学省，2010）ができるようにすることが重要だとしています。学びの芽生えとは「楽しいことや好きなことに集中することを通じて，様々なことを学んでいく」幼児期の遊びの中の学びであり，自覚的な学びとは「与えられた課題を自分の課題として受け止め，計画的に学習を進める」小学校の授業を通した学習を指します。小学校との接続を大切にするといっても，小学校の前倒しの学習をするのではなく，幼児期には，遊びに没頭し，人やものと様々に関わる中で，知識・技能の基礎，思考力・判断力・表現力の基礎，学びに向かう力・人間性等といった，小学校での自覚的な学びを支える資質・能力を養っていくことが大切なのです。

3　小学校への円滑な接続のための様々な取組

では，小学校への円滑な接続のための今後の取組について考えてみましょう。

(1) 小学校の生活と学びに期待をもつ―保幼小交流会

子どもたちが安心して小学校に進学できるようにするには，子どもが小学校の生活や学びに期待がもてるようにすることが大切です。

園とは異なる大きな施設や学校文化への戸惑いを感じる子もいるでしょう。友達と離れて個別の机に座って過ごすことも子どもにとっては緊張感があります。和式のお手洗いを使ったことのない子どもも多く，広い校庭や大きな体育館など小学校の施設に不安を感じることも少なくありません。教科書を読んだり，ノートを書いたり，立って発

言したりする学習のあり方や時間割で動く生活への不安もあります。このため，子どもが小学校の生活や学びの様子について知り，安心できる経験を重ねるとともに，園での生活や学びの姿，子どもの様々な緊張や不安を小学校教師が理解し，生活指導や学習指導のあり方を工夫する必要があります。

　そこで，幼児が小学校に行き，小学校での生活や学習を体験するだけでなく，逆に小学生や小学校教師が園に行き，幼児と遊ぶ中で，その生活や遊びの中での学びのあり方を知ることのできる保幼小交流の機会を設けるとよいでしょう。このとき，交流する学年や交流会の内容をどう設定するかも重要です。生活科などでは２年生と１年生が活動を共にすることが多いため，現１年生（来年度の２年生）と交流するのもよいでしょう。また，６年生が１年生のお世話をする学校では５年生（来年度の６年生）との交流が，入学してからの子どもたちの安心につながります。また，交流の内容も幼児と小学生が一緒に遊ぶだけではなく，幼児が小学校の授業を体験したり，お祭りやお店屋さんなどのプロジェクト活動を５歳児と１年生が協働して行ったりするなど，学びのつながりが意識できるような活動を工夫するとよいでしょう。

　こうした交流会は，幼児にとっての安心や期待につながる上，小学生にとっても年長者として自覚が芽生えるたいへんよい機会です。交流が互恵性のある活動となるよう，小学校の教員と共に創意工夫していくことが肝要です。

(2) 育ちと学びをつなぐカリキュラムの開発

　幼児期の育ちと学びを小学校へ確実につないでいくために，小学校ではカリキュラムの見直しが求められています。３法令と同時期に改訂された「小学校学習指導要領」は，特に入学当初，幼児期に遊びを通して育まれてきたことが学習に円滑に接続されるように，合科的・関連的な指導や弾力的な時間割の設定など指導を工夫したり，指導計

画を作成したりすることを求めています。

　しかし幼児期の育ちと学びを小学校に円滑につなぐには，小学校入学当初のカリキュラム，スタートカリキュラムだけでなく，資質・能力を育む小学校就学前5歳児のカリキュラムであるアプローチカリキュラムも開発していく必要があります。このアプローチカリキュラムを考える上で重要なのは，小学校のように教科の指導事項を教えるのではなく，各領域のねらいや内容を，遊びを通して総合的に指導するのだということです。

　中央教育審議会答申（平成28年12月21日）は，幼児期のアプローチカリキュラムと小学校のスタートカリキュラムの編成に当たっては，学びの芽生えと自覚的な学びのバランスが大切だとしています。幼児期は，調べる，比べる，尋ねる，協同するなど，楽しみながらも課題を見いだし解決すること，小学校においては，楽しいことや好きなことに没頭する中で生じた驚きや発見を大切にし，学ぶ意欲を育てることが重要であるとしています。つまり，幼児期においては遊びを大切にしながらも小学校へつながる資質・能力を意識的に育み，小学校においては育成すべき資質・能力を幼児期の遊びのように没頭できる活動を通して伸長する，幼児教育，小学校教育双方の要素を取り入れた漸次的・段階的カリキュラムを開発することが大切なのです。

(3) その他─要録，情報交換会，研修，人事交流，就学支援シート

　これまでも，幼児に関する情報を保育者と小学校教師が共有するために，要録を小学校に送ることが義務付けられてきました。しかし，要録に書かれた子どもの姿を読むだけでは，小学校の生活や学習の指導に十分に生かすことはできません。小学校教師に入学予定の子どもたちの様子を見にきてもらったり，情報交換会で保育者と小学校教師が直接顔を合わせて引き継ぎをしたりすることも大切です。

　また，幼児教育と小学校教育は目標の考え方や指導方法などに違いがあるため，保育者と小学校教師の子どもの育ちや学びに対する見方

や考え方には違いがあることも少なくありません。保育者と小学校教師が同じ研修を共に受ける，保育者が小学校で授業をする，あるいは小学校教師が1日保育者体験をする，時には長期にわたる人事交流をする等も，互いの理解を深める上で重要な保幼小接続の取組となります。

　さらに，就学に際して，学習や生活において特別な教育的支援を必要とする子どもをもつ保護者が不安を抱えているケースもあります。そのような場合に自治体から配布される「就学支援シート」を用いて，子どもの情報を保護者，保育者，小学校教師が共有することも必要になるかもしれません。

　子どもが楽しく充実した小学校生活を始められるよう，保育者や小学校教師，保護者や他の専門機関，自治体等が互いに知恵を出し合い，協力して，多面的に小学校への接続の課題解決に取り組んでいくことが求められています。

◆参考文献
・国立教育政策研究所教育課程研究センター「幼児期から児童期への教育」ひかりのくに，2005年
・新保真紀子『小1プロブレムの予防とスタートカリキュラム～就学前教育と学校教育の学びをつなぐ～』明治図書出版，2010年
・中央教育審議会「幼稚園，小学校，中学校，高等学校及び特別支援学校の学習指導要領等の改善及び必要な方策等について（答申）」平成28年12月21日
・文部科学省「幼児期の教育と小学校教育の円滑な接続の在り方について（報告）」2010年（http://www.mext.go.jp/component/b_menu/shingi/toushin/__icsFiles/afieldfile/2011/11/22/1298955_1_1.pdf）
・OECD, Starting Strong V: Transitions from Early Childhood Education and Care to Primary Education. Paris: OECD, 2017.

第2章

乳幼児期の育ちと学び

1 乳幼児期における心と体の発達

1　乳幼児期の発達の連続性と教育・保育

　今回の「保育所保育指針」「幼稚園教育要領」「幼保連携型認定こども園教育・保育要領」の改定（改訂）では，子どもの発達に従って，乳幼児期の保育・教育が0歳，1～2歳，3歳以上の3つの区分で整理されました。ただし，ここで重要なのは，単に暦年齢によって横断的に保育を細分化するということではなく，あくまで乳幼児期を通した発達の連続性に従って，保育・幼児教育のあり方を考えるということです。

　そこで，以下，乳児期から幼児期にかけての心と体の発達，その両面について概説します。

2　心の発達

　生まれてきたばかりの赤ちゃんは，外界への急激な環境の変化に対応し，心身ともに著しい発達を遂げます。姿勢や運動能力，自立した生存能力といった点では，非常に未熟な状態で生まれてきますが，近年の研究で，視覚や聴覚，嗅覚といった感覚や知覚の面では，いろいろな能力をもっていることがわかっています。

　例えば，生後間もない赤ちゃんであっても，周りの人の顔や表情，声に反応したり，母親のにおいを嗅ぎ分けたり，母語とそれ以外の語を聞き分けたりできます。また，赤ちゃんは，非常に感情豊かでもあります。泣いたり，笑ったりするなどの表情や，体の動き，喃語（まだ言葉にならない段階の声）などによって，自分の欲求を表すことが

できます。

　ただし，赤ちゃんは，これらを必ずしも意図的・自覚的に行っているわけではありません。自立した生存能力に乏しい状態で生まれてくるからこその，養育者からの関わりを引き出すための生まれつきの能力とでもいえるでしょうか。養育者にとってみると，赤ちゃんとの交流がなされたと思うほど，赤ちゃんを愛しいと感じ，もっと関わりたいと思うようになります。こうして，赤ちゃんは，養育者など特定の大人との継続的な関わりを通して，情緒的な絆，すなわち愛着を形成していきます。そうすることにより，人への信頼感が育まれていき，赤ちゃんはそれをよりどころに少しずつ自分の世界を広げていきます。

　やがて，生後半年頃には，赤ちゃんは徐々に，特定の大人と見知らぬ人とを識別できるようになります。その頃から見られるようになるのが人見知りです。見知らぬ人や慣れない人に対して，激しく泣いたり，抵抗したりするのは，一見，困った行動と捉えられがちですが，特定の大人を識別できる能力が獲得されつつあるからこその現象ともいえます。

　このような赤ちゃんと特定の大人とのやりとりは，最初，〈自分〉と〈相手〉，あるいは〈自分〉と〈もの〉といった二項関係から始まります。それが生後9か月くらいになると，相手の視線を追ったり，指さししたりするなどして，相手と一緒に〈もの〉に注目し（共同注意），〈もの〉を媒介としたやりとりである三項関係へ発展します。また，生後1歳に近づくと，子どもは，自分にとって曖昧な状況において，大人の表情を参照して，自分の行動を調整したり，情動を変化させたりします（社会的参照）が，こうした大人とのコミュニケーションが，子どもが言葉を獲得していく上で非常に重要であることがわかっています。

　言葉の獲得のプロセスとして，生後6か月未満の赤ちゃんは喃語（アーアーなど泣き声とは違う，言葉に近い発声）を発します。1歳前後から，「マンマ」などの有意味語が現れ，1歳半を過ぎたあたり

から,「これなに?」を繰り返したりするようになり,子どもは急激に語彙を増やしていきます。さらにその後,単語を2つつなげた二語文を話すようになり,3歳までには,"が"とか"は"といった助詞を使うようになります。そして,言葉の獲得とともに,自分の意志や欲求を表出し,自己主張できるようになります。

こうした言葉の獲得を支える基盤に,象徴機能の発達があります。1歳半を過ぎると,いろいろなものを何かに見立てたりする遊びが見られるようになりますが,これが象徴機能の表れです。やがて,2歳を過ぎると,目の前にいない人のまね(延滞模倣)などをより積極的に行うようになります。言葉の獲得やイメージする能力の発達により,幼児期後半になると,役割やストーリーのあるごっこ遊びへと発展していきます。

遊びを通して子どもは,いろいろなことに興味をもち,創意工夫を重ねたり,友達同士で協力し合ったりすることを学びます。また,友達などとの関わりの中で,葛藤や不安なども経験しながら,他者の意図や感情に気付くことができるようになり,さらに,自分の思いを伝えたり,自分の感情をコントロールする力なども身に付けていきます。

3　体の発達

乳幼児期の子どもたちにとって,心の発達と体の発達は密接な関係にあります。図に示したのは,生後約1年で赤ちゃんが歩行できるようになるまでの発達のプロセスです。このように,座る,はう,立つ,つたい歩きといった運動機能の発達により行動範囲が広がるとともに,子どもはいろいろなことに興味や関心をもつようになり,探索活動も活発になっていきます。

その後,2歳頃になると,歩く,走る,跳ぶなどの基本的な運動機能や,指先の機能が発達していきます。ただし,3〜4歳頃まではまだ動きにぎこちなさが見られるため,全身を使って遊ぶことなどによ

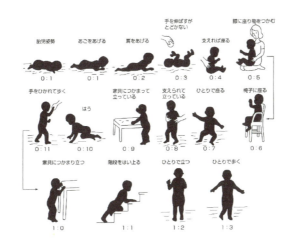

乳児の二足歩行までの変化

(出所：白佐俊憲『保育・教育のための心理学図説資料』川島書店，1982年，p.196)

り，寝転ぶ，起きる，回る，転がるなど「体のバランスをとる動き」や，はねる，跳ぶ，登る，下りるなど「体を移動する動き」を経験することが大事です。

やがて，4〜5歳になると，少しずつこうした基本的な動きが定着するとともに，友達と一緒に運動することの楽しさを知るようになります。この時期には，持つ，運ぶ，投げる，捕るなど「用具などを操作する動き」を経験することが望ましいとされています。

このように，幼児期を通して，様々な動きを経験することで，動きが多様化し，無駄な動きや過剰な動きが減少して，滑らかな動きへと洗練化されていきます。

◆参考文献
・遠藤利彦・佐久間路子・徳田治子・野田淳子『乳幼児のこころ』有斐閣アルマ，2011年
・文部科学省「幼児期運動指針」2012年

2 非認知能力とは

1 非認知（社会情動的）能力と認知能力の関係

　非認知能力は社会情動的能力とも呼ばれています。「能力」という言葉の代わりに非認知「スキル」という用語も使われます。認識力や記憶力など，獲得した知識を整理して考える力や認識したものを分析する認知力に対して，非認知能力は目標の達成に向かう心的態度や，情動調整，他者と協働する力，粘り強く頑張る力，挫折から回復する力などを含みます。

　ここで注意しておきたいのは，「非」認知能力と認知能力は互いに影響しながら機能し発達するということです。対照的に用いられることもありますが，実際の心の働きとしては反対のものではありません。欧米でのいくつかの縦断的研究（同じ調査参加者を乳児期から追跡）の結果，学力と直接関わるとされる認知能力だけでなく，乳幼児期の非認知能力の発達が，その後の学力やどのように人生を過ごすか（ウェル・ビーイング）に長期にわたって影響を与えることがわかってきました。こうしたデータは，学力は認知能力で決まると考えてきた欧米社会に驚きをもって迎えられました。

　言葉や数的能力や学業的達成を重視してきた欧米と異なり，日本の乳幼児期の教育・保育では，日々の生活や遊びを通して培われる子どもたちの心情・意欲・態度を大切にしてきました。上記の研究結果は，日本の保育を後押しするエビデンスであると同時に，より深い捉え直しが必要な部分も指摘しています。

2　3つの資質能力と非認知能力（スキル）

　今回の要領・指針の改訂（改定）で，幼児期から青年期までを見通した「3つの資質・能力」が示されました（第1章2参照）。この「資質・能力」は認知・非認知能力の発達のありようを反映しています。日本の幼児教育が大事にしてきた「心情・意欲・態度」は学びに向かう力としての非認知能力の基盤です。生理的心理的欲求が満たされ，自分が受け入れられていると感じられる所属感や安心感が満たされていなければ，好奇心をもって周りのものや人と関わり新たな「知識や技能の基礎」を身に付けていくことはできません。

　やりたいことに没頭し，試行錯誤を繰り返しながら粘り強くやり続ける子ども。うまくいかないとき，ふと保育者を探し目が合うと安心したようにもう一度遊び続ける子ども。その時々の楽しさで遊びを展開する中で，次々と新しいアイディアを出し合いながら遊びが進行するときの子どもの姿を思い浮かべてみてください。こうしたとき，子どもたちは「身に付けつつある知識や技能を使って，遊びや生活の中で工夫したり新しいものを創り出したり」（思考力・判断力・表現力等の基礎）しています。そんなとき，非認知能力と認知能力の両方が相互に絡み合いながら発揮され，発達していきます。

3　何が非認知能力（スキル）の発達に影響するのか

　個人の非認知（社会情動的）能力（スキル）には，元々もっている気質，親子の関わりのあり方を含めた家庭環境の要因，そして同年齢や異年齢の子どもとの関わりの質の要因などが影響を与えます（次頁の図参照）。

　乳幼児期の時点で，母親と子どもの関わりが温かく子どもの情動やその原因について母親が多く話しかけているほど，自分や他者の情動

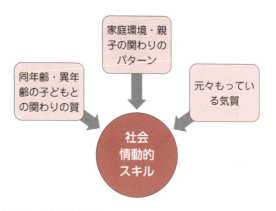

非認知(社会情動的)スキルの発達に影響を与える要因
(池迫・宮本, 2015を参考に筆者作成)

の認知力や表現力が高いともいわれています。つまり0～2歳の関わりが重要であるということです。だとすれば、未就園の家族を含めた子育て家庭の親子の関わりへの支援とともに、乳児保育(家庭的保育を含めて)の関わりのあり方を大切にしていかなければいけません。

3歳以降も非認知能力は発達し、人生のどの時期からも高めていけると池迫・宮本(2015)は述べています。ですから、少子化の中で主な子ども同士の関わりの場となった園や学校での子どもの体験は重要さを増しています。これは個と集団の両方への丁寧な関わりを大事にする、日本の保育が目指しているものと重なります。また習い事なども含めた地域の人的環境や経験も子どもたちの非認知能力に関わります。

4 非認知能力(スキル)を育てる保育

それでは、非認知能力を育てる保育者の配慮にはどのようなものがあるでしょうか。OECDの非認知能力(スキル)の定義を踏まえて、幼稚園教育要領・保育所保育指針等の内容を比較してみると、次のような点をこれからの保育では意識して取り組んでいく必要があるで

しょう（内田, 2017）。
① 興味や関心をもつだけでなく，広げ深めること
② 困難にあっても目標に向かいやり遂げようとする気持ち（自己調整力，粘り強さ）が育つこと
③ 自分の思いを言葉によって伝えること
④ 自分についての肯定的なイメージ（自信・楽観性）をもてること

　①〜③のような経験を通して自信や楽観性が育っていき，失敗しても，もう一度やってみようと思えたり，失敗したときは人に助けを求めたり協力したりできるようになってほしいのです。④のような気持ちが基盤にあれば，さらに新たなことに好奇心をもって挑戦していけます。こうした育ちは，乳児期初期の，周囲の人やものに働きかけ，偶然起きたことや人の反応を楽しむ時期から始まっています。

　また，②のようにやり遂げるとか自己調整とか粘り強くという言葉から，我慢強く練習する・静かに長くお話を聞くといった活動が連想されるかもしれません。しかし，それほど単純なものではないのです（第2章8参照）。与えられた目標ではなく，子ども自身が主体的に目指してみたいと思える活動，心からやりたいことに没頭する中で，試行錯誤し挑戦する活動が必要です。つまり，遊びに没頭する中でこそ育つ力なのです。

　子どもたちのやりたいことは，日々の生活や園内外の豊かな環境の中で体験されたことから生まれてきます（第1章8参照）。保育者は，子どもの声や動きなどから発せられるサインを読み取り，今何に興味をもっているか，どういうきっかけをつくれば興味の幅が広がり，やりたい気持ちを生み出していけるかを考えて保育を組み立てていきます。時には，保育者がはっきり意図をもって環境を用意し，遊びを仕掛けることもあるでしょう。そんなときも，個々の子どもからのサインを読み取りながら，子どもと一緒に環境や計画を構成し直していきます。つまり，一人一人の子どもが所属感・安心感をもちながら過ご

し，保育者が，自分たちと子どもの関係と子ども同士の関わりを，丁寧に大切に考えていく保育が，非認知能力を育てるのです。

　社会は時代とともに大きく変化し，家族や地域のあり方も変わり続けています。少子化や地域社会の希薄化から子どもたちが地域で仲間集団を経験する機会が少なくなりました。大人も含めた人間関係も希薄になってきています。そのため，従来家庭や地域の中で育っていた力が育ち切らないまま，園にやってくる子どもが増えていると考えられます。だとすれば，これまで以上に，園での丁寧な配慮や保育者の専門的な関わりが必要になっているはずです。

　子どもたちが生きていく未来は予測不可能であり様々な可能性に満ちています。子どもが何を学んだか何ができるようになったか以上に，未来の新しい場所や状況で使えるような，粘り強く前向きに環境と関わり，新たな情報を吸収し分析し活用する力・スキルを目指していく——すなわち非認知能力を意識した保育が求められているのです。

◆参考文献
- 池迫浩子・宮本晃司「家庭，学校，地域社会における社会情動的スキルの育成——国際的エビデンスのまとめと日本の教育実践・研究に対する示唆」ベネッセ教育総合研究所，2015年
- 内田千春「幼児期における社会情動的スキル」『子ども学 5』萌文書林，2017年，pp. 8-29
- 無藤隆・古賀松香（編）『社会情動的スキルを育む「保育内容人間関係」——乳幼児期から小学校へつなぐ非認知能力とは』北大路書房，2016年

3 愛着の形成

1 愛着の個人差と発達

(1) 物理的な安全・心理的な安心の保障

　愛着は「危機的な状況に際して，あるいは潜在的な危機に備えて，特定の対象との近接を求め，またこれを維持しようとする個体の傾性」(Bowlby, 1969/1982) と定義されます。

　運動や認知能力の発達途上にある新生児が生き延びるためには，空腹が満たされ，心地よく抱かれて，危険なときには守ってもらえる，物理的に安全で，心理的に安心できる養育環境が必要です。

　泣いたりぐずったりするのは，子どもの安心・安全が脅かされている信号で，それに気付いた大人は子どもの欲求を推測して対応します。声をあげれば敏感に対応してもらえてほっとする体験を繰り返した乳児は，「不快だ」「怖い」等の感覚や感情が生じると大人に助けを求めてくっついて落ち着くようになります。こうして乳児は安定した愛着を形成します。

　安定した愛着を形成した子どもは，友人関係が良好で，少し難しいことにも挑戦し，失敗しても粘り強く，精神的に健康に成長することが何十年にもわたる縦断研究で明らかになっています (Sroufe, 2009)。

　子どもが愛着を形成する対象は，通常母親が一番，次が父親ですが，その他に，祖父母や保育者，教師，習い事のコーチ，ソーシャルワークや心理などの専門家などがなりえます。子どもの生活に持続性・一貫性をもって存在し，子どもの身体的・情緒的ケアを通して子どもに心をくだいている大人です。愛着対象には階層があって，母親がいなければ，父親にくっつくというように補完的な役割を果たすと

考えられます。ここではこれらの人を「養育者」と記します。

(2) 愛着の個人差

養育者はどんな人でも，受け止めやすい欲求や感情とそうでないものがあります。乳児は養育者の対応に合わせて信号の出し方を調整し，生後1年には乳児の愛着の個人差が見られるようになります。

安定型の子どもの養育者はどんな信号にもほどよく対応しますが，不安定／回避型の子どもの養育者は，子どもの愛着欲求が苦手で，ネガティブ感情を「めそめそしている」「甘えている」と過小評価して退けます。そこで子どもは，ネガティブ感情を出さないように過剰に感情を統制して，人に助けを求めないようになります。不安定／アンビヴァレント型の子どもの養育者は子どもが離れて探索するのが苦手なので，子どもは本来の探索欲求を抑えて感情の統制を最小化し，助けが必要だとしがみつくようになります。不安定型の愛着の子どもは，本来の愛着欲求や探索欲求を抑えて，養育者の態度に合わせることで養育者に応えてもらっています。

無秩序・無方向型の子どもの養育は少なくとも2種類見いだされています。1つは関心が子ども以外の恋人などに強く向かっていたり，抑うつで愛着欲求に気付くのが難しいタイプです。もう1つは不適切な養育のあるタイプです。子どもは愛着欲求を向けても慰められるのではなく無視されたり，怖い思いをするので養育者に助けを求められなくなります。幼児期になると，親の情緒的なケア役割を果たして過度に気を遣う統制−世話型や，親に命令をしたり，攻撃されたと感じやすく友人とのけんかが多い統制−懲罰型に成長する発達経路も見いだされています。これらは本来養育者の役割であるケアを子どもが担う，役割の逆転した状態です。子どもは本来の欲求や感情を抑圧します。

2　安定した愛着関係を育む関わり

(1) 子どもの欲求や感情に注目して寄り添う

　子どもが発する重要なサインに，怒りや悲しみ，恐怖，喜び，好奇心などの感情があります。大切なのは養育者が子どもの肯定的な感情も否定的な感情も，見つけて積極的に寄り添うことです。特にネガティブ感情に寄り添うことが子どもの感情制御を助け，安定したアタッチメントの形成を促します。

　年齢不相応に怒りの強い子どもは，感情制御がうまくできていません。長じて，外在化問題行動（非行・暴力等）をすることが懸念されます。大きな信号を出す不安定な愛着型だと理解すれば，愛着信号をそんなに大きく出さなくても，誰かがネガティブ感情に気付いてそばにいく経験を通して，発達経路を変えられます。「なんか嫌な感じがしたのかな」「どんな気持ちか教えてくれる？」「大丈夫一緒にいようね」と身体をこすったりしながら，くっついているとよいでしょう。

　本当は怒ってよいところなのに，黙っていたりニコニコしている子どもも同様です。年齢不相応に我慢強い，過剰に感情制御している子どは，内在化問題行動（抑うつ・不安・身体化等）への経路が懸念されます。「なんだかドキドキしたね」と本来そこにあるはずの感情を探索し，見つけて寄り添うことで，他者の欲求に合わせるだけでなく真の自分（Winnicott, 1960）を見つけることができます。

(2) 必要な制限を示す

　探索する子どもたちの安心や安全を守るには，一貫した態度や制限も必要です。守るべきことは伝え，止められたことへのネガティブ感情には寄り添う温かい態度が必要です。

　例えば，子どもが「あれで遊びたいよ」と怒ったりぐずったりすれば，養育者に感情に寄り添ってよという信号です。「あれで遊びたい

んだね」「待っているのは大変だよね」「ここで一緒に待とうか」と欲求や感情に寄り添う対応と,「遊びたい気持ちはわかる,でも待とうね」と止める対応とを両立することができます。子どもは気持ちが徐々に落ち着き,体験的に感情制御を学ぶことができます。毎日何十回もこのやりとりを経験した子どもは,どうしたら慰めてもらえるのかを体験的に学びます。そして,徐々に自分で感情や行動をコントロールできるようになります。

(3) 親への支援

親が子どもと安定した関係性を形成できるような支援をするためには,保育者・幼稚園教諭が親との間によい関係をつくり,親の安心・安全の基地となることを目指します。子どもとの安定したアタッチメント形成と基本的には同じと考えてよいでしょう。

まず,その親がどんな魅力のある人なのか,何を大切にしているのか興味をもって知り合うとよいでしょう。親の子どもへの愛情や願いをくみ取り,親の強みを肯定的に捉えて伝えるのがスタートです。どうやって頑張っているのかを一緒に探索し,ねぎらいます。

また,先生同士の話し合いで問題を解決し,誰か困っている人がいたら寄り添う,温かく助け合いに満ちた雰囲気が,親子にとって感情制御や安定した愛着関係を体験できるよい環境になります。

◆参考文献
- Bowlby, J., *Attachment and loss*, Vol. 1: Attachment. New York: Basic Books, 1969/1982
- Sroufe, A., Egeland, B., Carlson, E.A., & Collins, W.A., *The development of the person: The Minnesota study of risk and adaptation from birth to adulthood*, 2009
- Winnicott D.W., The theory of the parent-infant relation-ship. *International Journal of Psychoanalysis* 41, 1960, pp. 585-595

4 遊び・生活と子どもの学び

1 遊び・生活とは

　倉橋惣三は，1953年出版の『幼稚園真諦』において，幼稚園とは幼児の生活がその自己充実を十分に発揮し得る設備とそれに必要な自己の生活活動のできる場所であると定義しています。そして，幼児の生活を土台に保育を行うには幼児たちにまず自由な感じを十分にもたせること，自然な自由遊びを十分に楽しませることが最も大切であると述べています（倉橋, 1965）。このように，子どもの生活の中に遊びがあり，子どもの生活の基盤が主体的な活動である遊びであると考えることができます。つまり，生活と遊びを切り離して考えることはできないものなのです。

　では，具体的には，「生活」と「遊び」にはどのようなものが含まれるのでしょうか。岩立（2007）によると，食事，排泄，睡眠，着衣，清潔などの基本的生活習慣の行動のほか，遊びや学習などを生活に含めて区別しないで考えることもあれば，生活と遊びや学びを区別して考えることもあると述べています。生活と遊びを区別する場合には，「生活」は現実に適応していくために必要性にかられて行う行動のことで，「遊び」はそのこと自体が目的となる行動であり，主体的で自由で，振りや見立てが行われる行動とされています。

2 乳児における遊びと生活

　乳児期には，幼児期ほど生活と遊びの区別が明確ではなく，それらの違いが認識されていません。

保育所保育指針では，乳児期の保育内容とは，生活や遊びを通じて，子どもたちの身体的・精神的・社会的発達の基盤を培うという基本的な考え方のもと，乳児を主体に，「健やかに伸び伸びと育つ」「身近な人と気持ちが通じ合う」「身近なものと関わり感性が育つ」という3つの視点から，保育内容等の記載がなされています。

(1) 健やかに伸び伸びと育つ

　子ども一人一人の発達には個人差がありますが，はう，立つ，歩くという発達の順序性はどの子どもも同じです。中にははわないでつかまり立ちする子どももいるということが以前から報告されていますが(前川，1972)，子どもが十分に体を動かすことができるような環境を用意することが大切です。また，この時期は感覚運動期であり，五感を通して外界からの刺激を受容して知能が育つ時期です。視覚，聴覚，嗅覚，味覚だけでなく，手のひらや足裏などの皮膚感覚からの刺激の受容もできるよう豊かな環境を用意しましょう。

(2) 身近な人と気持ちが通じ合う

　生後6か月頃までに，特定の大人との間に愛情の絆である愛着（アタッチメント）が形成されます。その後，8か月頃には特定の人以外には人見知りをする8か月不安が見られるようになり，特定の対象との関係が形成された証でもあります。母親が子どものそばを離れると後追いなどの分離不安が見られることがありますが，これらの行動はすべて愛着が形成されていることを示すものです。また，2歳頃までに，親子や特定の保育者との間で同じ対象に注意を向ける共同注意が見られるようになります。この共同注意は絵本の読み聞かせ場面などでよく見られるものですが，子どもの言葉の獲得やコミュニケーションを促進する働きがあります。

(3) 身近なものと関わり感性が育つ

　子どもの身近にある玩具や絵本などに触れて，音，形，色，手触りなどに気付いて，感覚の働きを豊かにすることが大切です。子どもの発達状態や興味・関心に合った玩具を選ぶようにし，遊びを通して子どもの表現が豊かになるように，親や保育者は子どもの反応に対して応答的に関わるようにします。そうすることで，子どもの感性が育っていくのです。

　このように，乳児期の子どもたちが，生活や遊びの様々な場面で主体的に周囲の人やものに興味をもって，自ら関わっていくことを通して，「学びの芽生え」へとつながっていきます。

3　幼児期における遊びと生活

　幼児期になると，遊びと生活はだんだん区別して認識されるようになってきます。
　遊びは，それ自体が目的となっている主体的な活動です。子どもの発達は，様々な生活や遊びの豊かな経験が相互に影響し合うことによって促され，資質・能力が育まれていきます。そして，それらの資質・能力は中核となり「幼児期の終わりまでに育ってほしい10の姿」と結び付いて発展していきます。

(1) 幼児期の生活

　幼児期は，基本的生活習慣が獲得される時期であり，挨拶，着替え，当番の仕事，片付けなど集団生活の中で必要なルールやマナーを学んでいきます。10の姿に含まれる「道徳性・規範意識の芽生え」は，遊びの中での衝突を通して折り合いを付ける体験から決まりの必要性や自己調整力が育つと考えられますが，生活全般においては，例えば，食事のときの挨拶や食事マナーなど規範意識を学ぶ機会が多く

あります。このような場面において，保育者は，道徳性や規範意識が育つよい機会だと捉えて，子どもの行動を認めたり励ましたりなど適切な援助を行うことが大切です。

(2) 幼児期の遊びの発達

　パーテン（Parten, 1932）は，幼児の自由遊びを観察し，２歳から３歳頃は，「ひとり遊び」や「平行遊び」をする時間が長く観察され，３歳以降に「連合遊び」や「協同遊び」が多く観察されました（下図参照）。しかし，このことは，ひとり遊び，平行遊び，連合遊び，協同遊びの順で発達的に出現することを示しているわけではありません。パーテンが分類した遊びの発達は，遊びの内容や保育者の指導方法によって影響を受けるので，年長児でひとり遊びをしていても発達的に未熟であると決めつけず，子どもが遊びにどのくらい熱中して取り組んでいるかを見ていく必要があります。さらに，平行遊びは集団遊びへの橋渡しとしての機能をもっていることから，保育者は，必要に応じて子どもたちの仲介役となり，子どもたちの遊びが発展するような援助をしていくことが望まれます。

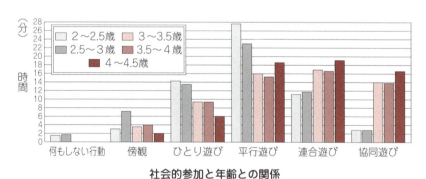

社会的参加と年齢との関係
(出所：Parten, 1932)

◆参考文献
・岩立京子『事例で学ぶ保育内容〈領域〉人間関係』無藤隆（監修），岩立京子（編），萌文書林，2007年，p. 113
・倉橋惣三『倉橋惣三選集』第1巻，フレーベル館，1965年
・前川喜平「運動発達」『脳と発達』第4巻第6号，1972年，pp. 505-513
・Parten, M. B., 'Social participation among pre-school children', *Journal of Abnormal and Social Psychology*, 27, 1932, pp. 243-269

5 子どもの「育ち」と「学び」から見た園環境

　子どもの「育ち」と「学び」から見た園環境について，ここでは主には①「主体的」に関わることができる環境，②「主体的」になる環境，③「対話的」になる環境の３つの環境について，考えてみたいと思います。

1　子どもが「主体的」に関わることができる環境
　　―物と出会うこと―

　園生活において，子どもは物との多様な出会いを経験します。大人は，物の構成に意味を見いだすことが多いのですが，子どもは物そのものに意味を見いだすことが多いように思われます。例えば，幼児にカメラで「好きな遊び場」を撮影してもらって場所を教えてもらうと，滑り台を選択した子どもは，滑り台全体ではなく，滑り台の上の最終ステップに立ち，今まさに滑り出そうとしている場所が撮影されていたり，大きな網がかかった遊技場での撮影では，遊技場全体ではなく，網部分のみを大きく写し出したような撮影をしたりして，そこを「好きな遊び場」として撮影して教えてくれました。また撮影後，撮影された写真をもとに行ったインタビューでは，ブランコでは「風が涼しい」から好きとか，保育室をつなぐ廊下は「ビューッと走れて気持ちいい」から好き等の声（思い）が聞かれました。当然，ブランコには「こぐと揺れる」という構造的特徴があり，また廊下は「移動」を目的とした空間としてつくられている場所なので，そのことに言及されることが想定されました。しかし，これらの結果から，子どもは必ずしも物を周囲との関係の中で捉えているというのではなく，物やその物がある空間自体に意味を見いだして，楽しんだり利用した

りしていることがわかりました (宮本他, 2016, 2017)。

　多くの大人にとって, この子どもの物に対する視点は, 非常に繊細で細やかな視点であるといえ, またその物が一般的に有している意味や使用法を超えて, 再構築されて創造的で新しい世界を生み出す可能性を思わせる視点であるといえます。

　この子どもの物への視点は, 予定された成果よりも探索的な行為が先にあり, また成果が予定されたものと異なっていてもよいとする, 子ども固有の遊びに対する感覚を生成させる要因の1つと考えられます。

　つまり, 子どもが「主体的」に関わることができる環境とは, 子どもが興味を示して手にとった物が, 必ずしも次の何にどのように役に立つのかということを必要としないということです。保育者が「その子にとって」それはどのような物なのかの理解に努め, 理解したその子なりの意味付けをもとにして, その先の世界となる環境を子どもと共に創造していくことが重要です。子どもの環境を考える際, 物と物との組み合わせを考えて設定していくことも重要なことではありますが, その前提として, 1つの物に対し, 子どもなら何を感じるのか, どのように出会うのかといったことを, 子どもの視点から検討していくことは不可欠といえます。先ほど挙げた調査は, カメラを用いて子どもたちの視点を知るという方法を採用していますが, 子どもの育ちを保障する環境設定は, そのような何かしらの方法や工夫を用いて, 子どもの声（思い）を聞き取ること, ゆっくりと静かな時間の中で子どもの表情を捉え, 言葉を聞くことから始まるのです。

2　子どもが「主体的」になる環境
　―物から始まるストーリーを育む―

　子どもが主体的になる環境は, 物的環境や人的環境が充足されただけでは成立しません。主体的になる, そして主体的であり続ける環境

は，物との出会いからその子の行為で展開されていくストーリーが描かれることを必要とします。

　例えば，園庭に落ちていた葉っぱをじっと見つめ始めた子がいます。その子は何を見ているのでしょうか。園庭で遊んでいたら天気が悪くなり，雨が降ってきました。それに気付き思わず雨が降ってきた空を眺めた子がいます。その子は何を知ったのでしょうか。そして何を感じているのでしょうか。子どもが主体的に関わることができる環境ではまず，子どもが気付いたその最初の感覚と丁寧に向き合いそれを育むような環境である必要がありますが，その次の「主体的」になる，「主体的」であり続ける環境は，それらがいろいろな事につながっていくことや，それらを機にその子なりの創造的世界が展開されていく環境である必要があります。

　子どもの行為の展開や発展に必要な支援とは，思いが可視化されることです。主に自然物に見られるような可塑性が高い物は，行為者（子ども）の思いと行動によって変化するので可視化されやすい物になります。ただし，物にはそれらの変化が見えやすいものと見えづらいものとがあります。よって，意図的に変化が見えるよう工夫をする必要があります。例えば，落ち葉の色の美しさに気付いた子がいるとします。その子が気付いた色の美しさを他児にも伝えるためには，その色が近くでよく見える場所に置き，その色が引き立つような背景や光の当たり具合に配慮して並べていく必要があります。つまり設定とは，その子が何に興味関心を示したのか，気付いたことによって異なります。ゆえに，環境はただ単にその数が充足し整えば完成するのではなく，また毎回同じ設定であることはあまりありえないのです。

　加えて気付きを言葉で伝えるための時間や場を設定したり，文字として書き起こして記録し，クラスの子どもたちだけでなく，他のクラスや保護者などの様々な人との共有や，時間を超えたつながりをもったりすることの支援も重要です。これらの支援はしばしば「ドキュメンテーション」と称され，実践される園も多くなってきていますが，

そうした記録において大切なことは，そこで書き留められたことが，その子やその子らの世界を広げていく基になるという意識です。単に物理的事実の共有ということに限らず，またその時々の印象を切り取り，過去の記憶の備忘録として作成するのではないということです。ここでの記録とは，価値付けされ，様々な環境とのつながりを生み出すためのツールとなるように，作成される必要があります。

3 「対話的」になる環境

　園生活とは，公共の場に参加することであり，様々な物や空間を共有し，集団の中で多くの他者と工夫していく生活であるといえます。
　子どもたちが園で設定された環境のどこかをよりどころとして，自分の思いや活動を広げていくと，そこには必ず他者がいます。園生活ではその他者と，時に物を共有し，思いを伝えて理解してもらったり，相手の思いを認めて聞いてあげたりすることが必ず起きます。またあるいは，他者との同調に心地よさを感じ，他者との行為を楽しんだりすることもあります。子どもが，結果ではなく他者との同調による心地よさを求めて他者とつながることは，人を信頼する気持ちにつながるものです。信頼は，新たな活動の展開において協働的に取り組む姿勢の基になるもので，多様性を認めてあらゆるものの持続を可能にする社会を形成するような，市民性を育む上で必要な人間力の1つといえます。
　例えば，幼稚園3年保育3歳児クラスにおける積み木場面の1年間を見ていると，最初は積み木を積み上げたり崩れたりといった積み木そのものの変化に歓声を上げたり行為に没頭したりといった様子が見られます。しかし次第に，同じく積み木を用いて遊びを展開する仲間の行為に視線が向けられていきます。これは，1つには個数が限られているという積み木の固有性によるのかもしれません。より多くの積み木が欲しいとか，こういう形を作りたいなどの積み木を用いる目的

の出現により,個数が限られている積み木の確保や積み上げた構築物の形態の維持が重要となり,それを阻む他者がいた場合に,その他者に目を向けざるを得ないという状態になります。また,そうした物を媒介にした経験やその他園生活での様々な経験からか,他者の目的を一緒に実現させて楽しみを共にしたいというような,他者との共有を目的とする行為や表現も次第に出現し始めます。積み木という物的環境と向き合うことが,他者への関心を強めたり,他者の思いを知る手立てとなったりしているのです。つまり,幼児の行為によって変化し,その変化が可視化されて伝わる環境は,他者との関係性を築く上でも重要であるといえるのです(宮田,2013,2014)。このように他者と向き合う「対話的」になる環境は,①物の使用と用いる方法の自由が認められていること,②行為による物の変化が他者にも伝わること,③他者との対話が尊重されていることを必要とします。

◆参考文献
・宮本雄太・秋田喜代美・辻谷真知子・宮田まり子「幼児の遊び場の認識:幼児による写真投影法を用いて」『乳幼児教育学研究(25)』2016年,pp. 9-21
・宮本雄太・秋田喜代美・杉本貴代・辻谷真知子・宮田まり子『国際幼児教育研究(24)』2017年,pp. 59-72
・宮田まり子「3歳児の積み木遊びについて―行為と構造の変化に着目して―」『保育学研究51(1)』2013年,pp. 50-60
・宮田まり子「3歳児積み木崩れ場面の検討」『保育学研究52(2)』2014年,pp. 183-196

6 ものづくり

1 乳幼児の「ものづくり」とは

　乳幼児期の子どもは，その生活時間の大半で手を動かして何かを触り，その何かの形や状態を変化させています。例えば，フラワー紙を持った０歳児はそれを握ったり，引きちぎったりして形を変化させます。また，１歳児は千切れたフラワー紙を「ふっ」と吹いて飛ばすなど，それを「飛ぶ」「浮く」状態に変化させます。どちらもフラワー紙という「もの」の新たな「形や状態を作り出す行為」であり，「ものづくり」と呼ぶことができます。

　では，このような「ものづくり」をしている乳幼児を，保育者はどのような観点から捉えるべきでしょうか。「楽しそうに作っている」という夢中度の観点からでしょうか。「細かな指の動かし方をしている」という微細運動の観点からでしょうか。もちろん，これらは「ものづくり」を捉える重要な観点です。しかし，次項で述べるように，海外の芸術教育に関する研究からは，多面的で長期的な観点から「ものづくり」を捉えることが提案されています。

2 子どもの「ものづくり」を捉えるこれからの観点

　OECDから2013年に発表された芸術教育に関する論文には，「ものづくり」などの芸術活動を通して，「ハビッツ・オブ・マインド」を子どもに育むことの重要性が示されました。これを踏まえ，これからの保育者は，子どもたちの「ものづくり」を「ハビッツ・オブ・マインド」の観点から捉えることが望ましいと考えます。

では，乳幼児の「ものづくり」を「ハビッツ・オブ・マインド」の観点から捉える方法にはどのようなものがあるでしょうか。それには，「ハビッツ・オブ・マインド」が働いている子どもの具体的な姿を明確にして，それに照らして「ものづくり」をしている目の前の子どもを捉えるという方法があるでしょう。しかし，OECDは「ハビッツ・オブ・マインド」を乳幼児期から学齢期にかけて長期間を通して育つものと想定しているので，上述したOECDの芸術教育に関する論文には乳幼児に特化した具体的な姿は明らかにされていません。加えて，「ハビッツ・オブ・マインド」は「ものづくり」だけでなく，他の遊びを通して育まれることも想定されます。そのため，乳幼児に特化した「ものづくり」の「ハビッツ・オブ・マインド」を示す具体的な姿を明確にすることが必要です。そこで，次頁の表に「ハビッツ・オブ・マインド」の5つのマインドごとに，「ものづくり」ならではの乳幼児の具体的な姿を挙げました。「ものづくり」の最中に，子どもが表に示すような姿を見せているかどうかに目を向けていただきたいのです。

　ところで，この「ハビッツ・オブ・マインド」は，今回改訂された幼保連携型認定こども園教育・保育要領（以下，教育・保育要領）の「内容の取扱い」に記載されているキーワードと重なるところがたくさんあります。例えば，マインドの1つである「好奇心」を取り上げてみましょう。教育・保育要領の「第2章　ねらい及び内容並びに配慮事項」の「第1　乳児期の園児の保育に関するねらい及び内容」における「身近なものと関わり感性が育つ」の「内容の取扱い」を見ると，そこには，保育教諭が「園児の興味や関心」を踏まえることや「園児が探索意欲を満た」せるようにすることに保育者が留意すべきと書かれています（なお，これらのキーワードは保育所保育指針にも同様に記載されています）。これらの「興味や関心」や「探索意欲」は，まさに，マインドの1つである「好奇心」に含まれる心の働きでしょう。

このように教育・保育要領の「内容の取扱い」と「ハビッツ・オブ・マインド」は重なる点が多くあります。「内容の取扱い」とは,その視点や領域を指導する際に保育者はどのような点に留意すべきかを示したものです。そのため,下の表には,「ものづくり」における子どもの具体的な姿に「内容の取扱い」の重要キーワードを対応付けてあります。これにより,「ハビッツ・オブ・マインド」の各具体的な姿に気を配ることで,「内容の取扱い」の重要キーワードにも留意できるようにしてあります。

ハビッツ・オブ・マインドと「ものづくり」における子どもの姿,
並びに教育・保育要領の「内容の取扱い」

ハビッツ・オブ・マインド	「ものづくり」における子どもの姿	平成29年告示幼保連携型認定こども園教育・保育要領の「内容の取扱い」に記載されるキーワード・キーセンテンス
好奇心 (Inquisitive)	「不思議だな」 「どうしてこうなるのかな」 「試してみよう」「やってみよう」 「これはこういうものなんだな」	興味,関心,探索意欲, 感性を豊かにする, 発見や心が動く経験を得る
粘り強さ (Persistent)	「最後まで頑張るぞ」 「勇気がいるけど思い切ってやってみよう」 「うまくいかなくても大丈夫!」	自分の力でやり遂げる充実感, 諦めずに続けた後の達成感
想像性 (Imaginative)	「もっとこうしてみよう」 「あっ,思いついた!」 「あのアイデアを取り入れてみよう」	表現しようとする意欲, 諸感覚を働かせることを楽しむ
協同性 (Collaborative)	「僕の作品を見て」 「きみの作品,いいね!」 「教えてくれてありがとう」 「ここはどうやって作ればいいのかな。教えて?」	感情の表現,表現の表出
向上 (Disciplined)	「もっと上手に作れるようにもう1回やってみよう」 「どこがうまく作れていないのかな?」 「満足できるものができた!大切にとっておこう」	感覚の発達,豊かな表現, 様々な表現の仕方, 自分の感情や気持ちに気付く, 自信をもって表現する

では，なぜOECDは「ハビッツ・オブ・マインド」を重要視したのでしょうか。それは，今の時代が社会課題を解決し，新たな価値を創造することを重視するイノベーション社会であるからです。こうした社会では，「ハビッツ・オブ・マインド」を働かせる場面が多くあります。OECDは「ものづくり」などの芸術活動が子どもたちに「ハビッツ・オブ・マインド」を育むものとみなし，これからの子どもたちに「ものづくり」などの経験を多くもたせることを重視したのです。

3　年長児の「ものづくり」に見られる「ハビッツ・オブ・マインド」

　次の写真は，ある年長男児の姿です。すり鉢で茶色い落ち葉をすりつぶしています。彼は植物をすりつぶして色水を作る友達グループの中で，この茶色い落ち葉を使って色水を作ろうとしています。では，この姿からは「ハビッツ・オブ・マインド」のどのマインドが働いていると推察できるでしょうか。まず，茶色い落ち葉をすりつぶしたら茶色い色水ができるのだろうか，試してみようという【好奇心】が働いていると推察できます。また，乾いて固くなった落ち葉をすりつぶすのは意外と難しいものです。そのため，「最後まで頑張るぞ」という【粘り強さ】が働いていることも推察できます。さらには，他児が緑の植物をすりつぶしている姿から茶色い落ち葉をすりつぶすというアイデアがわく【想像性】が，また，茶色い落ち葉をすりつぶした結果を他の友達に見せて共有する【協同性】，落ち葉を上手に

茶色い落ち葉をすりつぶして色水を作ろうとする年長男児

細かくすりつぶすことができるようになるという【向上】といったすべてのマインドが，この年長男児に働いていると推察できます。

4　乳幼児の「ものづくり」における「自分なりの表現」と「ハビッツ・オブ・マインド」

「ものづくり」は，その子どもの「自分なり」であふれています。例えば，写真で示したように，「茶色い落ち葉をすりつぶしたらどんな色水ができるのだろう？」という【好奇心】は，この年長男児なりの疑問です。また，乾いて固くなった落ち葉をすりつぶすために，この年長男児なりに手の動かし方を工夫して【粘り強】く取り組んでいます。このように，「ものづくり」の過程には，その子どもの「自分なり」が豊かに立ち現れてきます。保育者は，このような子どもの「自分なり」の表現を受け止めることが大切です。

7 ごっこ遊び

1　園でのごっこ遊び

　ごっこ遊びは，あるイメージを実現して遊ぶという「模倣遊び」であると同時に，そのイメージが他者とやりとりする中で成立している遊びです（神長他，2017）。ごっこ遊びには子どもの生活世界が反映され，社会や文化の構造も取り込まれています。
　保育所保育指針と幼保連携型認定こども園教育・保育要領では，「1歳以上3歳未満児の保育に関わるねらい及び内容」の「人間関係」と「言葉」に，「ごっこ遊び」のことが記載されています。

> 〈保育所保育指針〉「ごっこ遊び」に関する記載
> 【人間関係・内容⑥】生活や遊びの中で，年長児や保育士等の真似をしたり，ごっこ遊びを楽しんだりする。
> 【言葉・内容⑤】保育士等とごっこ遊びをする中で，言葉のやり取りを楽しむ。
> 【言葉・内容の取扱い③】この時期は，片言から，二語文，ごっこ遊びでのやり取りができる程度へと，大きく言葉の習得が進む時期であることから，それぞれの子どもの発達の状況に応じて，遊びや関わりの工夫など，保育の内容を適切に展開することが必要であること。
> 　　　　　　　　　　　　　　　　　　　　　　　　（下線は筆者による）

　この時期の経験が3歳以上の育ちの基盤となり，子ども同士で協同してごっこ遊びを楽しむ姿が見られるようになっていきます。

2　砂遊び？ごっこ遊び？

　3枚の写真があります。どの子どもたちも，砂を使った遊びをしています。この中で「ごっこ遊び」をしているのは，どの写真でしょうか。

写真1

写真2

写真3

（写真提供：学校法人水谷学園くわな幼稚園）

　写真1は，年中児の女の子たち4人が遊んでいるところの一場面です。左の女の子が「何つくってるの？」と尋ねると，右の女の子は「わかんない！」と言いましたが，その後「カレーライスつくろっか。」「いいねー。」と2人で同意し，カレーづくりが始まりました。「これカレーのルー。もう少し茶色にする。白砂入れる。」と言って，カレーをつくる役割と白砂を集めてくる役割に分かれました。途中，「なんかおうちごっこになってきた。」とつぶやく姿も見られましたが，向こうで先生と大縄跳びをしている子たちに気付くと，「もうこっからやめる！」「私もやめる！」と2人で縄跳びの方に行きました。残された子たちは別の遊びを始めました。

　友達同士でイメージを共有し，共有したイメージがどんどん膨らむような楽しい関わり合いがないと，ごっこ遊びは成立せず，発展していきません。この場面に，子どもの遊びの世界を支え援助する保育者がいたら，もしかしたら違う展開になっていたかもしれません。

　写真2は，「何つくってるの？」と聞くと，「何もつくってなーい。砂あつめてんの。」と言われました。フライパンで料理をしているように見えたのですが，それは筆者の思い込みでした。子どもの言葉や行動に耳と目を傾け，遊びの過程を丁寧に把握しないと，子どもが何を楽しんでいるのかは見えてこないのです。

　写真3は，右の女の子（年中児）が始めたアイス屋さんです。黒い砂はチョコ味で，白い砂をかけるとバニラ味になります。30分後には，この年中児の女の子に，年少児の女の子1人，年長児の女の子1

人，男の子2人が加わり，5人でのレストランごっこに発展していました。年長児の子が砂を混ぜていると，年少児の子がそのボウルに砂を入れたため，年長児の子が「黒砂は，そんなに入れないで。チョコ味になっちゃう。」と年少児の子に伝える場面もありました。

　筆者が行くと，次々にアイスを出してくれました。「アイスばかりだと冷たくて，お腹が痛くなっちゃう。」と言うと，年長児の女の子が「レストランって言ってるでしょ。アイス（以外）もあるんです。」と教えてくれました。レストランであれば，メニューを豊富に取り揃えることができ，アイス以外を食べたい人もお客さんになれます。イチョウの葉をアイスのトッピングにしたり，ちぎってフライパンで炒めたり，ドングリを使ったり，材料や調理法も広がりました。年長児の子たちが中心となり，どんなお客さんの注文にも対応できるごっこ遊びになりました。

　この異年齢でのレストランごっこを翌日からの指導計画に取り入れ，保育者が見通しをもって環境構成を工夫したり，お客さんになって関わったりすることで，他の子どもたちにも広げることができるかもしれません。仲間が増えれば，一人一人のよさや興味・関心を生かしたお店屋さんごっこにもつながるでしょう。また，「本物が作りたい」という気持ちが芽生えた子がいれば，本物のアイスを作ったり料理をしたりして世界を広げ，子どもたちの経験を豊かにしていくこともできるかもしれません。

3　子どものイメージを育む保育者の関わり

　時に，保育者が思い込んだことを先走って子どもに話しかけ，その方向に子どもが動くことがあります。例えば，ブロックで何かを作っている子に，「かっこいい車だね。」と伝えることで，その子が"車"を一生懸命作り，出来上がった"車"で保育者や友達と遊ぶ中で，ごっこ遊びに発展していくこともあるでしょう。一見すると，保育者

が子どもの組み立てているブロックを"車"であると察して声をかけ，励ましたことで，子どもの遊びが広がったように思えます。しかし，果たしてこの子は最初から"車"を作りたかったのでしょうか。

　結果的に子どもの遊びが広がれば，保育者は自分の見立てが適切であったと振り返るでしょう。しかし，もしかしたら，その子のイメージにある"何か"を作っている最中に，大好きな保育者により"車"と方向付けられたことで，結果的に"車"になってしまったのかもしれません。大人の発想にはない子どもの豊かなイメージがあったにもかかわらず，大人のイメージに合うように固定化したことで，もっと広がるかもしれなかった子どもの遊びの可能性を妨げたかもしれないのです。

　保育者は，子どもの人と関わる力や心と言葉の育ちに重要な役割を果たしています。子どもの想像的な遊びの豊かさは，子どもの心が動く体験の豊かさを意味します（河崎，2015）。現代社会は自然環境が乏しくなり，玩具も人工物に頼ることが多くなっています。だからこそ，子どもの創造力や心が動く体験の一つ一つをより一層大事にしたいものです。実践を振り返る際には，子どもたちの遊びを大人のイメージに合うように固定化していないか，批判的な視点から省察することも必要でしょう。

◆参考文献
・神長美津子（監修・編著）岩城眞佐子（編著）『幼児教育・保育のアクティブ・ラーニング3・4・5歳児のごっこ遊び』ひかりのくに，2017年
・河崎道夫『ごっこ遊び 自然・自我・保育実践』ひとなる書房，2015年

8 感情の発揮と抑制

1 感情の表出と理解の発達

　誕生時から，子どもは泣くことで，不快な気持ちを表し，また生後3か月頃に，人に対して微笑み（社会的微笑）を見せるようになり，快感情を明確に表します。そして生後6か月頃までに，喜び，悲しみ，恐れ，怒り，驚きといった基本的な感情を表出することができます。1歳半～2歳頃には，自己意識の出現とともに他者からどう見られているかに気付くようになり，人に注目される場面などで照れの感情を表出するようになります。さらに2～3歳になると，社会的な常識や基準から自分の行動を評価することができるようになり，基準に照らして，失敗してしまうと恥や罪悪感を，成功すると誇りの感情を表すようになります。自己や他者を意識することや，評価を内在化していくことで，より複雑な感情を表出することができるようになるのです。そして表情や態度で感情を表出するだけでなく，言語の発達に伴い，「うれしい」「どきどきする」など，自分が感じている気持ちを，言葉を通して，他者に伝えていくことが可能になります。

　他者の感情の理解の発達に関しては，1歳代では，母親が痛がっていると頭をなでたり，泣いている友達に「だいじょうぶ」と声をかけたり，なぐさめ行動を示すようになります。そして幼児期には，状況や他者の好みや考えを認識する力が高まっていくことで，他者がある状況に置かれたときに，どのような気持ちになるかを推測する能力が高まっていきます。また同じ状況でも，自分の気持ちと他者の気持ちが違うことに気付くことや，うれしいけど悲しいなど，入り混じった感情についての理解も，幼児期に進んでいきます。

2　感情の制御（コントロール）の発達

　感情を制御することは，乳幼児期において養育者などの周りの大人が主導する状況から，子ども自身による制御へと発達していきます。不快な気持ちになったときに，はじめは自分だけでは対処できず，泣いて養育者を呼び，抱きしめてもらったり，不快を取り除いてもらったりします。1，2歳になると，養育者になぐさめてもらうだけでなく，自発的に気を紛らわすような行動も見られるようになります。

　さらに幼児期になると，他者との関係の中で，意識的に感情を制御するようになります。幼児期に感情を制御する能力が高まっていくことは，脳の実行機能，特に抑制機能の成熟と関連していることがわかっています（森口，2012）。しかし園生活の中では，仲間に対して怒りをぶつけてしまったり，他者に構わず自分の気持ちを強く主張してしまったりすることもあるでしょう。幼児期は，このような仲間との感情や思いのぶつかり合いを通して，自分の気持ちを主張したり，抑えたりして，仲間と折り合いをつけることを体験しつつ学んでいきます（無藤・古賀，2016）。

　不安や怒りなどのネガティブな感情は，他者との関係へ悪影響を及ぼすだけでなく，不安や怒りによっていつもできることができなくなったり，落ち着かなくなったりして，自分の力を十分に発揮できないことにつながります。嫌な気持ちがわきおこってきても目標に向けてがんばるなど，不快な感情に邪魔されずに，最後までやり遂げる力を育てる上でも，感情を制御することは大切です。感情を制御することは，3つの資質・能力の「学びに向かう力，人間性等」に含まれる重要な能力であり（第1章2参照），幼児期に育てていきたい非認知能力なのです（第2章2参照）。

3　子どもの感情の発揮と抑制に関わる保育のあり方

　では園生活において，保育者は子どもの感情にどのように関わっていけばよいでしょうか。例えば泣いている状況を考えてみると，大きな声で周りに響きわたるように泣く，しくしくとさみしそうに泣くなど様子は様々です。また泣いている理由も，友達におもちゃを取られたから，登園直後の不安な気持ちから，思い通りにできなくて悔しいからなど，原因は様々でしょう。子どもの感情に向き合うことは，子どもの置かれている状況や泣いている理由，表された感情とその内面にある思いを含めて理解することを必然的に含みます。以下では，保育者の関わりを，①受容・共感すること，②子ども自身が感情を抑制する力を支えることの2点から考えてみたいと思います。

(1) 子どもの感情を受容・共感する

　不安な気持ちでしくしくと泣いているとき，手を握ったり，抱きしめたりするなどのあたたかな身体接触は，子どもの気持ちをやわらげます。ただ子どものそばにいるだけでも，子どもにとっては自分を受け入れられたという思いをもつことができるでしょう。このような非言語的な関わりは受容・共感の基本となるものです。また十分に子どもの気持ちを受容した上で，遊びに誘う，次の活動を提案するなど，保育者が気持ちを切り替える機会を与えることも大切です。加えて，子どもの思いを言語化すること，例えば緊張している子どもに「先生もどきどきしてきた」，負けて泣いている子どもに「先生もくやしいな」と言語化することは，子どもの思いに共感するとともに，子どもの内面にわきおこる感情を名付けていくことで，子どもが自分の感情に客観的に向き合う機会を与えることができます。

　ネガティブな気持ちの共有だけでなく，一緒に喜ぶ，笑い合うなどのポジティブな感情の共有も，先生や仲間と一緒にいることが楽しい

という気持ちを高め，子どもと保育者の信頼関係をより強めていきます。さらにクラスの仲間と一緒にがんばった経験の中で喜びを共有することは，できる自分を自覚し，クラスの一員としての誇りを感じる機会となるでしょう。

(2) 子ども自身が感情を抑制する力を支える

　怒りなど他者に向けられるネガティブな感情を抑制することは，その感情が強い場合，大人でも難しいことです。そのような場面では，まずは子ども自身が落ち着くまでの時間をとって，落ち着いてから，自分や相手の思いを考え，自分の感情をぶつけてしまったことが及ぼす影響を，子どもと一緒に考える機会をもつことが大切でしょう。この振り返りはやってしまったことを反省するためというよりも，考えることを通して，次に同じような怒りが生じたときに抑えることにつながることを期待してなされるものです。このような体験を繰り返すことで，子ども自身が感情を抑制する力が育つと考えられます。

　子どもの感情の調整（制御）を助ける保育者の行動として，突き放すという行為（例えば，上履きがうまく履けないのに保育者の援助を受け入れることもできずに怒る子どもに対して「そのままでいる？　今日は履かなくていいよ」と言う）も報告されています（田中, 2013）。突き放す行為は，子どもの感情を瞬間的に弱め，子ども自身がその問題に向き合い自律的に感情を調整するきっかけをつくることが示唆されています。この行為の後には，保育者の見守りや励ます行為（自分で履きやすいように靴下を伸ばした上で，あとは子どもに任せ見守り，一人で履けた後に一緒に喜ぶ）が伴っており，突き放したまま放っておくことを意味しているのではありません。保育者は子どもが自分の感情に向き合う経験を共にしながら，子どもが感情を自律的に制御することを支えていくのです。

　加えて保育者が自分自身の感情をどのように制御するのかという点も意識しておく必要があるでしょう。保育者は子どもの感情の制御を

支えるだけでなく，子どもの感情表出のモデルとなります。だからこそ，保育者が自分自身の感情についてよく知り，よりよく制御（コントロール）するスキルである「感情リテラシー」を身に付ける必要性があることが指摘されています（砂上，2017）。「感情リテラシー」を高めるためにも，保育実践について話し合ったり，省察したりする過程の中で，子どもと関わっているときの保育者自身の感情について，意識的に振り返ることが大切といえるでしょう。

◆参考文献
- 砂上史子『保育現場の人間関係対処法』中央法規出版，2017年
- 田中あかり「幼児の自律的な情動の調整を助ける幼稚園教師の行動：幼稚園3歳児学年のつまずき場面に注目して」『発達心理学研究（24）』2013年，pp. 42-54
- 無藤隆・古賀松香（編）『社会情動的スキルを育む「保育内容人間関係」―乳幼児期から小学校へつなぐ非認知能力とは』北大路書房，2016年
- 森口佑介『わたしを律するわたし―子どもの抑制機能の発達』京都大学学術出版会，2012年

9 協同性と社会性の芽生え

　社会性とは，所属する集団や社会に適応していく過程で身に付け，他者との関わりの中で発揮していく能力のことです。人間は他の種に比べ未熟な状態で生まれてくるため，生まれ出た瞬間から他者との関係を構築しながら生きていくことを余儀なくされます。子どもたちは，身近な人との社会の中で獲得された基本的信頼感を基盤とし，自己を認識し，様々なことに挑戦し，他者と関わり世界を広げていきます。

1 乳児の人への志向性，社会性の芽生え

　新生児は人の顔の図形を最も好むこと（Fantz, 1961）がわかっています。新生児は人に対する志向性，つまり人と関わる力をもって生まれてくるといえるでしょう。新しい保育所保育指針，幼保連携型認定こども園教育・保育要領では，乳児の保育のねらいの1つとして，「身近な人と気持ちが通じ合う」ことが示されました。また，1歳以上3歳未満児の保育に関わるねらい及び内容の中の，領域「人間関係」では「保育士（保育教諭）等の仲立ちにより，他の子ども（園児）との関わり方を少しずつ身につける」と示されました。保育者が，以下に示すような社会性の萌芽を丁寧に読み取り，子どもたちの世界を広げていく必要があるでしょう。

(1) 情動伝染・共同注意

　乳児は他児の泣き声につられて泣き出すことがあります。生後2か月頃から他児の泣きが伝播するようになることから「もらい泣き現象」と呼んで社会的行動の開始期（Buler & Hetzer, 1928）とされてい

ます。あるいは表情をまねるなど,他者と同じような情緒を表出することは情動伝染と呼ばれています。対面した状態では,母親や他児に対して,微笑や発声などの注視を伴う社会志向行動が見られ,かなりの初期から他者に対する関心が備わっていることが推察されます。

また,子どもたちは言葉を話し始める以前から,自分の周囲の者に対してしきりに指さしをします。このとき一緒にいる大人との間に,同じ対象に視線を向ける,「共同注意」と呼ばれる現象が起こります。このように1つの共通した対象に注意を向けるといったコミュニケーションが成立しているのです。

(2) コミュニケーションの芽生え

新生児や乳児であっても大人に対し関心をもち,大人の関心を引き出し関わり合う能力をもっています。泣いたり微笑んだりといった情動表出によって親の養育行動が引き出され,それによって乳児は自分が理解され受け入れられていると感じるのでしょう。

また,パーテン (Parten, 1932) は子どもの遊びを,傍観・ひとり遊び・平行遊び・連合遊び・協同遊びと整理しています。この発達順については批判もあるものの,乳児の間に仲間間で連合的あるいは協同的に遊びを展開することは難しいといえます。しかし,1歳児であっても,仲間との場の共有を楽しんだり,保育者の援助によってイメージの共有や意図への気付きは存在する(荻野,1986)と考えられます。

(3) 社会的参照

生後7～8か月になる乳児が新規な状況に出会ったときに,主に母親の表情を手掛かりに自身の行動を決定する現象が見られ,これを社会的参照と呼びます。保育所などに通う子どもたちにとっては,参照する相手には保育者が含まれます。子どもたちは保育者と愛着関係を結び,それを基盤に様々なことに挑戦していくことになるでしょう。

2　幼児期の他児との関係

新しい3法令では,「幼児期の終わりまでに育ってほしい10の姿」が示されその中に「協同性」「道徳性・規範意識の芽生え」があります。これらは短期間に簡単に身に付くわけではなく,乳幼児期を通して必要な経験や認知的な発達があります。

(1) 仲間関係

ハータップ (Hartup, 1988) は,仲間関係について,子どもの社会化にとって次の4つの役割があることを指摘しています。

① コミュニケーションスキルや協同,仲間入りなどの基本的なスキルを獲得する社会的文脈としての働き
② 他者についての知識に加え,自分についての知識を獲得していく情報源としての働き
③ 楽しみ,悩みを解決する情動的・認知的資源としての働き
④ 相互的な時制や親密性を模倣することによる,対人関係のさきがけとしての働き

このように,子どもたちは仲間同士で活動することによって協力したり相手を思いやったり,自分の役割を考えたりといった,社会的ルールを学んでいきます。こうした社会的経験は,子どもの社会的な発達にとって重要な役割を果たすと考えられます。

(2) 社会的葛藤

家庭での年長者に意図をくみ取られる関係から,幼稚園などへの入園によって仲間関係が本格的に始まると,同年齢の子どもたちの意図をくみ取り合う関係に参加していきます。自己中心性や,イメージのずれなどにより,しばしばいざこざといわれる社会的葛藤が発生します。しかしこの社会的葛藤を通して社会的コンピテンスを発達させて

いくとの主張は多く，例えば斉藤ら (1986) は①他者理解・共感，②社会的カテゴリーの理解，③社会的規則の理解，④コミュニケーション能力，⑤自己統制能力が発達していくと整理しています。社会的葛藤が，子どもたちの社会性の発達にとって重要な役割を果たすといえるでしょう。

(3) 心の理論とごっこ遊び

　他者の気持ちを理解したり視点を取得することの発達を理解するのに役立つ理論に，「心の理論」があります。心の理論とはいろいろな心的状態を区別したり，心の働きや性質を理解する知識や認知的枠組 (Premack & Woodruff, 1978) のことです。保育現場でこの理論を援用する場面として，ごっこ遊びを取り上げたいと思います。倉持 (1994) は，新メンバーが遊びに仲間入りする際には，もともとのメンバーからその遊びの設定や役割の説明が多くなされることを指摘しています。そのようなやりとりにより，共通した設定や展開の知識をもつことができ，同じ目的に向かい遊びが大きな破綻をきたさずに展開していきます。つまりごっこ遊びが成立するためには，役割として発せられる発話とともに，役割から一旦離れ設定などを調整し合う発話が必要となるのです。また，「心の理論」研究でいうところの誤信念課題に優れている幼児は，ふり遊びの中の「設定発話」が多い (Astington & Jenkins, 1995) ことがわかっています。仲間と協同して遊ぶには，このような認知的な発達も必要でしょう。また，ごっこ遊びなど設定発話が求められる場面は，仲間の心の理解に役立っているのではないでしょうか。

◆参考文献
・Astington, J. W. & Jenkins, J. M., "Theory of mind development and social understanding," *Cogniton and Emotion* 9, 1995, pp. 151-165
・Buler, C. & Hetzer, H., Das este Verstandnis fur Ausdruck im ersten Lebensjahr, *Zeitscrift fur Psychologie* 107, 1928, pp. 50-61

- Fantz, R. L., The origin of form perception, *Scientific American* 204, 1961, pp. 66-72
- Hartup, W. W., Laursen, B., Stewart, M. I. & Eastenson, A., *Conflict and the Friendship Relations of Young Children*, 1988
- 倉持清美「就学前児の遊び集団への仲間入り過程」『発達心理学研究5』1994年，pp. 137-144
- 荻野美佐子「低年齢児集団保育における子ども間関係の形成」無藤隆・内田伸子・斉藤こずゑ（編）『子ども時代を豊かに』学文社，1986年，pp. 18-58
- Parten, M. B., Social participation among pre-school children, *Journal of Abnormal and Social Psychology* 27, 1932, pp. 243-269
- Premack, D. & Woodruff, G., "Dose the chimpanzee have a theory of mind?" *The Behavioral and Brain Sciences* 1, 1978, pp. 515-526
- 斉藤こずゑ・木下芳子・朝生あけみ「仲間関係」無藤隆・内田伸子・斉藤こずゑ（編）『子ども時代を豊かに』学文社，1986年，pp. 59-111

第3章

保育者の仕事

― 3法令の改訂(改定)を踏まえて ―

1 子どもにとっての保育者

1　育む者としての保育者

(1) 保育者の存在

　子どもにとって保育者はどのような存在なのでしょうか。子どもたちに聞くと自らの経験の〇〇先生という特定の対象を前提として，「一緒に遊んでくれる」「歌が上手」「好き」など，様々な声があがります。小中高生がなりたい職業（特に女子において）として，変動はあるものの保育士・幼稚園の先生は上位にあがる職業です（例えばBenesse教育研究開発センター，2010など）。保育者からは，無自覚の何気ない振る舞いや物の言い方などをまねている子どもの姿を見て，自分の存在のありようを感じ，気を付けていきたいという声を聞くこともありました。園に通った経験をもつ大人にとっては，思い出として，それぞれの園の様々な先生の姿が浮かび上がり，さらには「保育者」としてのあるべき理想像・イメージもまた加わってくると考えられます。意識的・無意識的にも，子どもにとって身近な存在で影響力のある大人の一人は，保育者だといえるでしょう。

　卒園前の5歳児クラスの子どもたちに園とはどのようなところなのか，園生活について絵を描いてもらいそのイメージを検討しました。すると，ほとんどの子どもが絵に遊んでいる自分や友達たちの姿，園にある場や道具，楽しい活動の経験を描いており，そこに保育者の姿は描かれていませんでした（秋田他，2009）。子どもがもつ園生活のイメージに保育者が不在であったことは，園生活全体を鑑みたとき保育者との信頼関係を基盤としてこそ育まれる子どもの自立と成長発達を表し，保育者を常に意識せずともむしろ子どもが安心して園生活を送

り，自ら意欲をもって環境に関わり子ども同士・クラス全体で遊びこみ楽しむことに没頭した主体者であったこと，子どもの主体性を育むために保育者が教育・保育上果たすべき役割があることを示唆しているのではないでしょうか。

(2) 保育者の役割

　平成29年に告示された幼稚園教育要領には，次のような保育者の基本的役割が明示されています。「（一部抜粋）幼児の主体的な活動が確保されるよう幼児一人一人の行動の理解と予想に基づき，計画的に環境を構成しなければならない。この場合において，教師は，幼児と人やものとの関わりが重要であることを踏まえ，教材を工夫し，物的・空間的環境を構成しなければならない。また，幼児一人一人の活動の場面に応じて，様々な役割を果たし，その活動を豊かにしなければならない。」とあり，この保育者の役割に関する文章は平成10年改訂時に加えられ，今回の改訂に至っています。子どもが自分を取り巻く環境としてのひと・もの・こと，空間や場，時間などに対し，発達プロセスに応じて子ども自ら試行錯誤しながら興味関心をもって探求し，感じ考える主体的な姿を尊重すること，そのために保育者は直接的に関わるだけでなく，間接的に子どもの豊かな活動を支える環境を計画し構成すること，状況・文脈に応じて判断するなど，様々な役割を果たすことの大切さが示されています。3法令改訂（改定）が行われましたが，教育・保育が環境を通して行われるものであるということは変わらない基本的考え方だといえます。

　無藤（2007）は保育者の様々な役割と働きについて5つの点から整理しています。すなわち，子どもから離れ間接的に働きかけ見ていく「用意し，見守り，支える」，子どもに直接関与する働きとして「指導し，助言し，共に行う」，次に子どもの視点に立ってその気持ちを捉え感情を共にする「共感し，受け止め，探り出す」働き，保育者の立ち振る舞いや存在が子どもに与える影響としての「あこがれモデルと

なる」働き，そして最後に挙げた役割とは，一人の保育者としてだけでなく園全体で保育し，理念やカリキュラムを共有しつつ業務を分担する「園のティームとして動く」働きです。ティームの一員として協働するという働きは，クラスで子どもと関わり一人で実践の力量を高めていくだけではなく，保育の専門家集団の中で互いの実践の意味を振り返り，方向性を共有し，学び合い支え合うことを含んでおり，保育者の専門的発達と保育の質の向上に重要な機能を果たします。

　子どもにとって保育者には，子どもとの温かい関係の中で長い目でよさや可能性を捉える共感的な理解者であり，子どもの視点に立って共鳴し合う共同作業者であるなど様々な役割が求められます。その背景には，保育者同士で共に支え合い学び合う中で子ども理解を行い，自覚的に自分の実践を課題として捉え，保育者たち一人一人のよさが引き出され課題を共有していこうとする園全体の雰囲気が求められているのです。子どもを育む存在としての保育者は，同時に自らが育まれ育つ存在でもあるのです。

2　育まれ育つ者としての保育者

(1) 保育者としての成長

　保育者の専門的発達（PD, Professional Development）モデルの研究によると，養成教育の段階を経て保育者となったあと，職場の周辺的な存在から段々と中核的な存在となり，子ども・クラスでの直接的な保育実践における初任の段階，その次に論理的・合理的な行動が可能となり保育実践を選択し予想したり説明できる発展の段階，そして子どもや保護者との直接的関わりを超えて専門的なリーダーシップの役割や責任を理解し，実践に習熟する間接的な保育実践の段階へと続く連続的変化を移行していくといわれています。その際，同僚保育者や主任・園長，保護者との関係性も変容が見られます。保育者のライフコースでは熟達プロセスだけでなく，養成教育から初任期に多いリ

アリティショック，保育経験の積み重ねに伴うマンネリ化や停滞の現象などの危機も指摘されています。主任や園長として求められるリーダーシップ並びにミドルリーダーシップのあり方も園の構成メンバーやその変化に応じて求められるものが異なってくるでしょう。

　園には，園長や主任，ベテラン，中堅，初任，クラス担任をもたないフリーの保育者やその他の職員など，職位や勤務形態，保育経験の異なる様々な保育者がいます。幼稚園教育要領第1章第6幼稚園運営上の留意事項に示されるように，各園において，園長の方針の下，園務分掌に基づき全教職員が必要な役割を担いながら協働体制を確立させていくことが求められています。保育所保育指針第1章1保育所保育に関する基本原則（1）エには「保育所の役割及び機能が適切に発揮されるように，倫理観に裏付けられた専門的知識，技術及び判断をもって，子どもを保育するとともに，子どもの保護者に対する保育に関する指導を行うものであり，その職責を遂行するための専門性の向上に絶えず努めなければならない。」とされており，また第5章職員の資質向上には，専門性の獲得のそのための組織的な取組，施設長の責務と専門性の向上，キャリアパスを見据えた体系的な研修計画と実施が求められるようになりました。

(2) 保育者に求められるもの

　保育者としての人生，ライフコースには，保育者を続けていく上で乗り越えなくてはならない課題が生じることがあります。各々が個性を発揮し，挑戦と創造性にあふれた保育のために，共に学び，支え（支えられ），互いに認め（認められ），可能性を引き出す（引き出される）保育者同士の関係性，園の風土を醸成していくことが不可欠です。

　これからの社会，未来に向けて，保育者は子どもの育ちに必要な知識や援助の技術を獲得し，専門性と資質の向上を継続させようとするような，"自ら学ぶ"保育者が求められています。

◆参考文献
・秋田喜代美・野口隆子・淀川裕美・箕輪潤子・門田理世・芦田宏・鈴木正敏・小田豊「幼稚園から小学校への移行に関する縦断的分析（1）園文化から学校文化への子どもの移行経験」『日本教育心理学会総会発表論文集 51』日本教育心理学会，2009年，p.443
・野口隆子「保育者の専門的発達―幼稚園保育文化と語り―」白梅学園大学博士論文，2015年
・Benesse教育研究開発センター「第2回子ども生活実態基本調査」㈱ベネッセコーポレーション，2010年
・無藤隆「幼児教育の基本」無藤隆（監修）福元真由美（編）『事例で学ぶ保育内容〈領域〉環境』萌文書林，2007年
・無藤隆・汐見稔幸・砂上史子『ここがポイント！3法令ガイドブック』フレーベル館，2017年
・文部科学省『幼稚園教育指導資料第3集　幼児理解と評価』ぎょうせい，2010年

2 子ども一人一人を生かす指導計画

　改訂された幼稚園教育要領の前文において，これからの幼稚園の役割等が記されています。

> 　これからの幼稚園には，学校教育の始まりとして，こうした教育の目的及び目標の達成を目指しつつ，一人一人の幼児が，将来，①自分のよさや可能性を認識するとともに，②あらゆる他者を価値のある存在として尊重し，多様な人々と協働しながら③様々な社会的変化を乗り越え，豊かな人生を切り拓き，持続可能な社会の創り手となることができるようにするための基礎を培うことが求められる。このために必要な教育の在り方を具体化するのが，各幼稚園において教育の内容等を組織的かつ計画的に組み立てた教育課程である。
> 　　　　　　　　　　　　　　　　　　　（下線及び①～③は筆者が付加）

　様々に状況の異なる家庭や地域社会で生活する一人一人の子どもたちが，同じ幼稚園での集団生活を過ごします。幼稚園での生活は，一人一人の子どもによって異なる家庭や地域社会の状況，一人一人の子どもの発達過程や個性等の違い等の状況を十分に理解した教師が，専門性をもって計画的に行う教育活動によるものです。

　園の教育課程に基づき，教師が指導計画を作成します。下線部①～③の資質・能力を有する人に将来成長していく姿をイメージすることは大切です。その上で幼児期には，一人一人の子どもが身近な環境への主体的な関わりを通して環境との関わり方や意味を理解し，試行錯誤したり考えたりするようになる見方・考え方が育つよう，画一的ではない子ども一人一人を生かす指導計画を作成する必要があります。

　以上の趣旨は，今回告示された3法令のすべてに当てはまります。本節では，子ども一人一人を生かす指導計画作成の視点とポイントについて述べます。

1　発達過程の異なる一人一人を生かす指導計画

(1) 発達過程の異なる子どもが学級にいることを考慮した指導計画

　未就学児においては，個人差の影響も大きいですが，月齢による発達の差も見られます。特に3歳未満児においては発達の差が顕著に見られ，その日その時の子ども一人一人の心身の状態を的確に把握して個人別の指導計画を作成する必要があります。

　例えば保育所等の0歳児クラスにおいては，一人一人の子どもの発達に応じて離乳食の内容や形状が異なります。また月齢等によって一人一人の体力にも大きな差があり，月齢の低い子どもの方が早く離乳食を食べ始めて早く午睡に入る傾向があります。このようにして一人一人の生活リズムが形成されていくことを指導計画に反映しておく必要があります。しかし，園生活だけを考えて子どもの生活リズム形成をしようとしてはいけません。送迎時の保護者との会話や連絡帳を介してのやりとり等，いろいろな手段を通して家庭との連携をとり，子どもの1日全体の生活リズムを形成していくことがポイントです。

(2) 子ども一人一人の発達の理解に基づいた評価による指導計画の改善

　幼稚園教育要領の第1章第4の4「幼児理解に基づいた評価の実施」には以下のように記されています。

> 　指導の過程を振り返りながら幼児の理解を深め，幼児一人一人のよさや可能性などを把握し，指導の改善に生かすようにすること。その際，他の幼児との比較や一定の基準に対する達成度についての評定によって捉えるものではないことに留意すること。

　これは本節冒頭に記した幼稚園教育要領の前文の「①自分のよさや可能性を認識する」と関係が深く極めて大切なことです。しかし「〇〇くんよりできた」というような相対比較をしたり，達成度によ

る点数主義的な気持ちを煽るのではなく，その子自身を認め自信につながるような保育でありたいものです。

(3) 特別な配慮を必要とする一人一人の子どもを生かす指導計画

幼稚園教育要領の第1章第5「特別な配慮を必要とする幼児への指導」には以下のように記されています。

> 障害のある幼児などへの指導に当たっては，集団の中で生活することを通して全体的な発達を促していくことに配慮し，(中略) 個々の幼児の障害の状態などに応じた指導内容や指導方法の工夫を組織的かつ計画的に行うものとする。(中略) 個々の幼児の実態を的確に把握し，個別の指導計画を作成し活用することに努めるものとする。

障害のある子どもは集団の中でいろいろな刺激を受けて育つ一方で，同じ学級の他の子どもたちも多様な人との関わりを学び，学級全体が育っていくことも大切なポイントです。

2　保護者の就労等の状況の異なる一人一人を生かす指導計画

(1) 新入園児を多く迎える時期の指導計画について

入園当初は落ち着かずに遊べなかった子どもも，保育者が子ども一人一人の気持ちを丁寧に受け止め，子どもと保育者との信頼関係を築いていくことで，少しずつ園生活に慣れて落ち着いていきます。保育者が構成した適切な環境や，他児との何気ない関わりの中で次第に遊び始めます。年度初め等の新入園児を多く迎える時期までに，進級児は新しい保育室や担任に慣れておくことがポイントとなります。

(2) 保護者の就労状況等が多様である場合の指導計画について

保護者の就労状況等の多様性は，幼稚園や保育所に比べて，特に認定こども園において多く見られます。通常期間は教育時間のみで降園し夏季期間等には長期休みのある1号認定児と，1年を通して朝から

夜までの長時間にわたる教育及び保育時間となる2号認定児では，在園時間や登園日数に大きな差が見られます。

在園時間の長い子どもは，夕方等に疲れが出て転んでけがをしやすくなったり，精神的に不安定になることがあります。家庭と相談の上で午睡時間を長めにしたり，例えばソファ等に座り落ち着いて絵本を読めるようなコーナーの設営等，ゆったり過ごせるような環境設定も大切です。

1号認定児と2号認定児が混在して保育時間の差が大きい学級における指導計画については，一人一人の子どもの家庭とよく連携して，一人一人の1日の生活時間全体にわたって子どもの生活リズムをよく整えていくことが特に重要なポイントです。

一方，1号認定児と2号認定児が混在して，保育時間のみならず登園日数の差が大きい学級の場合，子どもの経験に差が生じることに配慮が必要となります。例えば，園で飼育する動物のお世話等に関しては，長時間保育で登園日数の多い2号認定児の方が1号認定児よりも機会が多くなります。家庭等の協力も得ながらある程度は工夫できたとしても，園での経験の差が生じることは避けられません。機会の差が生じることを前提に「幼児期の終わりまでに育ってほしい姿」を踏まえて，指導計画に反映させることが大切です。

一方で，1号認定児が家庭で行っている他の多様な経験は，学級運営のさらなる多様性をひき出す可能性があります。本節の最初に引用した幼稚園教育要領の前文にあるように，「[1]自分のよさや可能性を認識するとともに，[2]あらゆる他者を価値のある存在として尊重し，多様な人々と協働」するチャンスと捉え，異なる経験をもつ一人一人の子どもたちの「得意」を認め，子どもの活動の幅を広げる工夫を担任が計画的に行うとよいでしょう。

3 保育者の専門性の向上と，保育者一人一人を生かす体制の整備

　子ども一人一人が身近な環境に主体的に関わり対話的に学びを深めていくような保育をするためには，保育者一人一人も主体的・対話的で深い学びを追究して専門性を高める姿勢を忘れてはいけません。

　保育所保育指針の第5章3(1)「職場における研修」には，「保育所全体としての保育の質の向上を図っていくためには，日常的に職員同士が主体的に学び合う姿勢と環境が重要」と記されています。そもそも保育所は保育士のみならず看護師や栄養士・調理員・事務担当者等の多様な専門性をもつ職員集団から構成される組織であり，保育士はもちろんのこと他の職種の職員も含めて，園全体の職員一人一人が広義の「保育者」であると共通認識をもつことが大切です。保育者一人一人のもつ専門性を生かし，チームワークよく園全体を運営していく体制を整える組織マネジメントが極めて重要となります。

　保育者一人一人を生かす職場の文化はそのまま組織の風土を形成し，子ども一人一人を生かす園の文化へとつながります。

　オールマイティな人は現実にはいません。「社会には多様な人がいるように，保育施設にも多様な人がいてひとつの社会を形成している」という意識や体制を職員集団としてもてればよいでしょう。

◆参考文献
・芦澤清音・バオバブ霧が丘保育園『1・2歳児の自己肯定感の土台を育む―泣いて笑って育ちあう16人の物語』ひとなる書房，2015年
・矢藤誠慈郎『保育の質を高めるチームづくり―園と保育者の成長を支える』わかば社，2017年

3 環境の構成

　幼児教育において，環境の構成は決定的に重要です。おそらく教育要領等の改訂が重ねられても，普遍的に変わりえない部分ではないでしょうか。幼児期の子どもは，自分の興味や欲求に基づいた直接的・具体的な体験を通して，心が動き，やってみようと意欲をもち，挑戦しやり遂げていく態度を培っていきます。そしてその過程では，様々なことを感じたり，気付いたり，わかったり，できるようになったりし，そこには同時に試したり，工夫したり，考えたり，表現したりといった行為があることでしょう。このような学びや育ちは，幼児が環境に主体的に関わってこそ生まれるものであり，環境の構成が非常に重要になるのです。ここでは，環境をどのように捉え，どのように構成していくといいか，改めて考えてみましょう。

1　環境とは

　幼児教育における「環境」とは，幼児が主体的に関わって初めて意味のあるものです。例えば，遊園地のジェットコースターのように，そこに乗っていれば自動的に面白いことが起きるというのでは，愉しさはあってもそこに学びは生まれ難いでしょう。逆に，園庭の砂場などでは，幼児が自ら動きださなければ何も面白いことは起きません。しかしそこに置かれたものがあり，そこで遊ぶ他者がいるはずで，そこに向かっていけば，いくらでも面白いことを起こすことができます。そしてそこには学びの芽生えがたくさん埋め込まれています。
　例えば花壇なども，どんなにきれいな花が咲いていても，単なる飾りとして置かれているだけでは学びにはつながりません。幼児がその花をそっと摘み，色水を作ることができるならば，どうすれば作りた

い色水ができるだろうかと試し，工夫し，友達と交流し，花の色や仕組み，花びらの数や水の量など，作る過程での気付きを言葉にもして，学びにつながっていきます。

　園庭でも保育室でも，どんなものをどこにどれだけ置き，幼児が関われるようにするか，関わりたくなるようにするかが，遊びを規定します。幼児たちの動きを予想し，実際の遊びの過程で見取りながら，空間をどう使うと充実した遊びになっていくのか，日々考えていく必要があるのです。

2　保育者の援助

　物的環境と同時に，人的環境も非常に重要です。特に保育者の振る舞いは，それ自体が環境とさえいえます。

　例えば，色水や泥団子，製作物など，幼児は何かを作ると保育者に「見て」と持ってくることでしょう。そのときにどんな言葉をかけるでしょうか。その幼児の遊びの過程を踏まえて，言葉を返すことが必要になります。それによって，幼児は頑張りを認めてもらえたと感じたり，自分の工夫や思いを言語化することにつながったり，次にどうしようか見通しをもてたりイメージを拡げられたり，他の幼児の活動とつながれたり，様々な可能性を秘めています。

　あるいは，幼児が保育者から見てよくないことや危ないことをしたとき，どんな言葉をかけるでしょうか。おそらく，いきなり「だめ」と止めるのではなく，その幼児の特性や状況に応じて異なってくることでしょう。例えば藤棚の実やつるを採ろうと試行錯誤して木製の大きなブロックを重ねて乗ろうとしているとき，保育者は，幼児が危険をどれだけ把握しているかを探りながら，いつでも手助けできるように居つつ，見守るかもしれません。その幼児にとってそれがどれだけ大事な意味をもつのか，判断が問われます。

　時には，保育者が心配していることを伝えながら，よくない行為を

する幼児の思いをくみ取ろうと,「どうしたの？」と尋ねることもあるでしょう。こうした関わりを他の幼児たちはよく見ているもので,よくない行為をする子に対して,保育者と同じように関わるようになります。幼児同士の関係性が,「だめなんだよ！」と咎め合う関係になるか,「どうしたの？」と思いをくみ取り合う関係になるか,クラスの文化や風土にもつながることです。

　どんな幼児も,伸びたい,よくなりたい,という願いを内にもっているものです。それを引き出すような声かけが重要です。

3　保育室の空間・時間

　保育室の空間をどのようにつくるかも,遊びにとって大事なことです。例えば壁面ひとつとっても,かわいいキャラクターや,保育者の指示通りに作ったであろう同じような製作物を並べて飾るのではなく,幼児の作ったものを使いながら,遊びの世界に誘ったり浸ったり発展させていったりすることができるとよいでしょう。

　あるいは,絵本の置き方ひとつとっても,遊びに影響します。どんな絵本を保育室に置くか,また背表紙だけしか見えない形で並べるか絵本の表側が見えるように置くかによっても,幼児の関わり方は変わってくるでしょう。

　遊びの過程を写真などに撮って説明を加えて園内に掲示し,保護者向けに遊びの中の学びを伝える園も増えてきました。園の中には,幼児が遊びを発展させていく手掛かりにできるような写真を保育室に掲示しているところもあります。幼児自身が自分たちの遊びを評価し,遊びの中での気付きや工夫などの学びを共有し,さらに発展させていくことにつなげることもできるのです。

　保育における時間の区切りも,1つの環境として重要です。登園してから,いつどれくらいどんなふうに朝の会をもつのか,好きな遊びの時間をどれくらい取るのか,遊びを振り返る時間をいつどれくらい

どんなふうにもつのか。これはクラス単位というより園単位で決められているところもあるでしょうから，園として吟味していくことが必要です。遊びの時間をどう終えるのかも重要です。「片付けだよ！」と幼児の遊びの流れをぶつ切りにするか，「そろそろだけれどどうかな」と寄り添いながらタイミングを計るかによって，幼児にとっては不全感にも満足感にもつながります。

4　環境の再構成

　幼児の遊びが展開するにしたがって，幼児と一緒に環境をつくり変えていくこともあるでしょう。例えば，保育室の中でお店やさんごっこをしていた幼児たちが，もっと他のクラスのお客さんに来てもらいたいと願えば，お店を廊下に出すこともありえます。遊びの中や遊びのあとの振り返りにおいて，幼児の願いと保育者の願いを合わせながら，より遊びが発展し学びにつながるよう環境を再構成していくことが必要です。

　またある園では，園内研究会で保育を見合ったあと，その日の幼児の遊びについて語ることにとどまらず，翌日以降の環境の再構成について一緒に考えていく取組を行っています。例えば，食べ物を作る遊びとおうちごっこがもっとつながるといいのではないか，という意見から，それぞれの遊びの場をどのように配置するといいかが話し合われたり，あまりに保育者側の願いが強いと幼児は離れていくのではないかと話し合われたりします。

　保育を見合う研究会以外に，環境構成を見合う研究会を行っている園もあります。幼児が帰ったあと，保育室の環境を見合い，その日の保育について語りながら，よりよい環境のあり方を検討し合うのです。

　保育者として，自分なりに様々な視点で考えて環境構成を行いつつ，幼児や同僚の保育者と協働し，よりよい保育に向けて取り組んでいくことが重要です。

4 教材研究と準備

1　幼児教育における教材とは

　新幼稚園教育要領と新幼保連携型認定こども園教育・保育要領では，「第1章　総則」において，「教師（保育教諭等）は，（中略）教材を工夫し，物的・空間的環境を構成しなければならない。」と規定され，「教材を工夫すること」が保育者の責務として加わりました。とはいえ，これまで取り組んできたこととはまったく違う，新たな責務が付け加わったというわけではありません。これまで環境構成の一環として行ってきたことが，教材の工夫として規定されたと考えることができます。

　幼児期の教育は，幼児が環境に関わって活動することを通して行われるものです。ですから広い意味では，子どもたちが身近な環境の中でものと出会い，ものと関わって遊べるよう特定の環境を設定することそのものが，教材を提供していることといってもよいでしょう。具体的に考えると，素材や道具と，それらと関わって活動することが一体となって教材を構成していると考えることができます。例えばカラスノエンドウでピーピー笛を作ることを考えると，カラスノエンドウという素材と，ピーピー笛を作って鳴らしてみるという活動が一体となって教材を構成していると考えられるのです。

2　質の高い教材とは

　上記のように教材を捉えた場合，質の高い教材にはどのような要件が求められるのでしょうか。

(1) 子どもたちの興味・関心をひく楽しい教材

　教材で提供される活動が子どもたちの興味・関心にそって構成され，子どもたちのやってみたいという思いから活動が行われることが大切です。保育者の側がいくらすぐれた教材だと思っても，やらせてみたい気持ちが先行して教材を押しつけてしまったり，子どもたちの興味・関心とは無関係にこの時期にはこれと決めつけて教材を提供していたりしては，子どもたちにとって面白さや楽しさが十分感じられるものになりません。また，魅力的な素材や適切な道具が用意されることも子どもたちを惹きつける上では大切です。例えば，子どもたちがお祭りに参加して御神輿を作りたいと意欲をもったときには，魅力的な御神輿ができるような素材や，お祭りごっこを盛り上げる衣装や小道具などを作るための素材があれば，お祭りごっこをしたいという気持ちがかき立てられることでしょう。

(2) 発展性や協同性が感じられる教材

　活動の中で子どもたちなりに考えたり，試したり，想像力を発揮しながら，様々な工夫を積み重ねていく教材は満足感の感じられる教材となります。反対に，簡単すぎたり，挑戦意欲をかき立てたりしない課題では，子どもたちの得るものは多くありません。また，とりわけ年長の子では，子どもたち同士が共通の目的をもちながら，協力したり役割分担をしたりしながら遊ぶことで，自分一人では感じられない集団での遊びの楽しさを感じることができます。例えば，いくつものトイをつなげて水を流すような遊びでは，途中で水があふれたり，つなぎ目で水が漏れ出したりするのを防ぐために，工夫しながらつなぎ合わせなければなりません。遠くまで水を流そうとすればとても一人ではできませんので，友達と協力しながら作ることになります。このような遊びで子どもたちは満足感と達成感を感じることができます。

(3) 学びを生み，成長・発達をうながす教材

　さらに，その活動に取り組むことで学びが生まれたり，成長・発達がうながされたりする教材である必要があります。単に子どもたちが楽しく遊んだというだけでは，質の高い教材とはいえません。幼児教育の特徴は，環境にねらいをこめることにあります。子どもたちの遊んでいる姿を思い浮かべながら，要領や指針をもとに，教材がもつねらいを明確化することが必要です。また，「知識及び技能の基礎」「思考力，判断力，表現力等の基礎」「学びに向かう力，人間性等」という３つの資質・能力の観点から，どのような成長が期待されるのかを考えることも有益です。とはいえ，保育者側の予想通りに遊びが展開するとは限りません。子どもたちの自由な発想で，思いがけない気付きや発見が生まれることもあります。子どもたちの気付きや発見にタイムリーに反応し，遊びを展開させていくためには，次に述べる日頃の教材研究の蓄積がものをいいます。

3　質の高い教材を生み出す教材研究

　教材研究には，保育者が様々な素材を調べたり，活動を工夫したり，ねらいとの結び付きを考えたりすることや，子どもたちの実態を踏まえて，その教材を使ったときの具体的な遊びの姿を予想することが含まれます。

　教材研究で教材の質を高めていくには，まず園内で保育者以外の職員も含めて，みんなで研修を行うことが重要です。小規模な園では，複数の園が一緒に教材研究を行うことも意義があるでしょう。他の職員との自由闊達な意見交換を行うことで，自分では気付かなかった落とし穴に気付いたり，アイディアを発展させたりすることができます。研修ごとに具体的なテーマを決めて教材研究を深めることも，研究を焦点化させる上では有力な手段です。例えば，園庭の自然をテーマに園内研修を行い，園庭の植物を調べたり，その植物の葉や実でど

んな遊びができるのかをみんなで研究し合ったりするなどといったことです。また，自園だけではどうしても発想が固定化しがちですので，他園の保育や環境を見て刺激を受けることもとても意味があります。

　個人で教材研究をする場合には，本やインターネットから様々な情報を得たり，講習会に出かけたり，園外の研究会に参加したりして，日頃から教材のアイディアを豊かにしている人も多いと思います。日頃から様々な情報を貪欲に収集して自分の教材のアイディアを豊富にさせることはとても望ましいことです。注意しなければならないのは，活動の詳細な手順が示されていても，必ずしもその通りにはしないということです。実際に自分で遊んでみて，様々に自分なりの工夫を付け加えたり，子どもたちの実態に合わせてアレンジしたり，自分のオリジナルの遊び方を発見したりするのも楽しいことです。例えば，ビー玉転がしを教材化するときでも，大きな板で斜面を作って障害物やゴールを置いて転がしても楽しいですし，箱の中や紙皿の上で走路を作ることもできます。様々なアイディアを試してみて保育者自身の遊び力を高めることが大切です。

　そして最も重要な教材研究は，子どもたちから学ぶことです。保育を振り返り，自分が提供した教材で子どもたちは何が面白いと感じたのか，どのような気付きや発見が生まれたのか，どのように考え，試し，工夫していたのかを，子ども一人一人の視点から追体験することが，子ども理解にとっては欠かせません。そして子ども理解に基づいて，次の教材の構成へと反映させていくことが重要なのです。また，ドキュメンテーションなどの保育記録を残し，記録をもとに子どもたちの活動の流れを振り返ることも，教材研究の重要な助けになります。

　教材研究はとても楽しいものです。また，保育者が興味を抱けない教材では，子どもたちが食いついてくるわけはありません。また，教材研究に終わりはありません。どんなにベテランでも，繰り返し使ったことがある教材でも，やはり教材研究は必要です。この教材研究の積み重ねは，保育者としての力量形成の一部をなすといえるでしょう。

5 アクティブ・ラーニングの視点を生かした学びの過程

1　アクティブ・ラーニングの視点とは

　今回の幼稚園教育要領を含む学習指導要領の改訂では，学校教育において，子どもたちが未来社会を切り拓くために必要な資質・能力を確実に育む視点として「どのように学ぶか」というアクティブ・ラーニングによる学習のあり方，指導の改善が示され，その本質である「主体的・対話的で深い学び」の実現が求められました。

　幼児教育におけるこの3つの視点は，中央教育審議会答申（平成28年12月21日）において，次のように示されました。

---

① 周囲の環境に興味や関心を持って積極的に働き掛け，見通しを持って粘り強く取り組み，自らの遊びを振り返って，期待を持ちながら，次につなげる「主体的な学び」が実現できているか。
② 他者との関わりを深める中で，自分の思いや考えを表現し，伝え合ったり，考えを出し合ったり，協力したりして自らの考えを広げ深める「対話的な学び」が実現できているか。
③ 直接的・具体的な体験の中で，「見方・考え方」を働かせて対象と関わって心を動かし，幼児なりのやり方やペースで試行錯誤を繰り返し，生活を意味あるものとして捉える「深い学び」が実現できているか。

　改訂（改定）を機会にこれまでも幼児教育が基本としてきた「環境を通して行う教育」「遊びを通した総合的な指導」が各園の実践において実現できているか，見直しを図る必要があります。

2　幼児期の遊びを通した学びの過程

　幼児教育では，幼児の自発的な活動としての遊びを心身の調和のとれた発達の基礎を培う重要な学習として位置付けています。幼児は，自分の興味や関心の高い遊びに没頭し集中して取り組む過程で，環境の中の様々なものや場などに自分から働きかけ，試行錯誤を繰り返しながら，その仕組みや意味などを幼児なりに気付いたり，考えたりしていきます。そして，納得しながら自分の中に取り込み活用するうちに，さらなる発見をしたり，関連を見つけ出し予想したり，理由を導き出したりします。また，何か問題に向き合ったときにも，それまでの遊びの中で気付いたことやわかったことなどを手繰り寄せて，幼児なりの解決の仕方を見いだしたりします。この過程こそ，幼児期の学びとして重視したいことです。

　また，幼児教育を行う施設は家庭と違い，教師や友達と集団で生活を共にする場であり，一人で遊んでいたとしても，周りの幼児のしていることが目に入ったり声が耳に入ったりして，何らかの影響を得たり与えたりしています。さらに周りの幼児との関わりが生まれ深まっていく過程では，楽しさを共感したり面白さを追求したりするだけでなく，思いや考えの違いなどにも出合い，ぶつかったり戸惑ったり葛藤したりもします。相手の思いと自分の気持ちの狭間で心を大きく揺り動かしながら，トラブルが起きる前の楽しさを共感した状況を思い出し，自分の気持ちと折り合いをつけようとしていきます。そして，大勢の友達と一緒に心地よく過ごすために，自己調整と自己抑制を繰り返しながら，単に仲がよいという関係だけではなく，互いに学び合う集団として育っていきます。友達同士自分の思いや考えを伝え合ったり，目的を共有し力を合わせたりして，1つのことをやり遂げる満足感や充実感を味わっていくのです。

　このように遊びの過程には，発達に必要な様々な学びが潜んでいま

す。ただし，幼児にとって意味のある学び，確かな学びとなるかどうかは，幼児一人一人の遊びへの関わり方にかかっています。受け身で単に活動をこなしているだけ，体験しているだけでは十分ではありません。幼児の心の動き，楽しさや面白さ，うれしさだけでなく，時には葛藤や戸惑い等もしながら，様々なものや人，できごとなど実感を伴って自分の中に取り込んでいくこと，つまり，自発的に取り組む遊びでなければ，幼児にとって確かな学びへとなっていかないのです。

3　幼児に質の高い学びを保障するには

それでは，幼児一人一人が確かな学びを身に付けていく過程について，事例を通して捉えてみましょう。

> 【事例】遊びを振り返っての話し合い（5歳児10月）
> 　5歳児が数名の友達同士で忍者になったつもりで，修行に出かけたり，技を考えたりして遊んでいる。今日は忍者の家「忍者屋敷」を作り始めた。段ボール板を使って壁を作り，雲隠れができるように回転する壁にするなど，自分たちのイメージを実現しようと，先生にも手伝ってもらいながら時間をかけて作っていた。
> 　帰りの話し合いの時間。明日は屋根をつけるという話題になった。先生が「何でつけようか」と投げかけると，❶A児は「段ボール板がいい」と言う。すると，B児は「黒のビニル袋でつけたい」と言う。
> 　先生が「どうして，そう思うのか」と2人に尋ねると，❷A児は「見えなくなるから」，B児は「ちょっと暗くなるから」と答える。B児は，続けて，❸「だって，真っ暗だと年少さん，こわいんだもん」と言う。B児のこの言葉を聞き，B児の遊びの展開を予想した先生は，「小さい組も呼びたいなって思ったんだね」と学級の幼児にも言葉を補って説明した。そして，さらに，学級の幼児に，「どうしようか」と投げかけると，先ほどの❹A児は「2つ作って，選んでもらおう」と答えた。

この話し合いでのＡ児・Ｂ児の言葉の意味や意図を捉え，幼児にとっての「主体的・対話的で深い学び」の姿を考えてみましょう。

❶　２人とも，本日の忍者の遊びの流れから，明日の屋根作りへの期待が大きく，明確な見通しをもって自分の考えを述べている。Ａ児は家作りに使用した段ボール板で作りたいと言っているのに比して，Ｂ児の「黒のビニル袋」は予想外の展開である。

❷　２人とも「○○だから」と明確に答えている。遊びへの思い入れが強く，主体的だからである。この時のＢ児の「ちょっと暗くなるから」は，教師にとっても想定外の内容である。

❸　しかし，この答から，すでに，Ｂ児がこの忍者ごっこを今後どのように進めていこうとしているかがうかがえる。自分たちが作った忍者屋敷に年少組も呼びたい。その際，真っ暗では怖がってしまう年少児もいるかもしれない。だが，透明のビニル袋では忍者屋敷のイメージが崩れる。そこで考えたのが，「ちょっと暗くなる」であろう「黒のビニル袋」だったのである。

❹　Ｂ児の考えを補う教師の言葉をＡ児は聞き，Ｂ児の意図や考えを理解し，納得したのだろう。そこで答えたのが「２つ作って選んでもらう」だったのであろう。友達の考えをも受け入れながら自分の思いも生かそうと折り合いをつけ，新たな発想を生み出している。

　まさに，２人が自分たちの遊びに主体的に取り組み，自分の考えを伝え友達と対話をしつつ学んでいることがわかります。では，深い学びとはどのようなこととして捉えるとよいのでしょうか。

①　自分たちの遊びを振り返る意識，明日への見通しをもって考えようとしていること。遊びの目的を共有し，意欲的に相談しようという仲間関係が深まっていること。これまでの遊びを通して捉えた素材の特性を生かし，遊びに必要なものを選択しようとしていること。

②　理由を自分なりの論理で考え，言葉で伝えようとしていること。

③　明日の遊びだけでなく，その先の遊びの展開，内容や異年齢との

関わり等の見通しをもっていること。友達の考えや理由を聞き,自分の問題として受け止めようとしていること。
④ 友達の考えに触れ,自分の考えと折り合いをつけ,さらに新しい考えを生み出す喜びや楽しさを味わっていること。

　上記のように,この振り返りの過程において,幼児たちは自分の気持ちや考えなどを言葉に出して伝える中で,自分自身が環境にどのように向き合っているのか明らかにしたり,周りの友達の言葉に耳を傾け,様々な考え方に触れたりして,さらに自分の環境への「見方・考え方」を広げています。まさに,この過程こそ,幼児の学びを深くしているのではないでしょうか。
　しかし,幼児は,最初からこうした深い学びを目的にして遊んでいるわけではありません。遊びに夢中になり,時には偶然性も生かしながら環境への思い入れを強くし,各自がその遊びへの目的を明確にもちながら互いに考えを出し合う中で,もっと楽しく面白くしようと工夫して進めようとしているから学ぶのです。そして,その幼児の考えや思い入れを理解しようとする教師の投げかけや幼児の表しきれない思いを補う働きかけがあることで,幼児の環境への「見方・考え方」が,さらに深くなっていきます。つまり,幼児の深い学びとは,幼児理解に基づき,予想外の幼児の「見方・考え方」をも受け入れ,常に幼児と共に遊びを創造し,その体験の質を高めようとする教師の深いまなざしに支えられているのです。
　そして,こうした幼児期の深い学びの中で豊かに広がる「見方・考え方」が,いずれ小学校以降の各教科等の特質に応じた「見方・考え方」へとつながっていくのではないでしょうか。それぞれの時期には発達の特性に応じ教育内容や教育方法の違いはあっても,この幼児期から児童期への発達や学びの連続性,つまり「見方・考え方」の連続性を教職員が理解し合い,それぞれの教育に十分に生かすことが,幼児教育と小学校教育を円滑につなぐことになるのではないでしょうか。

6 「幼児期の終わりまでに育ってほしい姿」に向けた実践の評価

1　幼児教育における評価の捉え方

(1)「姿」という言葉に込められた意味

　私たちは、「幼児期の終わりまでに育ってほしい姿」（以下「10の姿」と表記）に向けた実践をどのように評価すればよいのでしょうか。この議論を始めるに当たって、幼児教育における評価の捉え方を確認しておきましょう。評価と聞くと、学校教育分野であれば、テストの結果や通知表など、教師が子どもの成績を査定し、優劣を判断するイメージが浮かぶかもしれません。しかし、幼児教育の場合、「10の姿」に記されたそれぞれの項目は、「姿」という言葉や「〜するようになる」という語尾表現からもわかる通り、子どもが育つ方向性を示したものであり、決して幼児期の終わりまでの到達目標として掲げられたものではありません。「何がどこまでできるのか／できないのか」「何がどれくらいわかるのか／わからないのか」など、可視化可能な子どもの能力やスキルを査定し、優劣を判断することが幼児教育における評価ではないのです。

(2) 目的と結果ばかりに注目しない

　PDCAサイクル（計画 Plan−実行 Do−評価 Check−改善 Action）の特徴からもわかる通り、日々の営みにおいて保育者は、目的（ねらい）をもって実践を計画し、実行し、その目的（ねらい）がどれだけ達成されたかという結果に基づいて実践を評価し、改善していることが考えられます。しかし、保育者が目的と結果ばかりに注目すると、ともすると子どもの能力やスキルの査定に陥ることにもなりかねませ

ん。例えば，保育者が「登園したら自分で身支度ができるようになる」という目的（ねらい）を掲げて実践を計画し，実行したとしましょう。その際，保育者が目的と結果ばかりに注目すると，クラスの中の誰が自分で身支度ができる（できない）のか，誰がどれくらい身支度の仕方がわかる（わからない）のかに目が向いてしまうことが考えられるのです。

(3) 過程に注目する

　上記の例で大切なことは，登園後の身支度について，個々の子どもが自分なりのやり方やペースで意欲的に取り組んだり，挑んでみたり，試行錯誤したり，いろいろな感覚を通していろいろなことを感じたり，気付いたりしながら身支度ができるようになっていく過程に注目することではないでしょうか。幼児教育における評価とは，「10の姿」（「～するようになる」）に向かう中で，子どもがどれだけ豊かな体験をしているかを問い，自らの実践を振り返ることであるといえるでしょう。

2　幼児教育における評価の実際：V幼稚園の事例

(1) 子どもを理解する

　以下では，V幼稚園の事例をもとに「10の姿」に向けた実践を評価する試みを紹介します。ただし，評価の方法は唯一無二ではないこと，以下は同園の探索的試みであることを述べておきます。

　20XY年9月，5歳児クラス担任のP保育者は，子どもたちが身体を動かす遊びを通して自信につなげるという目的（ねらい）をもって実践を計画し，実行しました。「忍者修行」と題された活動のもと，跳び箱，マット，平均台，縄跳びなどを保育室に用意することで，子どもたちが自発的な遊びを通して身体を動かし，自信につながるような環境づくりを行ったのです。しかし，構成された環境の中で子ども

たちは，必ずしも自発的に遊ぶわけではありませんでした。例えば，『子どもの経験から振り返る保育プロセス』(秋田他，2010) に示される「夢中度」の評価スケール（どれだけ活動に没頭しているかを捉える指標）に照らして子ども理解を試みてみると，クラスの多くが「夢中度」が低い状況だったのです。

(2) 子ども理解に基づいて実践を計画する

P保育者は，園内研修の場で同僚と共に，クラスの多くが「忍者修行」に没頭しなかった原因を探りました。参観した同僚からは，「忍者がどういう修行をするのかイメージできなかったのでは？」「設定された活動が易しすぎたのでは？」「身体を動かすよりも順番を待つ方が長くて飽きたのでは？」などの意見が出されました。これらを踏まえてP保育者は，子どもたちが「忍者修行」にもっと夢中になれるように，活動のあり方や環境づくりを見直しました。「忍者の修行を具体的にイメージできるように絵本の読み聞かせや，忍者について探求する活動を取り入れる」「身体を動かす遊びの難易度を上げる」「順番待ちが長くならないように遊具の配置を工夫する」など，子ども理解に基づいて実践を計画したのです。

(3) 計画，実行した実践を評価する

子ども理解に基づいて計画，実行した実践を評価するために，改めて「夢中度」の評価スケールに照らして子ども理解を試みてみると，クラスの多くが「夢中度」が高い状況に転じました。再構成された活動や環境の中で子どもたちは，自分なりのやり方やペースで意欲的に「忍者修行」に取り組み，いろいろな感覚を通していろいろなことを感じたり，気付いたりしながら，自発的に身体を動かして遊んでいたのです。

3 幼児教育における評価のポイント

(1) 評価の基盤としての子ども理解

　事例中のP保育者は，計画し，実行した実践の中で子どもたちがどれほど自発的に遊んでいた（いなかった）のか，どれほど活動に没頭し，夢中になっていた（いなかった）のかを同僚と見極め，背後の原因を探ることで，自身の実践を評価し，改善していました。つまり上記の事例は，「10の姿」に向けた実践を評価する際，子ども理解が基盤となることを示しています。幼児教育における評価のポイントとは，目的と結果ばかりに注目するよりも過程に注目し，活動の中で子どもはどれだけ豊かな体験をしているかを問うこと，換言すれば，彼（女）らが活動に魅力を感じ，絶えず取り組んでいるような，充実感や満足感に目を向けることであるといえるでしょう。

(2) 環境を通した教育を振り返る

　3歳児であれ4歳児であれ子どもは，それぞれの年齢や発達段階にふさわしい豊かな体験を積み重ねることで，幼児期の終わりになると「10の姿」が見られるようになります。豊かな体験とは，子どもが周囲の環境に主体的に関わり，自らの遊びを発展させる中で，心が動かされるような体験のことに他なりません。つまり環境を通した教育のもと，自発的な活動としての遊びを育むことが，自ずと「10の姿」に向かうのです。幼児教育における評価のポイントとは，子どもが興味・関心をもって周りの状況と関わりたくなったり，自分なりのやり方やペースで取り組みたくなったり，挑んでみたくなったりするような環境を構成すること，その上で，子ども理解に基づいて環境を通した教育を振り返ることであるといえるでしょう。

◆参考文献
・秋田喜代美・芦田宏・鈴木正敏・門田理世・野口隆子・箕輪潤子・淀川裕美・小田豊『子どもの経験から振り返る保育プロセス：明日のより良い保育のために』幼児教育映像制作委員会，2010年

7 認定こども園の1日

　幼保連携型認定こども園における1日の流れは，教育・保育要領における「全体的な計画」に基づき作られています。特に，以下の点を前提としています。①養護を中心とする2・3号認定の0・1・2歳児の児童福祉施設における生活と，午後2時までの1号認定及び長時間の2号認定の3・4・5歳児の「教育課程に係る教育時間」の両面を生かした内容であること，②1日の生活が養護と教育を一体とした内容であること，③興味や関心をもって集中して取り組む時間とゆったりと落ち着いて過ごせる時間がなだらかに組み立てられていること，④「させる保育」から「自ら環境を生かし主体的に取り組んでいく」保育を目指していること，⑤小学校との円滑な接続及び保護者支援を前提としていること。

　ここでは，次の図をもとに，「ある認定こども園の1日」における各時間の内容とねらいを解説します。

① **朝の園全体での準備**
　「子ども一人一人が自らの意志でやってみたくなる環境のもとで1日が過ごせる」ような心地よい環境の準備を全保育者が心掛けます。

② **ほほえみタイム＝自分の意志で参加できる環境を整えます。**
　1・2号認定児は玄関にて親子と保育者とで挨拶し，出席ブックに日付印を記入し，持ち物や身支度の整理をします。
※できない子には大きい子が手伝うよううながし，お互いの信頼関係が育つことを願います。
※早番の保育者は，保護者や子どもの姿から，その日の体調や家での関わりを読み取り（視診），必要に応じて記録ノートに記入します。

7　認定こども園の1日

【認定こども園の1日の生活と学びの時間の流れ】

	そら組（1号認定児） 3・4・5歳児	ほし組（2号認定児） 3・4・5歳児	ちゅうりっぷ組・ こすもす組（3号認定児） 0・1・2歳児
登園	7:30～8:30　**ほほえみタイム** 預かり保育・保育園にて 8:40～　4つのコースに分かれて登園	7:30～8:30　**ほほえみタイム**（時間外保育として合同保育） 8:30～9:10　保護者と一緒に登園	
学びと生活	クロークコーナーにて荷物の整理・身支度 **ワクワクタイム**（コーナーでの学びの時間） 絵・造形・ごっこ・表現・外あそび・クッキング・自然		10:00　**午前のおやつタイム**
	10:30～　**おひさまタイム** ランチ順に先生と一緒に 絵本・紙芝居・散歩・ダンス・お話など		10:30～　**おひさまタイム** 絵本・散歩 11:00～　**ランチタイム** 保育者と一緒にゆっくりと
ランチタイム	11:30頃～　3グループに分かれて順次**ランチタイム**　又は 11:30～13:00の**フリーランチタイム** 自分で食べられる量のおかずを盛る。ご飯を盛ってもらい席に運びます。 できたての温かいランチ・スープをいただきま～す		
お昼寝	12:15頃～　**ポカポカタイム** ひと休みした後は先生と一緒に過ごすコースの時間 13:30～　一番バス出発 14:00～14:20 歩きコース順次降園	12:30頃～　**おやすみタイム** 休息 パジャマに着替えてゆっくりお休み。 静かなお話を聞きながら 目覚め・片付け 年長児はそら組と一緒の時間を過ごします。おやつ準備の手伝い	12:00～　**すやすやタイム** すてきなお話を聞きながら スヤスヤと… 目覚めたあとはゆったり過ごします
2・3号おやつ		15:00　**おやつタイム** 手作りおやつをいただきます	15:00　**おやつタイム** 手作りおやつをいただきます
降園・お帰りタイム	14:00～19:00 預かり保育児はランチ後 ほし組と一緒に過ごします	16:00～　降園開始 帰りの集まり	園内散歩 室内で遊ぶ
	16:30～18:00　**ゆうやけタイム** 園庭・こすもす組・ほし組の部屋にて ゆうやけタイム担当保育教諭と一緒に計画のもとに過ごし、お迎えを待ちます		16:30～18:00　**ゆうやけタイム** ちゅうりっぷ組の部屋中心 ゆうやけタイム担当保育教諭と一緒に過ごし、お迎えを待ちます
	18:00～18:50　**ゆうやけタイム（合同保育）**　こすもす組の部屋にて 保育教諭と一緒に静かなゆったりとした時を過ごし、お迎えを待ちます		
	18:50　**全員帰宅・さようなら、また明日！**　19:00閉門		

（幼保連携型認定こども園こどものもり）

第3章　保育者の仕事——3法令の改訂（改定）を踏まえて——

③ **ワクワクタイム「学びと生活」**＝年齢にこだわることなく興味や関心に沿った主体的な取組の場と時間の保障をしていきます。

> （例）「個性や意欲が育つゾーン（コーナー）保育」
> a 絵のゾーン（コーナー）：豊かな感性を養い，表現することの楽しさや自分なりに表現する技術を身に付けていく。
> b 造形のゾーン（コーナー）：切る，つなげる，組み立てる等，徐々に指先の発達や工夫する技術が豊かになる体験。
> c 表現のゾーン（コーナー）：自分の思いを身体で表現する，言葉や音，他との協調性や豊かな感性・表現など遊びを通しての自己充実感を体験。
> d ごっこのゾーン（コーナー）：大人のまねから上品な生活や上手な片付け方，生活の仕組みや社会性との関わりなどを体験しながら，協調性や協同性，規範意識の芽生えに結び付けていく。
> e 外あそびゾーン（コーナー）：思いきり体を動かし，健康な心と体づくりやルールやマナーなど，また集団での社会生活に必要な約束などを，遊びを通して身に付けていく。
> f クッキングゾーン（コーナー）：子ども用のシンクで旬の果実や野菜等を切る・煮る・焼くなどの調理体験や出来たものを他へ振る舞い喜んでもらう体験を通して，季節感や味を知り，他への思いやりや感謝の心を身に付けていく。
> g 自然のゾーン（コーナー）：雨・風・雪，植物など季節感を感じる心や，身近な小動物や植物を育て命の大切さに感謝する気持ちを育む。

※園舎全体を生かしたゾーン活動では，5領域を中心に，心情・意欲・態度の習得を見通しながら「幼児期の終わりまでに育ってほしい姿」が達成できるよう取り組んでいます。

※各ゾーンやグループには1年間担当の保育者がいて，事業計画や保育計画作成から保護者対応までの関わりを担っています。

※ゾーン活動を中心としながらも，「全体の計画」を前提とする教育課程の計画に沿い，年長児としてのリーダー意識を高めていけるよ

う具体的なテーマや目標の実現に向けてグループ討議や検討の時間を設け，臨機応変に対応しています。

④　午前のおやつタイム（0・1・2歳児）

水分補給を兼ねて軽くスナックタイムの時間をとります。園庭や他の部屋で遊んでいる子たちも，手を洗い集まる時間となります。

⑤　おひさまタイム

0・1・2歳児は，一人一人の遊びから年齢ごとの集まりとなり，絵本，歌，お話，ダンス等ゆったりと過ごします。保育者は一人一人の興味・意欲や基本的生活習慣の獲得等の確認の場としています。

3・4・5歳児は個の活動で充実した後，グループ（1号2号混合異年齢）ごとにゆったりとした時間の中で過ごします。

※**年齢別（1号・2号児合同）活動**

・年長児は，集団での活動とグループ別での活動が計画に沿って編成されています。
・集団での活動では，年間計画に基づき季節感や育ちに沿った総合的な取組（表現活動では室内外での造形・製作・歌・劇遊び等を他の年齢児に紹介していく活動）をします。
・小グループでは，テーマに沿った表現活動やチーム編成で主体的な活動に取り組んでいます。

⑥　ランチタイム＝安心・安全でおいしい食に関する時間

0・1・2歳児は一人一人の体調や意欲などを保育者が受け止めながら，お櫃からよそって，顔を見合い，一緒に食べ合います。

3・4・5歳児は，手を消毒し，空いているテーブル席に座り，順に調理室のカウンターから自分の食べられる量をお皿に盛り，テーブルごとに手を合わせて「いただきます！」をします。小さな声でお話をしながら，美味しく食べ合い，食べ終えた子から「ごちそうさま」

をして，食器を所定の返却テーブルに丁寧に戻します。その後自分のコップでうがいをしてランチルームを出ます。

※食事を食べることのみでなく，自分の体調を考えながら，みんなで食べるためのマナーと感謝や命の大切さを学ぶ場とします。
※ゆったりとした雰囲気で味わえるようにテーブルにお花を飾り，静かな音楽を聴きながら食べる習慣が身に付くように心掛けます。

⑦　おやすみタイム「午後の流れ」

食後，短時間児は順に和室にて「食後の休憩」を取ります。2号認定年長児を除く乳幼児はそれぞれパジャマに着替えて午睡に入ります。

1号認定児及び2号認定年長児は担当の保育者と一緒に1日の振り返りと翌日の活動への期待を話し合います。2号認定年長児及び1号認定預かり児は午前中の活動で使った教具や砂場などの片付け，おやつの準備の手伝いなどをします。1号認定預かり児はこの後，2号認定児のクラスと一緒に過ごし，お迎えの時間を待ちます。

⑧　おやつタイム

1号認定預かり児，2・3号認定児は，着替え後おやつタイム。3号認定児はそれぞれの部屋で，1号認定預かり児と2号認定児はランチルームで順に自分でおやつを取りテーブルにて食べます。

⑨　ゆうやけタイム＝降園

順次，保護者のお迎えです。

遅番の担当4名が2号認定児担当と3号認定児担当に分かれて18:00まで預かり保育。その後合同保育となり，2歳児クラスにて教具などを用意し遊びながらゆったりとした活動をして過ごします。

⑩　1日の振り返り

早番・遅番以外の保育者は1日の振り返り・記録のまとめをしま

す。ゾーン（コーナー）及び個々の年齢別状況や育ちや対応について話し合い，ノートに記録します。翌日の担当とゾーン（コーナー）の計画や具体的な取組を確認します。

○認定こども園での保育者の心構え

(1) 保育者のシフト制

　保育を担当する全職員をシフト制とし，朝から降園までを責任をもって関われるように対応していくことが大切です。シフトは前月末に決めますが，緊急に不具合がある場合は相互に調整し合うようにしていきましょう。

(2) 朝，帰りのミーティングの重要性

　朝（8:15～8:30）・帰り（4:30～5:15），早番と遅番，バス乗車以外の保育者・職員が集まり，当日の職員配置や予定の確認，変更があればその時点で報告し合います。当日シフトで出勤した保育者は前日の記録やミーティングの記録に目を通し，全教職員での共通理解を心掛けていくことが大切です。

(3) 保育の専門性を身に付けていくために

　園として子どもや保護者から信頼されるための技術の習得が重要です。特に年度初めはもちろん年間を通して外部講師等によるカウンセリングや専門技術を習得し，全教職員が保育の質の向上を目指して学ぶ姿勢を高めていくことが大切です。

(4) 保育は人なり

　環境や置かれた立場を，いかに子ども主体の保育にしていくかは保育者の豊かな体験と未来に託す熱い思いによるものです。認定こども園の魅力を生かした保育者を目指して励んでいきましょう。

8 保育の記録と見直し

1 計画の見直しや実践の改善につながる記録

(1) 要領・指針における記録の位置付け

保育所保育指針には,「保育士等は,子どもの実態や子どもを取り巻く状況の変化などに即して保育の過程を記録するとともに,これらを踏まえ,指導計画に基づく保育の内容の見直しを行い,改善を図ること。」[注1]と明記されています。

幼稚園教育要領及び幼保連携型認定こども園教育・保育要領にも,「幼児(園児)の実態及び幼児(園児)を取り巻く状況の変化などに即して指導の過程についての評価を適切に行い,常に指導計画の改善を図るものとする。」[注2]と記載され,"記録"という文言は用いられていないものの,指導の過程を振り返り,評価することで改善を図ることが要求されています。

(2) 実践におけるPDCAサイクル

保育・幼児教育の現場における計画・実践・評価・改善のサイクルは,月案・週案の作成,日誌等の記述,職員会議等による評価と改善といった形式として確立したものと,保育士等による臨機の修正のくり返しといった実践に埋め込まれたものとに分けて考える必要があります。

① 形式として確立したPDCAサイクル

どの施設においても,年・期・月・週・日等の周期で立てた計画を,会議等で実践の記録をもとに振り返ります。そこで得られた評価をもとに計画の見直しや実践の改善を行いますが,会議等の実施頻度

によっては，実践を通じて顕在化した問題点が実際に改善されるまでに時間がかかります。

② 実践に埋め込まれたPDCAサイクル

一方，保育士等は計画に基づき組織的に実践を行いますが，そのさなかに浮上してきた問題点を計画に固執して放置することはなく，臨機応変に修正して最適化を図ります。現場において必要不可欠なプロセスですが，個々の保育士等あるいは保育士集団等の資質・能力に依存し，記録にも残らないことから共有しにくい欠点があります。

③ ノンコンタクトタイムの必要性

いずれのPDCAサイクルにおいても，実践の改善に結び付くためにはノンコンタクトタイム（保育士等が直接処遇から離れ，記録作成や会議等に集中できる時間）の確保が必要となります。会議であれば，一定数以上の保育者等が集まる必要がありますし，適切な評価の材料となり得る充実した内容の記録を作成するためには，保育の片手間では不充分だからです。

(3) ノンコンタクトタイムを確保するために

しかしながら，特に保育所においてはノンコンタクトタイムを継続的に確保することは非常に困難です。幼稚園や幼保連携型認定こども園においても多様な保育・幼児教育のニーズに応えるために，幼児（園児）の降園後もまとまった時間を取りにくいのが現状です。時間的な余裕のなさから，記録が疎かになり，充分な振り返りが行えず，適切な見直しや改善に到達できないという悪循環を防ぐために，記録の形式や会議等のもち方の見直しが必要となっています。

日誌や，週案・月案の振り返り記載欄等の保育実践の記録が，そのまま会議資料や保護者への情報提供に活用できたり，記録作成のプロセスそのものがカンファレンスの機能を果たすような手法への切り替えが事務量を軽減させ，結果的にノンコンタクトタイムの確保を容易にするのではないでしょうか。

写真や動画を活用して実践を可視化した記録は，その直観性の高さから，対話による共有・考察を容易にし，計画の見直しや実践の改善につながる可能性を高めます。

2　写真を活用した記録

　記録に写真を活用することで，実践の可視化が容易になります。デジタルカメラやカラープリンター，パソコン等の普及により，日々の子どもたちの活動の様子を撮影し，その日のうちにコメントを加えて記録を作成することが可能になりました。

　レッジョ・エミリアの実践で注目されたドキュメンテーションや，ニュージーランドのラーニング・ストーリー等を参考に，保護者等との情報共有にそのまま活用できる記録形式を，自園の実践に合わせて作り上げることを提案します。

　従来，保育所等では時系列に沿った記録や，エピソード記述が広く用いられてきました。それぞれに長所があるからこそ，定着しているのですが，蓄積した記録を読み返し考察するためには，あらかじめ分類しておいたり，時間をかけて読解する必要があります。ノンコンタクトタイムの確保がままならない現状では，保育者等の負担を増やさずに実現することは困難です。

　ドキュメンテーション等，写真を活用した記録形式は，写真そのものが事実上のインデックスとして働くため分類・抽出が容易であり，時間帯・周辺環境などの背景を直観的に把握できるため，保育者の負担を増やすことなく会議や研修等の資料として活用が可能です。

3　対話を通じた共有

　ドキュメンテーション等は保育実践の記録であると同時に，保護者や保育者，さらには近隣住民への情報提供の媒体でもあります。内容

によっては，記録した情報のすべてを提供するわけにはいかないこともありますが，実践の記録とは別に情報提供のための「おしらせ」や「おたより」を作る負担を減らすことができます。

また，写真を活用した記録は情景を想起しやすいため，対話の起点作りとしても有効です。保育士等と保護者，保育士同士，保護者同士が対話を通じて，保育観や子ども観を共有することをうながします。

4　ICTや動画の活用

写真を用いた記録は，ICTを活用することで，計画の見直しや実践の改善につなげることがより容易になります。スマートフォンやタブレットの普及により，記録の作成や閲覧，過去の記録の参照が簡単に行えるようになりました。これは，保育者・保護者の双方にとって負担の軽減になり，対話を通じた共有に対する心理的なハードルも下げます。

また，クラウド・ストレージ等を活用することで，動画による記録を蓄積したり，共有したりすることも可能になります。ICTの普及により特別な機器や技術がなくとも，撮影・編集が行えるようになったため，保育・幼児教育の現場で記録の手法として扱いやすいものとなりました。動画は写真よりもさらに情報量が多く，直観性に富んでいるので，積極的に取り組むことを提案します。

注1：保育所保育指針　第1章　総則／3　保育の計画及び評価／（3）指導計画の展開／エ

注2：幼稚園教育要領　第1章　総則／第4　指導計画の作成と幼児理解に基づいた評価／2　指導計画の作成上の基本的事項／（2）及び，**幼保連携型認定こども園教育・保育要領**　第1章　総則／第2　教育及び保育の内容並びに子育ての支援等に関する全体的な計画等／2　指導計画の作成と園児の理解に基づいた評価／（2）指導計画の作成上の基本的事項／イから抜粋

9 保育者の同僚性とカリキュラム・マネジメント

1　保育の質を向上させる循環をつくり出す

　カリキュラムとは，狭い意味では，教育課程及びそれに基づく指導計画など教育の計画を指し，広い意味では，学校等での生活における子どもの経験の総体を指します。カリキュラムは，子どもの姿を踏まえて，また地域の実情を踏まえて編成されます。つまり，まずは子どもを理解し，地域を理解しなければなりません。その上で，子どもに必要な経験や学びを，地域のありようを生かして構成していきます。

　カリキュラムは日々の実践に落とし込まれていきますが，その際，子どもの具体的な経験は，当然ながら計画通り整然と進むわけではありません。予想外の子どもの気付き，興味・関心，意欲などが子どもの経験をより豊かにし，豊かな経験がさらに次の経験を発展させていきます。とりわけ幼児教育においては，「教科」として体系付けられた小学校以降の学びとは異なる，しかしその基盤となる資質・能力を実現する経験としての「遊び」が豊かな経験としての機能を果たします。つまり，計画通りには進まないということは嘆くべきことではなく，むしろ子どものありようから実践がより豊かに展開されるという可能性です。だからこそ，計画と実践のギャップを省察する─振り返り・考える─ことによって，環境の構成や保育者の援助のあり方を見直し，改善し，その過程で保育観の見直しも生起します。

2　保育の質を向上させる方法としてのカリキュラム・マネジメント

(1) PDCAサイクル

　こうした循環が保育の質を向上させる実践のスキームであり，保育者なら誰でも行っています。ただ，これをいつの間にか自然にやっているのか，それとも意識的に，自覚的に行っているかが専門性の分かれ目の１つだと考えられます。この循環を，Plan（計画）– Do（実践）– Check（省察・評価）– Action（改善への取組）として整理した概念が「PDCAサイクル」と呼ばれるマネジメント手法であり，これを活用してカリキュラムを改善し，保育の質の向上につなげていく営みを「カリキュラム・マネジメント」と呼ぶのです。

　このサイクルは不断に繰り返され，また同じトラックを周回するのではなく，らせん状に上昇していく─スパイラル・アップ─と考えます。PDCAサイクルの過程を通じて，保育の質が向上していくという仕組みです。

(2) 目標管理

　PDCAサイクルが保育の質の向上につながるものとなるには，漫然と周回させるのではなく，確かな目標を設定し，その目標を背骨として，スパイラル・アップさせていかなければなりません。目標がはっきりしない，あるいは誤っている場合，PDCAサイクルは実践を迷走させるだけで，質の向上につながりにくくなります。具体的にいうと，園の保育の理念や目標を明確にすることです。園の目標を明確にして，目標にしたがってカリキュラムを構成して実践を進め，目標に照らして省察・評価するというマネジメントが不可欠なのであり，こうした方法を「目標管理」と呼びます。園は様々な保育者の集まりですから，目標管理によって，それぞれの保育者の多様な価値を含みながらも，PDCAサイクルが一人一人の保育者の実践の方向性，園とし

ての保育のあり方の方向性などを一定の望ましい方向に収斂させていくことが可能になり，組織としての保育の質の向上が望めます。

3　自律的なカリキュラム・マネジメントへ

　近年，保育や幼児教育においても個々の園それぞれが自律的なマネジメントを進めていくことが求められています。指針・要領等に従いながらも，子どもの姿や保護者の実態，地域の実情等に応じて各園が創意工夫をすることがより求められています。保育の質を向上させ，園の子どもたちの育ちを最大限に保障するためには，個々の園が自律的に，園の価値を確認し，園が進んでいくべき方向性としてのビジョンを示し，園が置かれた諸条件を考慮してカリキュラムを開発していくことが求められます。園ごとにカスタマイズされた，学校教育でいうところの，School-Based-Curriculum-Development（SBCD学校に基礎を置くカリキュラム開発）と同様のマネジメントが必要になってきているのです。

　また，市などの地域レベルで一定程度共通したカリキュラムを編成していくような取組も行われています。このことは，地域全体で保育の質を向上させる仕組みといえ，また地域全体で子どもを育む文化を培うことにつながります。

4　カリキュラム・マネジメントへの保育者の参画

　例えば，カリキュラムを園のリーダー層が策定して，保育者がそれにしたがって実践し，それをまたリーダー層が評価するといったカリキュラム・マネジメントは，実際に子どもと向き合っている保育者の実践を豊かにできるでしょうか。カリキュラム・マネジメントにおいて重要なことは，その過程に個々の保育者が確実にかつ深く関わることです。一人一人の保育者がカリキュラム・マネジメントに共に取り

組んで，園の保育実践のあり方を包括的に理解し，省察や評価にも関わることで実践における具体的な省察のチェック・ポイントを備えることができれば，保育者個々のレベルにおいても，園の組織レベルにおいても，自覚的な省察と，それによる保育の質の向上が見込めるようになります。

5　カリキュラム・マネジメントを豊かにする同僚性

　保育者が組織的に協働してカリキュラム・マネジメントに取り組むことは，保育者が現場で培ってきている経験知を結集し，交わし合い，高め合っていく営みです。こうした実践をより効果的に進めていくためには，「同僚性」を組織の文化としていくことが必要です。同僚性とは，保育者が対話を通じて学び合い，高め合い，支え合う組織文化のことです。同僚性はカリキュラム・マネジメントをより充実したものとする基盤であり，カリキュラム・マネジメントを保育者の参画と協働により進めることは同僚性をより生産的なものへと高めます。

　こうしたカリキュラム・マネジメントと同僚性の相互作用は，保育の質の向上につながるだけでなく，保育者の成長をうながし，組織の進化をうながします。そしてそれが子どものよりよい育ちにつながっていくのです。

10 これからの保育者のあり方

1　幼児教育におけるカリキュラム・マネジメント

　幼児教育におけるカリキュラム・マネジメントとは,「目標やねらいの明確化」と「幼児期の理解に基づく評価の実施」を両端に見据え,「そのための手だてを考え・実践していく」というプロセスを長期的見通しをもって実施していくことです。まず,「目標やねらいの明確化」としては，幼児期に育みたい資質・能力が「資質・能力の3つの柱」として明確化され，従来園（所）ごとにあった保育目標だけでなく,「10の姿」として就学前の幼児教育に携わるすべての施設に共通する具体的な姿が示されることになりました。また,「幼児期の理解に基づく評価の実施」としては，子ども一人一人のよさや可能性の理解に基づき，単純に「何ができたか」を達成評価するのではなく,「何ができるようになるか」「何を学ぶか」「どのように学ぶか」など子どもの「学び＝遊び」のプロセスを評価していく視点が示されることになりました。以上のように，明確な目標と幼児理解に基づく評価視点を踏まえて，園（所）を修了するまでの長期的見通しの中でどのように保育実践を行っていくのかがこれからの保育者に求められます。

　そこで重要になるのが「そのための手だてを考え・実践していく」プロセスとなるでしょう。ここには幼児教育の基本である「環境を通して行う教育」「遊びを通した総合的な活動」「子どもの主体的活動」などや，保育者としての取組である「PDCAサイクル」「ドキュメンテーションやポートフォリオなどによる日々の記録や実践の可視化」などが含まれます。これらの取組は従来から実施されていたものであ

り，特に今回の改訂（改定）に伴い従来の保育実践が大きく変更されるということではありません。必要になるのは，これまでと異なる保育実践にすることではなく，その保育実践が「子どもの主体的な学びにとってどのような意味があるのか」を保育者自身が問い直すということになります。

2　子どもの主体的な学びと言語活動の充実

今回の改訂（改定）に伴い，幼児期の学びとして「主体的・対話的で深い学び」「言語活動の充実」「見通しや振り返り」などの充実も盛り込まれました。

現在，小学校以降の学校教育においても，「主体的・対話的で深い学び」を実現していく学習方法として，アクティブ・ラーニングの重要性が指摘されています。アクティブ・ラーニングとは子どもが能動的（アクティブ）に学習（ラーニング）に参加する学習方法の総称です。しかしながら，幼児教育は「自発的な活動としての遊び」を学習として捉え，幼児の主体的な活動をうながしていくことの重要性が示されていました。つまり幼児教育は，本来アクティブ・ラーニングであるといえます。それでは，遊びを通した学びそのものがアクティブ・ラーニングであるので，従来通りの幼児教育を継続していけばそれでいいのでしょうか。決してそうではなく，今後保育者に求められるのは，自らの幼児教育を見る視点，つまり「見方・考え方」をもてることが重要となる（無藤・汐見, 2017）といえます。

また，「言語活動の充実」として，友達や保育者と言葉でやり取りしながら自分の考えをまとめたりすることや，「見通しや振り返り」として，子どもが次の活動への期待や意欲をもつことができるよう，保育者や他の子どもと共に遊びや生活の中で見通しをもったり，振り返ったりすることの大切さが示されています。「主体的・対話的で深い学び」にもいえることですが，ここで重視されているのは，子ども

たちが目標や見通しをもつこと，やったことを省察する（振り返る）こと，それらを言語化することです。これは，子どもの学びにおいて重要なポイントが示されたことになりますが，その意義は保育者自身の活動を振り返っても明らかです。例えば，ショーン（2001）は「活動過程における省察」を基礎とする「反省的実践家」を提唱し，保育者が自らの実践を「省察」する姿勢が重要であると指摘しています（秋田・佐藤，2006）。保育者自身が，日々の活動を言語化（記録）し，自身の省察や保育カンファレンスを通して他者と対話することで，保育者自身の学びが深まることは従来から示されています。つまり，この言語化や振り返りのプロセスが子ども自身の学びにおいても重要な活動であることを保育者自身が自覚しておくことが必要となります。

3　これからの保育者に求められるもの

これからの保育者に求められるものは，以上のような「見方・考え方」で子どもの「学び」を見ることができるかどうかということになります。つまり，主体的な活動としての遊び（学び）とは何か，子ども同士や子どもと保育者及び保護者との対話にはどのような意味があるのか，子ども自身が振り返りできるような保育環境とはどのようなものかなどを考えていく力が重要となります。図1はある園の5歳児の制作です。骨に興味をもった子どもがいろいろなポーズをした友達の型をとり，お互いの体を触って骨の構造がどうなっているかを確かめながら，その型の上にペットボトルのふたなどを使って骨を表現していったものです。そ

図1　骨の製作

の過程で子どもたちは骨について
いろいろな発見をしますが、それ
を保育者が記録したもの（ここで
は一部のみ）が吹き出しとして書
き込まれています。また図2は，
ある園で実施されている「トゥデ
イズ・アクティビティ」というも
のです。これは、その日の活動を
保育者がスケッチブックに写真な
どと一緒に記録し，降園時にクラ
スの前に置いてあるものです。こ
れは，その日の活動を保護者に知
らせるという意味ももちろんあり

図2　トゥデイズ・アクティビティ

ますが、保護者がそれを見ながら子どもとその日の出来事について話
をしたり、携帯電話のカメラで毎日写真を撮っている母親がおり，父
親とその写真を見ながら園での様子を話すきっかけづくりに活用して
いる家庭もあるそうです。さらに，これ自体がスケッチブックなの
で、日々の活動が記録されていることになり，子どもたちはしばしば
スケッチブックをめくりながらそのときの話を保育者や友達と交わす
こともあるそうです。汐見（2017）は，①経験したことを「共有」す
る、②経験を「連続」させる、③経験を「可視化」するという3つの
実践の重要性を指摘しています。これからの保育者は、子ども自身の
主体的な活動を大切にするとともに、その中で子どもたちにどのよう
な力が育っているかを適切に理解し、そのプロセスの中で子どもが自
分自身を振り返ったり、他の人と対話（言語化）する機会を大切にす
る姿勢が必要となります。

◆参考文献
・秋田喜代美・佐藤学『新しい時代の教職入門』有斐閣，2006年

- 汐見稔幸『2017年告示新指針・要領からのメッセージ—さぁ，子どもたちの「未来」を話しませんか』小学館，2017年
- ドナルド・A・ショーン（著）佐藤学・秋田喜代美（訳）『専門家の知恵—反省的実践家は行為しながら考える』ゆみる出版，2001年
- 無藤隆・汐見稔幸『イラストで読む！幼稚園教育要領　保育所保育指針　幼保連携型認定こども園教育・保育要領　はやわかりBOOK』学陽書房，2017年

資料

- ●幼稚園教育要領 ……………………………… 192
- ●保育所保育指針 ……………………………… 203
- ●幼保連携型認定こども園教育・保育要領 ……… 225

幼稚園教育要領

　教育は，教育基本法第１条に定めるとおり，人格の完成を目指し，平和で民主的な国家及び社会の形成者として必要な資質を備えた心身ともに健康な国民の育成を期すという目的のもと，同法第２条に掲げる次の目標を達成するよう行われなければならない。
　１　幅広い知識と教養を身に付け，真理を求める態度を養い，豊かな情操と道徳心を培うとともに，健やかな身体を養うこと。
　２　個人の価値を尊重して，その能力を伸ばし，創造性を培い，自主及び自律の精神を養うとともに，職業及び生活との関連を重視し，勤労を重んずる態度を養うこと。
　３　正義と責任，男女の平等，自他の敬愛と協力を重んずるとともに，公共の精神に基づき，主体的に社会の形成に参画し，その発展に寄与する態度を養うこと。
　４　生命を尊び，自然を大切にし，環境の保全に寄与する態度を養うこと。
　５　伝統と文化を尊重し，それらをはぐくんできた我が国と郷土を愛するとともに，他国を尊重し，国際社会の平和と発展に寄与する態度を養うこと。
　また，幼児期の教育については，同法第11条に掲げるとおり，生涯にわたる人格形成の基礎を培う重要なものであることにかんがみ，国及び地方公共団体は，幼児の健やかな成長に資する良好な環境の整備その他適当な方法によって，その振興に努めなければならないこととされている。
　これからの幼稚園には，学校教育の始まりとして，こうした教育の目的及び目標の達成を目指しつつ，一人一人の幼児が，将来，自分のよさや可能性を認識するとともに，あらゆる他者を価値のある存在として尊重し，多様な人々と協働しながら様々な社会的変化を乗り越え，豊かな人生を切り拓き，持続可能な社会の創り手となることができるようにするための基礎を培うことが求められる。このために必要な教育の在り方を具体化するのが，各幼稚園において教育の内容等を組織的かつ計画的に組み立てた教育課程である。
　教育課程を通して，これからの時代に求められる教育を実現していくためには，よりよい学校教育を通してよりよい社会を創るという理念を学校と社会とが共有し，それぞれの幼稚園において，幼児期にふさわしい生活をどのように展開し，どのような資質・能力を育むようにするのかを教育課程において明確にしながら，社会との連携及び協働によりその実現を図っていくという，社会に開かれた教育課程の実現が重要となる。
　幼稚園教育要領とは，こうした理念の実現に向けて必要となる教育課程の基準を大綱的に定めるものである。幼稚園教育要領が果たす役割の一つは，公の性質を有する幼稚園における教育水準を全国的に確保することである。また，各幼稚園がその特色を生かして創意工夫を重ね，長年にわたり積み重ねられてきた教育実践や学術研究の蓄積を生かしながら，幼児や地域の現状や課題を捉え，家庭や地域社会と協力して，幼稚園教育要領を踏まえた教育活動の更なる充実を図っていくことも重要である。
　幼児の自発的な活動としての遊びを生み出すために必要な環境を整え，一人一人の資質・能力を育んでいくことは，教職員をはじめとする幼稚園関係者はもとより，家庭や地域の人々も含め，様々な立場から幼児や幼稚園に関わる全ての大人に期待される役割である。家庭との緊密な連携の下，小学校以降の教育や生涯にわたる学習とのつながりを見通しながら，幼児の自発的な活動としての遊びを通しての総合的な指導をする際に広く活用されるものとなることを期待して，ここに幼稚園教育要領を定める。

第１章　総　則

第１　幼稚園教育の基本

　幼児期の教育は，生涯にわたる人格形成の基礎を培う重要なものであり，幼稚園教育は，学校教育法に規定する目的及び目標を達成するため，幼児期の特性を踏まえ，環境を通して行う

ものであることを基本とする。

　このため教師は，幼児との信頼関係を十分に築き，幼児が身近な環境に主体的に関わり，環境との関わり方や意味に気付き，これらを取り込もうとして，試行錯誤したり，考えたりするようになる幼児期の教育における見方・考え方を生かし，幼児と共によりよい教育環境を創造するように努めるものとする。これらを踏まえ，次に示す事項を重視して教育を行わなければならない。

1　幼児は安定した情緒の下で自己を十分に発揮することにより発達に必要な体験を得ていくものであることを考慮して，幼児の主体的な活動を促し，幼児期にふさわしい生活が展開されるようにすること。
2　幼児の自発的な活動としての遊びは，心身の調和のとれた発達の基礎を培う重要な学習であることを考慮して，遊びを通しての指導を中心として第2章に示すねらいが総合的に達成されるようにすること。
3　幼児の発達は，心身の諸側面が相互に関連し合い，多様な経過をたどって成し遂げられていくものであること，また，幼児の生活経験がそれぞれ異なることなどを考慮して，幼児一人一人の特性に応じ，発達の課題に即した指導を行うようにすること。

　その際，教師は，幼児の主体的な活動が確保されるよう幼児一人一人の行動の理解と予想に基づき，計画的に環境を構成しなければならない。この場合において，教師は，幼児と人やものとの関わりが重要であることを踏まえ，教材を工夫し，物的・空間的環境を構成しなければならない。また，幼児一人一人の活動の場面に応じて，様々な役割を果たし，その活動を豊かにしなければならない。

第2　幼稚園教育において育みたい資質・能力及び「幼児期の終わりまでに育ってほしい姿」

1　幼稚園においては，生きる力の基礎を育むため，この章の第1に示す幼稚園教育の基本を踏まえ，次に掲げる資質・能力を一体的に育むよう努めるものとする。
　(1)　豊かな体験を通じて，感じたり，気付いたり，分かったり，できるようになったりする「知識及び技能の基礎」
　(2)　気付いたことや，できるようになったことなどを使い，考えたり，試したり，工夫したり，表現したりする「思考力，判断力，表現力等の基礎」
　(3)　心情，意欲，態度が育つ中で，よりよい生活を営もうとする「学びに向かう力，人間性等」
2　1に示す資質・能力は，第2章に示すねらい及び内容に基づく活動全体によって育むものである。
3　次に示す「幼児期の終わりまでに育ってほしい姿」は，第2章に示すねらい及び内容に基づく活動全体を通して資質・能力が育まれている幼児の幼稚園修了時の具体的な姿であり，教師が指導を行う際に考慮するものである。
　(1)　健康な心と体
　　　幼稚園生活の中で，充実感をもって自分のやりたいことに向かって心と体を十分に働かせ，見通しをもって行動し，自ら健康で安全な生活をつくり出すようになる。
　(2)　自立心
　　　身近な環境に主体的に関わり様々な活動を楽しむ中で，しなければならないことを自覚し，自分の力で行うために考えたり，工夫したりしながら，諦めずにやり遂げることで達成感を味わい，自信をもって行動するようになる。
　(3)　協同性
　　　友達と関わる中で，互いの思いや考えなどを共有し，共通の目的の実現に向けて，考えたり，工夫したり，協力したりし，充実感をもってやり遂げるようになる。
　(4)　道徳性・規範意識の芽生え
　　　友達と様々な体験を重ねる中で，してよいことや悪いことが分かり，自分の行動を振り返ったり，友達の気持ちに共感したりし，相手の立場に立って行動するようになる。また，きまりを守る必要性が分かり，自分の気持ちを調整し，友達と折り合いを付けながら，きまりをつくったり，守ったりするようになる。

(5) 社会生活との関わり

家族を大切にしようとする気持ちをもつとともに,地域の身近な人と触れ合う中で,人との様々な関わり方に気付き,相手の気持ちを考えて関わり,自分が役に立つ喜びを感じ,地域に親しみをもつようになる。また,幼稚園内外の様々な環境に関わる中で,遊びや生活に必要な情報を取り入れ,情報に基づき判断したり,情報を伝え合ったり,活用したりするなど,情報を役立てながら活動するようになるとともに,公共の施設を大切に利用するなどして,社会とのつながりなどを意識するようになる。

(6) 思考力の芽生え

身近な事象に積極的に関わる中で,物の性質や仕組みなどを感じ取ったり,気付いたりし,考えたり,予想したり,工夫したりするなど,多様な関わりを楽しむようになる。また,友達の様々な考えに触れる中で,自分と異なる考えがあることに気付き,自ら判断したり,考え直したりするなど,新しい考えを生み出す喜びを味わいながら,自分の考えをよりよいものにするようになる。

(7) 自然との関わり・生命尊重

自然に触れて感動する体験を通して,自然の変化などを感じ取り,好奇心や探究心をもって考え言葉などで表現しながら,身近な事象への関心が高まるとともに,自然への愛情や畏敬の念をもつようになる。また,身近な動植物に心を動かされる中で,生命の不思議さや尊さに気付き,身近な動植物への接し方を考え,命あるものとしていたわり,大切にする気持ちをもって関わるようになる。

(8) 数量や図形,標識や文字などへの関心・感覚

遊びや生活の中で,数量や図形,標識や文字などに親しむ体験を重ねたり,標識や文字の役割に気付いたりし,自らの必要感に基づきこれらを活用し,興味や関心,感覚をもつようになる。

(9) 言葉による伝え合い

先生や友達と心を通わせる中で,絵本や物語などに親しみながら,豊かな言葉や表現を身に付け,経験したことや考えたことなどを言葉で伝えたり,相手の話を注意して聞いたりし,言葉による伝え合いを楽しむようになる。

(10) 豊かな感性と表現

心を動かす出来事などに触れ感性を働かせる中で,様々な素材の特徴や表現の仕方などに気付き,感じたことや考えたことを自分で表現したり,友達同士で表現する過程を楽しんだりし,表現する喜びを味わい,意欲をもつようになる。

第3 教育課程の役割と編成等

1 教育課程の役割

各幼稚園においては,教育基本法及び学校教育法その他の法令並びにこの幼稚園教育要領の示すところに従い,創意工夫を生かし,幼児の心身の発達と幼稚園及び地域の実態に即応した適切な教育課程を編成するものとする。

また,各幼稚園においては,6に示す全体的な計画にも留意しながら,「幼児期の終わりまでに育ってほしい姿」を踏まえ教育課程を編成すること,教育課程の実施状況を評価してその改善を図っていくこと,教育課程の実施に必要な人的又は物的な体制を確保するとともにその改善を図っていくことなどを通して,教育課程に基づき組織的かつ計画的に各幼稚園の教育活動の質の向上を図っていくこと(以下「カリキュラム・マネジメント」という。)に努めるものとする。

2 各幼稚園の教育目標と教育課程の編成

教育課程の編成に当たっては,幼稚園教育において育みたい資質・能力を踏まえつつ,各幼稚園の教育目標を明確にするとともに,教育課程の編成についての基本的な方針が家庭や地域とも共有されるよう努めるものとする。

3 教育課程の編成上の基本的事項

(1) 幼稚園生活の全体を通して第2章に示すねらいが総合的に達成されるよう,教育課程に係る教育期間や幼児の生活経験や発達の過程などを考慮して具体的なねらいと内容を組織するものとする。この場合においては,特に,自我が芽生え,

他者の存在を意識し，自己を抑制しようとする気持ちが生まれる幼児期の発達の特性を踏まえ，入園から修了に至るまでの長期的な視野をもって充実した生活が展開できるように配慮するものとする。
(2) 幼稚園の毎学年の教育課程に係る教育週数は，特別の事情のある場合を除き，39週を下ってはならない。
(3) 幼稚園の1日の教育課程に係る教育時間は，4時間を標準とする。ただし，幼児の心身の発達の程度や季節などに適切に配慮するものとする。

4　教育課程の編成上の留意事項

　教育課程の編成に当たっては，次の事項に留意するものとする。
(1) 幼児の生活は，入園当初の一人一人の遊びや教師との触れ合いを通して幼稚園生活に親しみ，安定していく時期から，他の幼児との関わりの中で幼児の主体的な活動が深まり，幼児が互いに必要な存在であることを認識するようになり，やがて幼児同士や学級全体で目的をもって協同して幼稚園生活を展開し，深めていく時期などに至るまでの過程を様々に経ながら広げられていくものであることを考慮し，活動がそれぞれの時期にふさわしく展開されるようにすること。
(2) 入園当初，特に，3歳児の入園については，家庭との連携を緊密にし，生活のリズムや安全面に十分配慮すること。また，満3歳児については，学年の途中から入園することを考慮し，幼児が安心して幼稚園生活を過ごすことができるよう配慮すること。
(3) 幼稚園生活が幼児にとって安全なものとなるよう，教職員による協力体制の下，幼児の主体的な活動を大切にしつつ，園庭や園舎などの環境の配慮や指導の工夫を行うこと。

5　小学校教育との接続に当たっての留意事項

(1) 幼稚園においては，幼稚園教育が，小学校以降の生活や学習の基盤の育成につながることに配慮し，幼児期にふさわしい生活を通して，創造的な思考や主体的な生活態度などの基礎を培うようにするものとする。

(2) 幼稚園教育において育まれた資質・能力を踏まえ，小学校教育が円滑に行われるよう，小学校の教師との意見交換や合同の研究の機会などを設け，「幼児期の終わりまでに育ってほしい姿」を共有するなど連携を図り，幼稚園教育と小学校教育との円滑な接続を図るよう努めるものとする。

6　全体的な計画の作成

　各幼稚園においては，教育課程を中心に，第3章に示す教育課程に係る教育時間の終了後等に行う教育活動の計画，学校保健計画，学校安全計画などとを関連させ，一体的に教育活動が展開されるよう全体的な計画を作成するものとする。

第4　指導計画の作成と幼児理解に基づいた評価

1　指導計画の考え方

　幼稚園教育は，幼児が自ら意欲をもって環境と関わることによりつくり出される具体的な活動を通して，その目標の達成を図るものである。
　幼稚園においてはこのことを踏まえ，幼児期にふさわしい生活が展開され，適切な指導が行われるよう，それぞれの幼稚園の教育課程に基づき，調和のとれた組織的，発展的な指導計画を作成し，幼児の活動に沿った柔軟な指導を行わなければならない。

2　指導計画の作成上の基本的事項

(1) 指導計画は，幼児の発達に即して一人一人の幼児が幼児期にふさわしい生活を展開し，必要な体験を得られるようにするために，具体的に作成するものとする。
(2) 指導計画の作成に当たっては，次に示すところにより，具体的なねらい及び内容を明確に設定し，適切な環境を構成することなどにより活動が選択・展開されるようにするものとする。
　ア　具体的なねらい及び内容は，幼稚園生活における幼児の発達の過程を見通し，幼児の生活の連続性，季節の変化などを考慮して，幼児の興味や関心，発達の実情などに応じて設定すること。
　イ　環境は，具体的なねらいを達成する

ために適切なものとなるように構成し，幼児が自らその環境に関わることにより様々な活動を展開しつつ必要な体験を得られるようにすること。その際，幼児の生活する姿や発想を大切にし，常にその環境が適切なものとなるようにすること。
ウ 幼児の行う具体的な活動は，生活の流れの中で様々に変化するものであることに留意し，幼児が望ましい方向に向かって自ら活動を展開していくことができるよう必要な援助をすること。

その際，幼児の実態及び幼児を取り巻く状況の変化などに即して指導の過程についての評価を適切に行い，常に指導計画の改善を図るものとする。

3 指導計画の作成上の留意事項
指導計画の作成に当たっては，次の事項に留意するものとする。
(1) 長期的に発達を見通した年，学期，月などにわたる長期の指導計画やこれとの関連を保ちながらより具体的な幼児の生活に即した週，日などの短期の指導計画を作成し，適切な指導が行われるようにすること。特に，週，日などの短期の指導計画については，幼児の生活のリズムに配慮し，幼児の意識や興味の連続性のある活動が相互に関連して幼稚園生活の自然な流れの中に組み込まれるようにすること。
(2) 幼児が様々な人やものとの関わりを通して，多様体験をし，心身の調和のとれた発達を促すようにしていくこと。その際，幼児の発達に即して主体的・対話的で深い学びが実現するようにするとともに，心を動かされる体験が次の活動を生み出すことを考慮し，一つ一つの体験が相互に結び付き，幼稚園生活が充実するようにすること。
(3) 言語に関する能力の発達と思考力等の発達が関連していることを踏まえ，幼稚園生活全体を通して，幼児の発達を踏まえた言語環境を整え，言語活動の充実を図ること。
(4) 幼児が次の活動への期待や意欲をもつことができるよう，幼児の実態を踏まえながら，教師や他の幼児と共に遊びや生活の中で見通しをもったり，振り返ったりするよう工夫すること。
(5) 行事の指導に当たっては，幼稚園生活の自然の流れの中で生活に変化や潤いを与え，幼児が主体的に楽しく活動できるようにすること。なお，それぞれの行事についてはその教育的価値を十分検討し，適切なものを精選し，幼児の負担にならないようにすること。
(6) 幼児期は直接的な体験が重要であることを踏まえ，視聴覚教材やコンピュータなど情報機器を活用する際には，幼稚園生活では得難い体験を補完するなど，幼児の体験との関連を考慮すること。
(7) 幼児の主体的な活動を促すためには，教師が多様な関わりをもつことが重要であることを踏まえ，教師は，理解者，共同作業者など様々な役割を果たし，幼児の発達に必要な豊かな体験が得られるよう，活動の場面に応じて，適切な指導を行うようにすること。
(8) 幼児の行う活動は，個人，グループ，学級全体などで多様に展開されるものであることを踏まえ，幼稚園全体の教師による協力体制を作りながら，一人一人の幼児が興味や欲求を十分に満足させるよう適切な援助を行うようにすること。

4 幼児理解に基づいた評価の実施
幼児一人一人の発達の理解に基づいた評価の実施に当たっては，次の事項に配慮するものとする。
(1) 指導の過程を振り返りながら幼児の理解を進め，幼児一人一人のよさや可能性などを把握し，指導の改善に生かすようにすること。その際，他の幼児との比較や一定の基準に対する達成度についての評定によって捉えるものではないことに留意すること。
(2) 評価の妥当性や信頼性が高められるよう創意工夫を行い，組織的かつ計画的な取組を推進するとともに，次年度又は小学校等にその内容が適切に引き継がれるようにすること。

第5 特別な配慮を必要とする幼児への指導

1 障害のある幼児などへの指導

　障害のある幼児などへの指導に当たっては，集団の中で生活することを通して全体的な発達を促していくことに配慮し，特別支援学校などの助言又は援助を活用しつつ，個々の幼児の障害の状態などに応じた指導内容や指導方法の工夫を組織的かつ計画的に行うものとする。また，家庭，地域及び医療や福祉，保健等の業務を行う関係機関との連携を図り，長期的な視点で幼児への教育的支援を行うために，個別の教育支援計画を作成し活用することに努めるとともに，個々の幼児の実態を的確に把握し，個別の指導計画を作成し活用することに努めるものとする。

2 海外から帰国した幼児や生活に必要な日本語の習得に困難のある幼児の幼稚園生活への適応

　海外から帰国した幼児や生活に必要な日本語の習得に困難のある幼児については，安心して自己を発揮できるよう配慮するなど個々の幼児の実態に応じ，指導内容や指導方法の工夫を組織的かつ計画的に行うものとする。

第6 幼稚園運営上の留意事項

1　各幼稚園においては，園長の方針の下に，園務分掌に基づき教職員が適切に役割を分担しつつ，相互に連携しながら，教育課程や指導の改善を図るものとする。また，各幼稚園が行う学校評価については，教育課程の編成，実施，改善が教育活動や幼稚園運営の中核となることを踏まえ，カリキュラム・マネジメントと関連付けながら実施するよう留意するものとする。

2　幼児の生活は，家庭を基盤として地域社会を通じて次第に広がりをもつものであることに留意し，家庭との連携を十分に図るなど，幼稚園における生活が家庭や地域社会と連続性を保ちつつ展開されるようにするものとする。その際，地域の自然，高齢者や異年齢の子供などを含む人材，行事や公共施設などの地域の資源を積極的に活用し，幼児が豊かな生活体験を得られるように工夫するものとする。また，家庭との連携に当たっては，保護者との情報交換の機会を設けたり，保護者と幼児との活動の機会を設けたりなどすることを通じて，保護者の幼児期の教育に関する理解が深まるよう配慮するものとする。

3　地域や幼稚園の実態等により，幼稚園間に加え，保育所，幼保連携型認定こども園，小学校，中学校，高等学校及び特別支援学校などとの間の連携や交流を図るものとする。特に，幼稚園教育と小学校教育の円滑な接続のため，幼稚園の幼児と小学校の児童との交流の機会を積極的に設けるようにするものとする。また，障害のある幼児童生徒との交流及び共同学習の機会を設け，共に尊重し合いながら協働して生活していく態度を育むよう努めるものとする。

第7 教育課程に係る教育時間終了後等に行う教育活動など

　幼稚園は，第3章に示す教育課程に係る教育時間の終了後等に行う教育活動について，学校教育法に規定する目的及び目標並びにこの章の第1に示す幼稚園教育の基本を踏まえ実施するものとする。また，幼稚園の目的の達成に資するため，幼児の生活全体が豊かなものとなるよう家庭や地域における幼児期の教育の支援に努めるものとする。

第2章　ねらい及び内容

　この章に示すねらいは，幼稚園教育において育みたい資質・能力を幼児の生活する姿から捉えたものであり，内容は，ねらいを達成するために指導する事項である。各領域は，これらを幼児の発達の側面から，心身の健康に関する領域「健康」，人との関わりに関する領域「人間関係」，身近な環境との関わりに関する領域「環境」，言葉の獲得に関する領域「言葉」及び感性と表現に関する領域「表現」としてまとめ，示したものである。内容の取扱いは，幼児の発達を踏まえた指導を行うに当たって留意すべき事項である。

　各領域に示すねらいは，幼稚園における生活の全体を通じ，幼児が様々な体験を積み重ねる中で相互に関連をもちながら次第に達成に向か

うものであること，内容は，幼児が環境に関わって展開する具体的な活動を通して総合的に指導されるものであることに留意しなければならない。

また，「幼児期の終わりまでに育ってほしい姿」が，ねらい及び内容に基づく活動全体を通して資質・能力が育まれている幼児の幼稚園修了時の具体的な姿であることを踏まえ，指導を行う際に考慮するものとする。

なお，特に必要な場合には，各領域に示すねらいの趣旨に基づいて適切な，具体的な内容を工夫し，それを加えても差し支えないが，その場合には，それが第1章の第1に示す幼稚園教育の基本を逸脱しないよう慎重に配慮する必要がある。

健康
〔健康な心と体を育て，自ら健康で安全な生活をつくり出す力を養う。〕

1 ねらい
　(1) 明るく伸び伸びと行動し，充実感を味わう。
　(2) 自分の体を十分に動かし，進んで運動しようとする。
　(3) 健康，安全な生活に必要な習慣や態度を身に付け，見通しをもって行動する。

2 内容
　(1) 先生や友達と触れ合い，安定感をもって行動する。
　(2) いろいろな遊びの中で十分に体を動かす。
　(3) 進んで戸外で遊ぶ。
　(4) 様々な活動に親しみ，楽しんで取り組む。
　(5) 先生や友達と食べることを楽しみ，食べ物への興味や関心をもつ。
　(6) 健康な生活のリズムを身に付ける。
　(7) 身の回りを清潔にし，衣服の着脱，食事，排泄などの生活に必要な活動を自分でする。
　(8) 幼稚園における生活の仕方を知り，自分たちで生活の場を整えながら見通しをもって行動する。
　(9) 自分の健康に関心をもち，病気の予防などに必要な活動を進んで行う。
　(10) 危険な場所，危険な遊び方，災害時などの行動の仕方が分かり，安全に気を付けて行動する。

3 内容の取扱い
上記の取扱いに当たっては，次の事項に留意する必要がある。
　(1) 心と体の健康は，相互に密接な関連があるものであることを踏まえ，幼児が教師や他の幼児との温かい触れ合いの中で自己の存在感や充実感を味わうことなどを基盤として，しなやかな心と体の発達を促すこと。特に，十分に体を動かす気持ちよさを体験し，自ら体を動かそうとする意欲が育つようにすること。
　(2) 様々な遊びの中で，幼児が興味や関心，能力に応じて全身を使って活動することにより，体を動かす楽しさを味わい，自分の体を大切にしようとする気持ちが育つようにすること。その際，多様な動きを経験する中で，体の動きを調整するようにすること。
　(3) 自然の中で伸び伸びと体を動かして遊ぶことにより，体の諸機能の発達が促されることに留意し，幼児の興味や関心が戸外にも向くようにすること。その際，幼児の動線に配慮した園庭や遊具の配置などを工夫すること。
　(4) 健康な心と体を育てるためには食育を通じた望ましい食習慣の形成が大切であることを踏まえ，幼児の食生活の実情に配慮し，和やかな雰囲気の中で教師や他の幼児と食べる喜びや楽しさを味わったり，様々な食べ物への興味や関心をもったりするなどし，食の大切さに気付き，進んで食べようとする気持ちが育つようにすること。
　(5) 基本的な生活習慣の形成に当たっては，家庭での生活経験に配慮し，幼児の自立心を育て，幼児が他の幼児と関わりながら主体的な活動を展開する中で，生活に必要な習慣を身に付け，次第に見通しをもって行動できるようにすること。
　(6) 安全に関する指導に当たっては，情緒の安定を図り，遊びを通して安全についての構えを身に付け，危険な場所や事物などが分かり，安全についての理解を深めるようにすること。また，交通安全の

習慣を身に付けるようにするとともに，避難訓練などを通して，災害などの緊急時に適切な行動がとれるようにすること。

人間関係
〔他の人々と親しみ，支え合って生活するために，自立心を育て，人と関わる力を養う。〕

1 ねらい
(1) 幼稚園生活を楽しみ，自分の力で行動することの充実感を味わう。
(2) 身近な人と親しみ，関わりを深め，工夫したり，協力したりして一緒に活動する楽しさを味わい，愛情や信頼感をもつ。
(3) 社会生活における望ましい習慣や態度を身に付ける。

2 内容
(1) 先生や友達と共に過ごすことの喜びを味わう。
(2) 自分で考え，自分で行動する。
(3) 自分でできることは自分でする。
(4) いろいろな遊びを楽しみながら物事をやり遂げようとする気持ちをもつ。
(5) 友達と積極的に関わりながら喜びや悲しみを共感し合う。
(6) 自分の思ったことを相手に伝え，相手の思っていることに気付く。
(7) 友達のよさに気付き，一緒に活動する楽しさを味わう。
(8) 友達と楽しく活動する中で，共通の目的を見いだし，工夫したり，協力したりなどする。
(9) よいことや悪いことがあることに気付き，考えながら行動する。
(10) 友達との関わりを深め，思いやりをもつ。
(11) 友達と楽しく生活する中できまりの大切さに気付き，守ろうとする。
(12) 共同の遊具や用具を大切にし，皆で使う。
(13) 高齢者をはじめ地域の人々などの自分の生活に関係の深いいろいろな人に親しみをもつ。

3 内容の取扱い
上記の取扱いに当たっては，次の事項に留意する必要がある。

(1) 教師との信頼関係に支えられて自分自身の生活を確立していくことが人と関わる基盤となることを考慮し，幼児が自ら周囲に働き掛けることにより多様な感情を体験し，試行錯誤しながら諦めずにやり遂げることの達成感や，前向きな見通しをもって自分の力で行うことの充実感を味わうことができるよう，幼児の行動を見守りながら適切な援助を行うようにすること。
(2) 一人一人を生かした集団を形成しながら人と関わる力を育てていくようにすること。その際，集団の生活の中で，幼児が自己を発揮し，教師や他の幼児に認められる体験をし，自分のよさや特徴に気付き，自信をもって行動できるようにすること。
(3) 幼児が互いに関わりを深め，協同して遊ぶようになるため，自ら行動する力を育てるようにするとともに，他の幼児と試行錯誤しながら活動を展開する楽しさや共通の目的が実現する喜びを味わうことができるようにすること。
(4) 道徳性の芽生えを培うに当たっては，基本的な生活習慣の形成を図るとともに，幼児が他の幼児との関わりの中で他人の存在に気付き，相手を尊重する気持ちをもって行動できるようにし，また，自然や身近な動植物に親しむことなどを通して豊かな心情が育つようにすること。特に，人に対する信頼感や思いやりの気持ちは，葛藤やつまずきをも体験し，それらを乗り越えることにより次第に芽生えてくることに配慮すること。
(5) 集団の生活を通して，幼児が人との関わりを深め，規範意識の芽生えが培われることを考慮し，幼児が教師との信頼関係に支えられて自己を発揮する中で，互いに思いを主張し，折り合いを付ける体験をし，きまりの必要性などに気付き，自分の気持ちを調整する力が育つようにすること。
(6) 高齢者をはじめ地域の人々などの自分の生活に関係の深いいろいろな人と触れ合い，自分の感情や意志を表現しながら共に楽しみ，共感し合う体験を通して，

これらの人々などに親しみをもち，人と関わることの楽しさや人の役に立つ喜びを味わうことができるようにすること。また，生活を通して親や祖父母などの家族の愛情に気付き，家族を大切にしようとする気持ちが育つようにすること。

環境
〔周囲の様々な環境に好奇心や探究心をもって関わり，それらを生活に取り入れていこうとする力を養う。〕

1 ねらい
(1) 身近な環境に親しみ，自然と触れ合う中で様々な事象に興味や関心をもつ。
(2) 身近な環境に自分から関わり，発見を楽しんだり，考えたりし，それを生活に取り入れようとする。
(3) 身近な事象を見たり，考えたり，扱ったりする中で，物の性質や数量，文字などに対する感覚を豊かにする。

2 内容
(1) 自然に触れて生活し，その大きさ，美しさ，不思議さなどに気付く。
(2) 生活の中で，様々な物に触れ，その性質や仕組みに興味や関心をもつ。
(3) 季節により自然や人間の生活に変化のあることに気付く。
(4) 自然などの身近な事象に関心をもち，取り入れて遊ぶ。
(5) 身近な動植物に親しみをもって接し，生命の尊さに気付き，いたわったり，大切にしたりする。
(6) 日常生活の中で，我が国や地域社会における様々な文化や伝統に親しむ。
(7) 身近な物を大切にする。
(8) 身近な物や遊具に興味をもって関わり，自分なりに比べたり，関連付けたりしながら考えたり，試したりして工夫して遊ぶ。
(9) 日常生活の中で数量や図形などに関心をもつ。
(10) 日常生活の中で簡単な標識や文字などに関心をもつ。
(11) 生活に関係の深い情報や施設などに興味や関心をもつ。
(12) 幼稚園内外の行事において国旗に親しむ。

3 内容の取扱い
上記の取扱いに当たっては，次の事項に留意する必要がある。
(1) 幼児が，遊びの中で周囲の環境と関わり，次第に周囲の世界に好奇心を抱き，その意味や操作の仕方に関心をもち，物事の法則性に気付き，自分なりに考えることができるようになる過程を大切にすること。また，他の幼児の考えなどに触れて新しい考えを生み出す喜びや楽しさを味わい，自分の考えをよりよいものにしようとする気持ちが育つようにすること。
(2) 幼児期において自然のもつ意味は大きく，自然の大きさ，美しさ，不思議さなどに直接触れる体験を通して，幼児の心が安らぎ，豊かな感情，好奇心，思考力，表現力の基礎が培われることを踏まえ，幼児が自然との関わりを深めることができるよう工夫すること。
(3) 身近な事象や動植物に対する感動を伝え合い，共感し合うことなどを通して自分から関わろうとする意欲を育てるとともに，様々な関わり方を通してそれらに対する親しみや畏敬の念，生命を大切にする気持ち，公共心，探究心などが養われるようにすること。
(4) 文化や伝統に親しむ際には，正月や節句など我が国の伝統的な行事，国歌，唱歌，わらべうたや我が国の伝統的な遊びに親しんだり，異なる文化に触れる活動に親しんだりすることを通じて，社会とのつながりの意識や国際理解の意識の芽生えなどが養われるようにすること。
(5) 数量や文字などに関しては，日常生活の中で幼児自身の必要感に基づく体験を大切にし，数量や文字などに関する興味や関心，感覚が養われるようにすること。

言葉
〔経験したことや考えたことなどを自分なりの言葉で表現し，相手の話す言葉を聞こうとする意欲や態度を育て，言葉に対する感覚や言葉で表現する力を養う。〕

1　ねらい
(1) 自分の気持ちを言葉で表現する楽しさを味わう。
(2) 人の言葉や話などをよく聞き，自分の経験したことや考えたことを話し，伝え合う喜びを味わう。
(3) 日常生活に必要な言葉が分かるようになるとともに，絵本や物語などに親しみ，言葉に対する感覚を豊かにし，先生や友達と心を通わせる。

2　内容
(1) 先生や友達の言葉や話に興味や関心をもち，親しみをもって聞いたり，話したりする。
(2) したり，見たり，聞いたり，感じたり，考えたりなどしたことを自分なりに言葉で表現する。
(3) したいこと，してほしいことを言葉で表現したり，分からないことを尋ねたりする。
(4) 人の話を注意して聞き，相手に分かるように話す。
(5) 生活の中で必要な言葉が分かり，使う。
(6) 親しみをもって日常の挨拶をする。
(7) 生活の中で言葉の楽しさや美しさに気付く。
(8) いろいろな体験を通じてイメージや言葉を豊かにする。
(9) 絵本や物語などに親しみ，興味をもって聞き，想像をする楽しさを味わう。
(10) 日常生活の中で，文字などで伝える楽しさを味わう。

3　内容の取扱い
上記の取扱いに当たっては，次の事項に留意する必要がある。
(1) 言葉は，身近な人に親しみをもって接し，自分の感情や意志などを伝え，それに相手が応答し，その言葉を聞くことを通して次第に獲得されていくものであることを考慮して，幼児が教師や他の幼児と関わることにより心を動かされるような体験をし，言葉を交わす喜びを味わえるようにすること。
(2) 幼児が自分の思いを言葉で伝えるとともに，教師や他の幼児などの話を興味をもって注意して聞くことを通して次第に話を理解するようになっていき，言葉による伝え合いができるようにすること。
(3) 絵本や物語などで，その内容と自分の経験とを結び付けたり，想像を巡らせたりするなど，楽しみを十分に味わうことによって，次第に豊かなイメージをもち，言葉に対する感覚が養われるようにすること。
(4) 幼児が生活の中で，言葉の響きやリズム，新しい言葉や表現などに触れ，これらを使う楽しさを味わえるようにすること。その際，絵本や物語に親しんだり，言葉遊びなどをしたりすることを通して，言葉が豊かになるようにすること。
(5) 幼児が日常生活の中で，文字などを使いながら思ったことや考えたことを伝える喜びや楽しさを味わい，文字に対する興味や関心をもつようにすること。

表現
〔感じたことや考えたことを自分なりに表現することを通して，豊かな感性や表現する力を養い，創造性を豊かにする。〕

1　ねらい
(1) いろいろなものの美しさなどに対する豊かな感性をもつ。
(2) 感じたことや考えたことを自分なりに表現して楽しむ。
(3) 生活の中でイメージを豊かにし，様々な表現を楽しむ。

2　内容
(1) 生活の中で様々な音，形，色，手触り，動きなどに気付いたり，感じたりするなどして楽しむ。
(2) 生活の中で美しいものや心を動かす出来事に触れ，イメージを豊かにする。
(3) 様々な出来事の中で，感動したことを伝え合う楽しさを味わう。
(4) 感じたこと，考えたことなどを音や動きなどで表現したり，自由にかいたり，つくったりなどする。
(5) いろいろな素材に親しみ，工夫して遊ぶ。
(6) 音楽に親しみ，歌を歌ったり，簡単なリズム楽器を使ったりなどする楽しさを

味わう。
(7) かいたり、つくったりすることを楽しみ、遊びに使ったり、飾ったりなどする。
(8) 自分のイメージを動きや言葉などで表現したり、演じて遊んだりするなどの楽しさを味わう。

3 内容の取扱い

上記の取扱いに当たっては、次の事項に留意する必要がある。
(1) 豊かな感性は、身近な環境と十分に関わる中で美しいもの、優れたもの、心を動かす出来事などに出会い、そこから得た感動を他の幼児や教師と共有し、様々に表現することなどを通して養われるようにすること。その際、風の音や雨の音、身近にある草や花の形や色など自然の中にある音、形、色などに気付くようにすること。
(2) 幼児の自己表現は素朴な形で行われることが多いので、教師はそのような表現を受容し、幼児自身の表現しようとする意欲を受け止めて、幼児が生活の中で幼児らしい様々な表現を楽しむことができるようにすること。
(3) 生活経験や発達に応じ、自ら様々な表現を楽しみ、表現する意欲を十分に発揮させることができるように、遊具や用具などを整えたり、様々な素材や表現の仕方に親しんだり、他の幼児の表現に触れられるよう配慮したりし、表現する過程を大切にして自己表現を楽しめるように工夫すること。

第3章 教育課程に係る教育時間の終了後等に行う教育活動などの留意事項

1 地域の実態や保護者の要請により、教育課程に係る教育時間の終了後等に希望する者を対象に行う教育活動については、幼児の心身の負担に配慮するものとする。また、次の点にも留意するものとする。
(1) 教育課程に基づく活動を考慮し、幼児期にふさわしい無理のないものとなるようにすること。その際、教育課程に基づく活動を担当する教師と緊密な連携を図るようにすること。
(2) 家庭や地域での幼児の生活も考慮し、教育課程に係る教育時間の終了後等に行う教育活動の計画を作成するようにすること。その際、地域の人々と連携するなど、地域の様々な資源を活用しつつ、多様な体験ができるようにすること。
(3) 家庭との緊密な連携を図るようにすること。その際、情報交換の機会を設けたりするなど、保護者が、幼稚園と共に幼児を育てるという意識が高まるようにすること。
(4) 地域の実態や保護者の事情とともに幼児の生活のリズムを踏まえつつ、例えば実施日数や時間などについて、弾力的な運用に配慮すること。
(5) 適切な責任体制と指導体制を整備した上で行うようにすること。

2 幼稚園の運営に当たっては、子育ての支援のために保護者や地域の人々に機能や施設を開放して、園内体制の整備や関係機関との連携及び協力に配慮しつつ、幼児期の教育に関する相談に応じたり、情報を提供したり、幼児と保護者との登園を受け入れたり、保護者同士の交流の機会を提供したりするなど、幼稚園と家庭が一体となって幼児と関わる取組を進め、地域における幼児期の教育のセンターとしての役割を果たすよう努めるものとする。その際、心理や保健の専門家、地域の子育て経験者等と連携・協働しながら取り組むよう配慮するものとする。

保育所保育指針

第1章 総則

この指針は，児童福祉施設の設備及び運営に関する基準（昭和23年厚生省令第63号。以下「設備運営基準」という。）第35条の規定に基づき，保育所における保育の内容に関する事項及びこれに関連する運営に関する事項を定めるものである。各保育所は，この指針において規定される保育の内容に係る基本原則に関する事項等を踏まえ，各保育所の実情に応じて創意工夫を図り，保育所の機能及び質の向上に努めなければならない。

1 保育所保育に関する基本原則
(1) 保育所の役割
ア 保育所は，児童福祉法（昭和22年法律第164号）第39条の規定に基づき，保育を必要とする子どもの保育を行い，その健全な心身の発達を図ることを目的とする児童福祉施設であり，入所する子どもの最善の利益を考慮し，その福祉を積極的に増進することに最もふさわしい生活の場でなければならない。

イ 保育所は，その目的を達成するために，保育に関する専門性を有する職員が，家庭との緊密な連携の下に，子どもの状況や発達過程を踏まえ，保育所における環境を通して，養護及び教育を一体的に行うことを特性としている。

ウ 保育所は，入所する子どもを保育するとともに，家庭や地域の様々な社会資源との連携を図りながら，入所する子どもの保護者に対する支援及び地域の子育て家庭に対する支援等を行う役割を担うものである。

エ 保育所における保育士は，児童福祉法第18条の4の規定を踏まえ，保育所の役割及び機能が適切に発揮されるように，倫理観に裏付けられた専門的知識，技術及び判断をもって，子どもを保育するとともに，子どもの保護者に対する保育に関する指導を行うものであり，その職責を遂行するための専門性の向上に絶えず努めなければならない。

(2) 保育の目標
ア 保育所は，子どもが生涯にわたる人間形成にとって極めて重要な時期に，その生活時間の大半を過ごす場である。このため，保育所の保育は，子どもが現在を最も良く生き，望ましい未来をつくり出す力の基礎を培うために，次の目標を目指して行わなければならない。
(ｱ) 十分に養護の行き届いた環境の下に，くつろいだ雰囲気の中で子どもの様々な欲求を満たし，生命の保持及び情緒の安定を図ること。
(ｲ) 健康，安全など生活に必要な基本的な習慣や態度を養い，心身の健康の基礎を培うこと。
(ｳ) 人との関わりの中で，人に対する愛情と信頼感，そして人権を大切にする心を育てるとともに，自主，自立及び協調の態度を養い，道徳性の芽生えを培うこと。
(ｴ) 生命，自然及び社会の事象についての興味や関心を育て，それらに対する豊かな心情や思考力の芽生えを培うこと。
(ｵ) 生活の中で，言葉への興味や関心を育て，話したり，聞いたり，相手の話を理解しようとするなど，言葉の豊かさを養うこと。
(ｶ) 様々な体験を通して，豊かな感性や表現力を育み，創造性の芽生えを培うこと。

イ 保育所は，入所する子どもの保護者に対し，その意向を受け止め，子どもと保護者の安定した関係に配慮し，保育所の特性や保育士等の専門性を生かして，その援助に当たらなければならない。

(3) 保育の方法

保育の目標を達成するために、保育士等は、次の事項に留意して保育しなければならない。

ア 一人一人の子どもの状況や家庭及び地域社会での生活の実態を把握するとともに、子どもが安心感と信頼感をもって活動できるよう、子どもの主体としての思いや願いを受け止めること。

イ 子どもの生活のリズムを大切にし、健康、安全で情緒の安定した生活ができる環境や、自己を十分に発揮できる環境を整えること。

ウ 子どもの発達について理解し、一人一人の発達過程に応じて保育すること。その際、子どもの個人差に十分配慮すること。

エ 子ども相互の関係づくりや互いに尊重する心を大切にし、集団における活動を効果あるものにするよう援助すること。

オ 子どもが自発的・意欲的に関われるような環境を構成し、子どもの主体的な活動や子ども相互の関わりを大切にすること。特に、乳幼児期にふさわしい体験が得られるように、生活や遊びを通して総合的に保育すること。

カ 一人一人の保護者の状況やその意向を理解、受容し、それぞれの親子関係や家庭生活等に配慮しながら、様々な機会をとらえ、適切に援助すること。

(4) 保育の環境

保育の環境には、保育士等や子どもなどの人的環境、施設や遊具などの物的環境、更には自然や社会の事象などがある。保育所は、こうした人、物、場などの環境が相互に関連し合い、子どもの生活が豊かなものとなるよう、次の事項に留意しつつ、計画的に環境を構成し、工夫して保育しなければならない。

ア 子ども自らが環境に関わり、自発的に活動し、様々な経験を積んでいくことができるよう配慮すること。

イ 子どもの活動が豊かに展開されるよう、保育所の設備や環境を整え、保育所の保健的環境や安全の確保などに努めること。

ウ 保育室は、温かな親しみとくつろぎの場となるとともに、生き生きと活動できる場となるように配慮すること。

エ 子どもが人と関わる力を育てていくため、子ども自らが周囲の子どもや大人と関わっていくことができる環境を整えること。

(5) 保育所の社会的責任

ア 保育所は、子どもの人権に十分配慮するとともに、子ども一人一人の人格を尊重して保育を行わなければならない。

イ 保育所は、地域社会との交流や連携を図り、保護者や地域社会に、当該保育所が行う保育の内容を適切に説明するよう努めなければならない。

ウ 保育所は、入所する子ども等の個人情報を適切に取り扱うとともに、保護者の苦情などに対し、その解決を図るよう努めなければならない。

2 養護に関する基本的事項

(1) 養護の理念

保育における養護とは、子どもの生命の保持及び情緒の安定を図るために保育士等が行う援助や関わりであり、保育所における保育は、養護及び教育を一体的に行うことをその特性とするものである。保育所における保育全体を通じて、養護に関するねらい及び内容を踏まえた保育が展開されなければならない。

(2) 養護に関わるねらい及び内容

ア 生命の保持

(ア) ねらい

① 一人一人の子どもが、快適に生活できるようにする。

② 一人一人の子どもが、健康で安全に過ごせるようにする。

③ 一人一人の子どもの生理的欲求が、十分に満たされるようにする。

④ 一人一人の子どもの健康増進が、積極的に図られるようにする。

(イ) 内容

① 一人一人の子どもの平常の健康状態や発育及び発達状態を的確に把握し、異常を感じる場合は、速やかに適切に対応する。

② 家庭との連携を密にし，嘱託医等との連携を図りながら，子どもの疾病や事故防止に関する認識を深め，保健的で安全な保育環境の維持及び向上に努める。
③ 清潔で安全な環境を整え，適切な援助や応答的な関わりを通して子どもの生理的欲求を満たしていく。また，家庭と協力しながら，子どもの発達過程等に応じた適切な生活のリズムがつくられていくようにする。
④ 子どもの発達過程等に応じて，適度な運動と休息を取ることができるようにする。また，食事，排泄，衣類の着脱，身の回りを清潔にすることなどについて，子どもが意欲的に生活できるよう適切に援助する。

イ **情緒の安定**
(ア) ねらい
① 一人一人の子どもが，安定感をもって過ごせるようにする。
② 一人一人の子どもが，自分の気持ちを安心して表すことができるようにする。
③ 一人一人の子どもが，周囲から主体として受け止められ，主体として育ち，自分を肯定する気持ちが育まれていくようにする。
④ 一人一人の子どもがくつろいで共に過ごし，心身の疲れが癒されるようにする。
(イ) 内容
① 一人一人の子どもの置かれている状態や発達過程などを的確に把握し，子どもの欲求を適切に満たしながら，応答的な触れ合いや言葉がけを行う。
② 一人一人の子どもの気持ちを受容し，共感しながら，子どもとの継続的な信頼関係を築いていく。
③ 保育士等との信頼関係を基盤に，一人一人の子どもが主体的に活動し，自発性や探索意欲などを高めるとともに，自分への自信をもつことができるよう成長の過程を見守り，適切に働きかける。

④ 一人一人の子どもの生活のリズム，発達過程，保育時間などに応じて，活動内容のバランスや調和を図りながら，適切な食事や休息が取れるようにする。

3 保育の計画及び評価
(1) **全体的な計画の作成**
ア 保育所は，1の(2)に示した保育の目標を達成するために，各保育所の保育の方針や目標に基づき，子どもの発達過程を踏まえて，保育の内容が組織的・計画的に構成され，保育所の生活の全体を通して，総合的に展開されるよう，全体的な計画を作成しなければならない。
イ 全体的な計画は，子どもや家庭の状況，地域の実態，保育時間などを考慮し，子どもの育ちに関する長期的見通しをもって適切に作成されなければならない。
ウ 全体的な計画は，保育所保育の全体像を包括的に示すものとし，これに基づく指導計画，保健計画，食育計画等を通じて，各保育所が創意工夫して保育できるよう，作成されなければならない。

(2) **指導計画の作成**
ア 保育所は，全体的な計画に基づき，具体的な保育が適切に展開されるよう，子どもの生活や発達を見通した長期的な指導計画と，それに関連しながら，より具体的な子どもの日々の生活に即した短期的な指導計画を作成しなければならない。
イ 指導計画の作成に当たっては，第2章及びその他の関連する章に示された事項のほか，子ども一人一人の発達過程や状況を十分に踏まえるとともに，次の事項に留意しなければならない。
(ア) 3歳未満児については，一人一人の子どもの生育歴，心身の発達，活動の実態等に即して，個別的な計画を作成すること。
(イ) 3歳以上児については，個の成長と，子ども相互の関係や協同的な活動が促されるよう配慮すること。
(ウ) 異年齢で構成される組やグループで

の保育においては，一人一人の子どもの生活や経験，発達過程などを把握し，適切な援助や環境構成ができるよう配慮すること。
ウ 指導計画においては，保育所の生活における子どもの発達過程を見通し，生活の連続性，季節の変化などを考慮し，子どもの実態に即した具体的なねらい及び内容を設定すること。また，具体的なねらいが達成されるよう，子どもの生活する姿や発想を大切にして適切な環境を構成し，子どもが主体的に活動できるようにすること。
エ 一日の生活のリズムや在園時間が異なる子どもが共に過ごすことを踏まえ，活動と休息，緊張感と解放感等の調和を図るよう配慮すること。
オ 午睡は生活のリズムを構成する重要な要素であり，安心して眠ることのできる安全な睡眠環境を確保するとともに，在園時間が異なることや，睡眠時間は子どもの発達の状況や個人によって差があることから，一律とならないよう配慮すること。
カ 長時間にわたる保育については，子どもの発達過程，生活のリズム及び心身の状態に十分配慮して，保育の内容や方法，職員の協力体制，家庭との連携などを指導計画に位置付けること。
キ 障害のある子どもの保育については，一人一人の子どもの発達過程や障害の状態を把握し，適切な環境の下で，障害のある子どもが他の子どもとの生活を通して共に成長できるよう，指導計画の中に位置付けること。また，子どもの状況に応じた保育を実施する観点から，家庭や関係機関と連携した支援のための計画を個別に作成するなど適切な対応を図ること。

(3) **指導計画の展開**
　指導計画に基づく保育の実施に当たっては，次の事項に留意しなければならない。
ア 施設長，保育士など，全職員による適切な役割分担と協力体制を整えること。
イ 子どもが行う具体的な活動は，生活の中で様々に変化することに留意して，子どもが望ましい方向に向かって自ら活動を展開できるよう必要な援助を行うこと。
ウ 子どもの主体的な活動を促すためには，保育士等が多様な関わりをもつことが重要であることを踏まえ，子どもの情緒の安定や発達に必要な豊かな体験が得られるよう援助すること。
エ 保育士等は，子どもの実態や子どもを取り巻く状況の変化などに即して保育の過程を記録するとともに，これらを踏まえ，指導計画に基づく保育の内容の見直しを行い，改善を図ること。

(4) **保育内容等の評価**
ア **保育士等の自己評価**
(ｱ) 保育士等は，保育の計画や保育の記録を通して，自らの保育実践を振り返り，自己評価することを通して，その専門性の向上や保育実践の改善に努めなければならない。
(ｲ) 保育士等による自己評価に当たっては，子どもの活動内容やその結果だけでなく，子どもの心の育ちや意欲，取り組む過程などにも十分配慮するよう留意すること。
(ｳ) 保育士等は，自己評価における自らの保育実践の振り返りや職員相互の話し合い等を通じて，専門性の向上及び保育の質の向上のための課題を明確にするとともに，保育所全体の保育の内容に関する認識を深めること。

イ **保育所の自己評価**
(ｱ) 保育所は，保育の質の向上を図るため，保育の計画の展開や保育士等の自己評価を踏まえ，当該保育所の保育の内容等について，自ら評価を行い，その結果を公表するよう努めなければならない。
(ｲ) 保育所が自己評価を行うに当たっては，地域の実情や保育所の実態に即して，適切に評価の観点や項目等を設定し，全職員による共通理解をもって取り組むよう留意すること。
(ｳ) 設備運営基準第36条の趣旨を踏まえ，保育の内容等の評価に関し，保護者及び地域住民等の意見を聴くことが

(5) 評価を踏まえた計画の改善
　ア　保育所は、評価の結果を踏まえ、当該保育所の保育の内容等の改善を図ること。
　イ　保育の計画に基づく保育、保育の内容の評価及びこれに基づく改善という一連の取組により、保育の質の向上が図られるよう、全職員が共通理解をもって取り組むことに留意すること。

4　幼児教育を行う施設として共有すべき事項
(1) 育みたい資質・能力
　ア　保育所においては、生涯にわたる生きる力の基礎を培うため、1の(2)に示す保育の目標を踏まえ、次に掲げる資質・能力を一体的に育むよう努めるものとする。
　　(ｱ)　豊かな体験を通じて、感じたり、気付いたり、分かったり、できるようになったりする「知識及び技能の基礎」
　　(ｲ)　気付いたことや、できるようになったことなどを使い、考えたり、試したり、工夫したり、表現したりする「思考力、判断力、表現力等の基礎」
　　(ｳ)　心情、意欲、態度が育つ中で、よりよい生活を営もうとする「学びに向かう力、人間性等」
　イ　アに示す資質・能力は、第2章に示すねらい及び内容に基づく保育活動全体によって育むものである。
(2) 幼児期の終わりまでに育ってほしい姿
　次に示す「幼児期の終わりまでに育ってほしい姿」は、第2章に示すねらい及び内容に基づく保育活動全体を通して資質・能力が育まれている子どもの小学校就学時の具体的な姿であり、保育士等が指導を行う際に考慮するものである。
　ア　健康な心と体
　　保育所の生活の中で、充実感をもって自分のやりたいことに向かって心と体を十分に働かせ、見通しをもって行動し、自ら健康で安全な生活をつくり出すようになる。
　イ　自立心
　　身近な環境に主体的に関わり様々な活動を楽しむ中で、しなければならないことを自覚し、自分の力で行うために考えたり、工夫したりしながら、諦めずにやり遂げることで達成感を味わい、自信をもって行動するようになる。
　ウ　協同性
　　友達と関わる中で、互いの思いや考えなどを共有し、共通の目的の実現に向けて、考えたり、工夫したり、協力したりし、充実感をもってやり遂げるようになる。
　エ　道徳性・規範意識の芽生え
　　友達と様々な体験を重ねる中で、してよいことや悪いことが分かり、自分の行動を振り返ったり、友達の気持ちに共感したりし、相手の立場に立って行動するようになる。また、きまりを守る必要性が分かり、自分の気持ちを調整し、友達と折り合いを付けながら、きまりをつくったり、守ったりするようになる。
　オ　社会生活との関わり
　　家族を大切にしようとする気持ちをもつとともに、地域の身近な人と触れ合う中で、人との様々な関わり方に気付き、相手の気持ちを考えて関わり、自分が役に立つ喜びを感じ、地域に親しみをもつようになる。また、保育所内外の様々な環境に関わる中で、遊びや生活に必要な情報を取り入れ、情報に基づき判断したり、情報を伝え合ったり、活用したりするなど、情報を役立てながら活動するようになるとともに、公共の施設を大切に利用するなどして、社会とのつながりなどを意識するようになる。
　カ　思考力の芽生え
　　身近な事象に積極的に関わる中で、物の性質や仕組みなどを感じ取ったり、気付いたりし、考えたり、予想したり、工夫したりするなど、多様な関わりを楽しむようになる。また、友達の様々な考えに触れる中で、自分と異なる考えがあることに気付き、自ら判断したり、考え直したりするなど、新しい考えを生み出す喜びを味わいながら、自分の考えをよりよいものにするようになる。
　キ　自然との関わり・生命尊重

自然に触れて感動する体験を通して，自然の変化などを感じ取り，好奇心や探究心をもって考え言葉などで表現しながら，身近な事象への関心が高まるとともに，自然への愛情や畏敬の念をもつようになる。また，身近な動植物に心を動かされる中で，生命の不思議さや尊さに気付き，身近な動植物への接し方を考え，命あるものとしていたわり，大切にする気持ちをもって関わるようになる。

ク　数量や図形，標識や文字などへの関心・感覚

遊びや生活の中で，数量や図形，標識や文字などに親しむ体験を重ねたり，標識や文字の役割に気付いたりし，自らの必要感に基づきこれらを活用し，興味や関心，感覚をもつようになる。

ケ　言葉による伝え合い

保育士等や友達と心を通わせる中で，絵本や物語などに親しみながら，豊かな言葉や表現を身に付け，経験したことや考えたことなどを言葉で伝えたり，相手の話を注意して聞いたりし，言葉による伝え合いを楽しむようになる。

コ　豊かな感性と表現

心を動かす出来事などに触れ感性を働かせる中で，様々な素材の特徴や表現の仕方などに気付き，感じたことや考えたことを自分で表現したり，友達同士で表現する過程を楽しんだりし，表現する喜びを味わい，意欲をもつようになる。

第2章　保育の内容

この章に示す「ねらい」は，第1章の1の(2)に示された保育の目標をより具体化したものであり，子どもが保育所において，安定した生活を送り，充実した活動ができるように，保育を通じて育みたい資質・能力を，子どもの生活する姿から捉えたものである。また，「内容」は，「ねらい」を達成するために，子どもの生活やその状況に応じて保育士等が適切に行う事項と，保育士等が援助して子どもが環境に関わって経験する事項を示したものである。

保育における「養護」とは，子どもの生命の保持及び情緒の安定を図るために保育士等が行う援助や関わりであり，「教育」とは，子どもが健やかに成長し，その活動がより豊かに展開されるための発達の援助である。本章では，保育士等が，「ねらい」及び「内容」を具体的に把握するため，主に教育に関わる側面からの視点を示しているが，実際の保育においては，養護と教育が一体となって展開されることに留意する必要がある。

1　乳児保育に関わるねらい及び内容

(1)　基本的事項

ア　乳児期の発達については，視覚，聴覚などの感覚や，座る，はう，歩くなどの運動機能が著しく発達し，特定の大人との応答的な関わりを通じて，情緒的な絆が形成されるといった特徴がある。これらの発達の特徴を踏まえて，乳児保育は，愛情豊かに，応答的に行われることが特に必要である。

イ　本項においては，この時期の発達の特徴を踏まえ，乳児保育の「ねらい」及び「内容」については，身体的発達に関する視点「健やかに伸び伸びと育つ」，社会的発達に関する視点「身近な人と気持ちが通じ合う」及び精神的発達に関する視点「身近なものと関わり感性が育つ」としてまとめ，示している。

ウ　本項の各視点において示す保育の内容は，第1章の2に示された養護における「生命の保持」及び「情緒の安定」に関わる保育の内容と，一体となって展開されるものであることに留意が必要である。

(2)　ねらい及び内容

ア　健やかに伸び伸びと育つ

健康な心と体を育て，自ら健康で安全な生活をつくり出す力の基盤を培う。

(ア)　ねらい

① 身体感覚が育ち，快適な環境に心地よさを感じる。

② 伸び伸びと体を動かし，はう，歩くなどの運動をしようとする。

③ 食事，睡眠等の生活のリズムの感覚が芽生える。

(イ)　内容

① 保育士等の愛情豊かな受容の下

で，生理的・心理的欲求を満たし，心地よく生活をする。
　　② 一人一人の発育に応じて，はう，立つ，歩くなど，十分に体を動かす。
　　③ 個人差に応じて授乳を行い，離乳を進めていく中で，様々な食品に少しずつ慣れ，食べることを楽しむ。
　　④ 一人一人の生活のリズムに応じて，安全な環境の下で十分に午睡をする。
　　⑤ おむつ交換や衣服の着脱などを通じて，清潔になることの心地よさを感じる。
　(ウ) 内容の取扱い
　　上記の取扱いに当たっては，次の事項に留意する必要がある。
　　① 心と体の健康は，相互に密接な関連があるものであることを踏まえ，温かい触れ合いの中で，心と体の発達を促すこと。特に，寝返り，お座り，はいはい，つかまり立ち，伝い歩きなど，発育に応じて，遊びの中で体を動かす機会を十分に確保し，自ら体を動かそうとする意欲が育つようにすること。
　　② 健康な心と体を育てるためには望ましい食習慣の形成が重要であることを踏まえ，離乳食が完了期へと徐々に移行する中で，様々な食品に慣れるようにするとともに，和やかな雰囲気の中で食べる喜びや楽しさを味わい，進んで食べようとする気持ちが育つようにすること。なお，食物アレルギーのある子どもへの対応については，嘱託医等の指示や協力の下に適切に対応すること。

イ　身近な人と気持ちが通じ合う
　　受容的・応答的な関わりの下で，何かを伝えようとする意欲や身近な大人との信頼関係を育て，人と関わる力の基盤を培う。
　(ア) ねらい
　　① 安心できる関係の下で，身近な人と共に過ごす喜びを感じる。
　　② 体の動きや表情，発声等により，保育士等と気持ちを通わせようとする。
　　③ 身近な人と親しみ，関わりを深め，愛情や信頼感が芽生える。
　(イ) 内容
　　① 子どもからの働きかけを踏まえた，応答的な触れ合いや言葉がけによって，欲求が満たされ，安定感をもって過ごす。
　　② 体の動きや表情，発声，喃語等を優しく受け止めてもらい，保育士等とのやり取りを楽しむ。
　　③ 生活や遊びの中で，自分の身近な人の存在に気付き，親しみの気持ちを表す。
　　④ 保育士等による語りかけや歌いかけ，発声や喃語等への応答を通じて，言葉の理解や発語の意欲が育つ。
　　⑤ 温かく，受容的な関わりを通じて，自分を肯定する気持ちが芽生える。
　(ウ) 内容の取扱い
　　上記の取扱いに当たっては，次の事項に留意する必要がある。
　　① 保育士等との信頼関係に支えられて生活を確立していくことが人と関わる基盤となることを考慮して，子どもの多様な感情を受け止め，温かく受容的・応答的に関わり，一人一人に応じた適切な援助を行うようにすること。
　　② 身近な人に親しみをもって接し，自分の感情などを表し，それに相手が応答する言葉を聞くことを通して，次第に言葉が獲得されていくことを考慮して，楽しい雰囲気の中での保育士等との関わり合いを大切にし，ゆっくりと優しく話しかけるなど，積極的に言葉のやり取りを楽しむことができるようにすること。

ウ　身近なものと関わり感性が育つ
　　身近な環境に興味や好奇心をもって関わり，感じたことや考えたことを表現する力の基盤を培う。
　(ア) ねらい

① 身の回りのものに親しみ，様々なものに興味や関心をもつ。
　　　② 見る，触れる，探索するなど，身近な環境に自分から関わろうとする。
　　　③ 身体の諸感覚による認識が豊かになり，表情や手足，体の動き等で表現する。
　　(イ) 内容
　　　① 身近な生活用具，玩具や絵本などが用意された中で，身の回りのものに対する興味や好奇心をもつ。
　　　② 生活や遊びの中で様々なものに触れ，音，形，色，手触りなどに気付き，感覚の働きを豊かにする。
　　　③ 保育士等と一緒に様々な色彩や形のものや絵本などを見る。
　　　④ 玩具や身の回りのものを，つまむ，つかむ，たたく，引っ張るなど，手や指を使って遊ぶ。
　　　⑤ 保育士等のあやし遊びに機嫌よく応じたり，歌やリズムに合わせて手足や体を動かして楽しんだりする。
　　(ウ) 内容の取扱い
　　　上記の取扱いに当たっては，次の事項に留意する必要がある。
　　　① 玩具などは，音質，形，色，大きさなど子どもの発達状態に応じて適切なものを選び，その時々の子どもの興味や関心を踏まえるなど，遊びを通して感覚の発達が促されるものとなるように工夫すること。なお，安全な環境の下で，子どもが探索意欲を満たして自由に遊べるよう，身の回りのものについては，常に十分な点検を行うこと。
　　　② 乳児期においては，表情，発声，体の動きなどで，感情を表現することが多いことから，これらの表現しようとする意欲を積極的に受け止めて，子どもが様々な活動を楽しむことを通して表現が豊かになるようにすること。
　(3) 保育の実施に関わる配慮事項
　　ア　乳児は疾病への抵抗力が弱く，心身の機能の未熟さに伴う疾病の発生が多いことから，一人一人の発育及び発達状態や健康状態についての適切な判断に基づく保健的な対応を行うこと。
　　イ　一人一人の子どもの生育歴の違いに留意しつつ，欲求を適切に満たし，特定の保育士が応答的に関わるように努めること。
　　ウ　乳児保育に関わる職員間の連携や嘱託医との連携を図り，第3章に示す事項を踏まえ，適切に対応すること。栄養士及び看護師等が配置されている場合は，その専門性を生かした対応を図ること。
　　エ　保護者との信頼関係を築きながら保育を進めるとともに，保護者からの相談に応じ，保護者への支援に努めていくこと。
　　オ　担当の保育士が替わる場合には，子どものそれまでの生育歴や発達過程に留意し，職員間で協力して対応すること。

2　1歳以上3歳未満児の保育に関わるねらい及び内容
　(1) 基本的事項
　　ア　この時期においては，歩き始めから，歩く，走る，跳ぶなどへと，基本的な運動機能が次第に発達し，排泄の自立のための身体的機能も整うようになる。つまむ，めくるなどの指先の機能も発達し，食事，衣類の着脱なども，保育士等の援助の下で自分で行うようになる。発声も明瞭になり，語彙も増加し，自分の意思や欲求を言葉で表出できるようになる。このように自分でできることが増えてくる時期であることから，保育士等は，子どもの生活の安定を図りながら，自分でしようとする気持ちを尊重し，温かく見守るとともに，愛情豊かに，応答的に関わることが必要である。
　　イ　本項においては，この時期の発達の特徴を踏まえ，保育の「ねらい」及び「内容」について，心身の健康に関する領域「健康」，人との関わりに関する領域「人間関係」，身近な環境との関わりに関する領域「環境」，言葉の獲得に関する領域「言葉」及び感性と表現に関する領域「表現」としてまとめ，示している。

ウ 本項の各領域において示す保育の内容は、第1章の2に示された養護における「生命の保持」及び「情緒の安定」に関わる保育の内容と、一体となって展開されるものであることに留意が必要である。

(2) ねらい及び内容
 ア 健康
   健康な心と体を育て、自ら健康で安全な生活をつくり出す力を養う。
  (ア) ねらい
   ① 明るく伸び伸びと生活し、自分から体を動かすことを楽しむ。
   ② 自分の体を十分に動かし、様々な動きをしようとする。
   ③ 健康、安全な生活に必要な習慣に気付き、自分でしてみようとする気持ちが育つ。
  (イ) 内容
   ① 保育士等の愛情豊かな受容の下で、安定感をもって生活をする。
   ② 食事や午睡、遊びと休息など、保育所における生活のリズムが形成される。
   ③ 走る、跳ぶ、登る、押す、引っ張るなど全身を使う遊びを楽しむ。
   ④ 様々な食品や調理形態に慣れ、ゆったりとした雰囲気の中で食事や間食を楽しむ。
   ⑤ 身の回りを清潔に保つ心地よさを感じ、その習慣が少しずつ身に付く。
   ⑥ 保育士等の助けを借りながら、衣類の着脱を自分でしようとする。
   ⑦ 便器での排泄に慣れ、自分で排泄ができるようになる。
  (ウ) 内容の取扱い
    上記の取扱いに当たっては、次の事項に留意する必要がある。
   ① 心と体の健康は、相互に密接な関連があるものであることを踏まえ、子どもの気持ちに配慮した温かい触れ合いの中で、心と体の発達を促すこと。特に、一人一人の発育に応じて、体を動かす機会を十分に確保し、自ら体を動かそうとする意欲が育つようにすること。
   ② 健康な心と体を育てるためには望ましい食習慣の形成が重要であることを踏まえ、ゆったりとした雰囲気の中で食べる喜びや楽しさを味わい、進んで食べようとする気持ちが育つようにすること。なお、食物アレルギーのある子どもへの対応については、嘱託医等の指示や協力の下に適切に対応すること。
   ③ 排泄の習慣については、一人一人の排尿間隔等を踏まえ、おむつが汚れていないときに便器に座らせるなどにより、少しずつ慣れさせるようにすること。
   ④ 食事、排泄、睡眠、衣類の着脱、身の回りを清潔にすることなど、生活に必要な基本的な習慣については、一人一人の状態に応じ、落ち着いた雰囲気の中で行うようにし、子どもが自分でしようとする気持ちを尊重すること。また、基本的な生活習慣の形成に当たっては、家庭での生活経験に配慮し、家庭との適切な連携の下で行うようにすること。

 イ 人間関係
   他の人々と親しみ、支え合って生活するために、自立心を育て、人と関わる力を養う。
  (ア) ねらい
   ① 保育所での生活を楽しみ、身近な人と関わる心地よさを感じる。
   ② 周囲の子ども等への興味や関心が高まり、関わりをもとうとする。
   ③ 保育所の生活の仕方に慣れ、きまりの大切さに気付く。
  (イ) 内容
   ① 保育士等や周囲の子ども等との安定した関係の中で、共に過ごす心地よさを感じる。
   ② 保育士等の受容的・応答的な関わりの中で、欲求を適切に満たし、安定感をもって過ごす。
   ③ 身の回りに様々な人がいることに気付き、徐々に他の子どもと関わりをもって遊ぶ。
   ④ 保育士等の仲立ちにより、他の子

　　　　　どもとの関わり方を少しずつ身につける。
　　　⑤　保育所の生活の仕方に慣れ，きまりがあることや，その大切さに気付く。
　　　⑥　生活や遊びの中で，年長児や保育士等の真似をしたり，ごっこ遊びを楽しんだりする。
　　(ウ)　内容の取扱い
　　　上記の取扱いに当たっては，次の事項に留意する必要がある。
　　　①　保育士等との信頼関係に支えられて生活を確立するとともに，自分で何かをしようとする気持ちが旺盛になる時期であることに鑑み，そのような子どもの気持ちを尊重し，温かく見守るとともに，愛情豊かに，応答的に関わり，適切な援助を行うようにすること。
　　　②　思い通りにいかない場合等の子どもの不安定な感情の表出については，保育士等が受容的に受け止めるとともに，そうした気持ちから立ち直る経験や感情をコントロールすることへの気付き等につなげていけるように援助すること。
　　　③　この時期は自己と他者との違いの認識がまだ十分ではないことから，子どもの自我の育ちを見守るとともに，保育士等が仲立ちとなって，自分の気持ちを相手に伝えることや相手の気持ちに気付くことの大切さなど，友達の気持ちや友達との関わり方を丁寧に伝えていくこと。
　ウ　環境
　　周囲の様々な環境に好奇心や探究心をもって関わり，それらを生活に取り入れていこうとする力を養う。
　　(ア)　ねらい
　　　①　身近な環境に親しみ，触れ合う中で，様々なものに興味や関心をもつ。
　　　②　様々なものに関わる中で，発見を楽しんだり，考えたりしようとする。
　　　③　見る，聞く，触るなどの経験を通して，感覚の働きを豊かにする。
　　(イ)　内容
　　　①　安全で活動しやすい環境での探索活動等を通して，見る，聞く，触れる，嗅ぐ，味わうなどの感覚の働きを豊かにする。
　　　②　玩具，絵本，遊具などに興味をもち，それらを使った遊びを楽しむ。
　　　③　身の回りの物に触れる中で，形，色，大きさ，量などの物の性質や仕組みに気付く。
　　　④　自分の物と人の物の区別や，場所的感覚など，環境を捉える感覚が育つ。
　　　⑤　身近な生き物に気付き，親しみをもつ。
　　　⑥　近隣の生活や季節の行事などに興味や関心をもつ。
　　(ウ)　内容の取扱い
　　　上記の取扱いに当たっては，次の事項に留意する必要がある。
　　　①　玩具などは，音質，形，色，大きさなど子どもの発達状態に応じて適切なものを選び，遊びを通して感覚の発達が促されるように工夫すること。
　　　②　身近な生き物との関わりについては，子どもが命を感じ，生命の尊さに気付く経験へとつながるものであることから，そうした気付きを促すような関わりとなるようにすること。
　　　③　地域の生活や季節の行事などに触れる際には，社会とのつながりや地域社会の文化への気付きにつながるものとなることが望ましいこと。その際，保育所内外の行事や地域の人々との触れ合いなどを通して行うこと等も考慮すること。
　エ　言葉
　　経験したことや考えたことなどを自分なりの言葉で表現し，相手の話す言葉を聞こうとする意欲や態度を育て，言葉に対する感覚や言葉で表現する力を養う。
　　(ア)　ねらい
　　　①　言葉遊びや言葉で表現する楽しさ

　　　　を感じる。
　　② 人の言葉や話などを聞き，自分でも思ったことを伝えようとする。
　　③ 絵本や物語等に親しむとともに，言葉のやり取りを通じて身近な人と気持ちを通わせる。
　(イ) 内容
　　① 保育士等の応答的な関わりや話しかけにより，自ら言葉を使おうとする。
　　② 生活に必要な簡単な言葉に気付き，聞き分ける。
　　③ 親しみをもって日常の挨拶に応じる。
　　④ 絵本や紙芝居を楽しみ，簡単な言葉を繰り返したり，模倣をしたりして遊ぶ。
　　⑤ 保育士等とごっこ遊びをする中で，言葉のやり取りを楽しむ。
　　⑥ 保育士等を仲立ちとして，生活や遊びの中で友達との言葉のやり取りを楽しむ。
　　⑦ 保育士等や友達の言葉や話に興味や関心をもって，聞いたり，話したりする。
　(ウ) 内容の取扱い
　　　上記の取扱いに当たっては，次の事項に留意する必要がある。
　　① 身近な人に親しみをもって接し，自分の感情などを伝え，それに相手が応答し，その言葉を聞くことを通して，次第に言葉が獲得されていくものであることを考慮して，楽しい雰囲気の中で保育士等との言葉のやり取りができるようにすること。
　　② 子どもが自分の思いを言葉で伝えるとともに，他の子どもの話などを聞くことを通して，次第に話を理解し，言葉による伝え合いができるようになるよう，気持ちや経験等の言語化を行うことを援助するなど，子ども同士の関わりの仲立ちを行うようにすること。
　　③ この時期は，片言から，二語文，ごっこ遊びでのやり取りができる程度へと，大きく言葉の習得が進む時期であることから，それぞれの子どもの発達の状況に応じて，遊びや関わりの工夫など，保育の内容を適切に展開することが必要であること。
オ　表現
　　感じたことや考えたことを自分なりに表現することを通して，豊かな感性や表現する力を養い，創造性を豊かにする。
　(ア) ねらい
　　① 身体の諸感覚の経験を豊かにし，様々な感覚を味わう。
　　② 感じたことや考えたことなどを自分なりに表現しようとする。
　　③ 生活や遊びの様々な体験を通して，イメージや感性が豊かになる。
　(イ) 内容
　　① 水，砂，土，紙，粘土など様々な素材に触れて楽しむ。
　　② 音楽，リズムやそれに合わせた体の動きを楽しむ。
　　③ 生活の中で様々な音，形，色，手触り，動き，味，香りなどに気付いたり，感じたりして楽しむ。
　　④ 歌を歌ったり，簡単な手遊びや全身を使う遊びを楽しんだりする。
　　⑤ 保育士等からの話や，生活や遊びの中での出来事を通して，イメージを豊かにする。
　　⑥ 生活や遊びの中で，興味のあることや経験したことなどを自分なりに表現する。
　(ウ) 内容の取扱い
　　　上記の取扱いに当たっては，次の事項に留意する必要がある。
　　① 子どもの表現は，遊びや生活の様々な場面で表出されているものであることから，それらを積極的に受け止め，様々な表現の仕方や感性を豊かにする経験となるようにすること。
　　② 子どもが試行錯誤しながら様々な表現を楽しむことや，自分の力でやり遂げる充実感などに気付くよう，温かく見守るとともに，適切に援助を行うようにすること。
　　③ 様々な感情の表現等を通じて，子

どもが自分の感情や気持ちに気付くようになる時期であることに鑑み、受容的な関わりの中で自信をもって表現をすることや、諦めずに続けた後の達成感等を感じられるような経験が蓄積されるようにすること。
④ 身近な自然や身の回りの事物に関わる中で、発見や心が動く経験が得られるよう、諸感覚を働かせることを楽しむ遊びや素材を用意するなど保育の環境を整えること。

(3) 保育の実施に関わる配慮事項
ア 特に感染症にかかりやすい時期であるので、体の状態、機嫌、食欲などの日常の状態の観察を十分に行うとともに、適切な判断に基づく保健的な対応を心がけること。
イ 探索活動が十分できるように、事故防止に努めながら活動しやすい環境を整え、全身を使う遊びなど様々な遊びを取り入れること。
ウ 自我が形成され、子どもが自分の感情や気持ちに気付くようになる重要な時期であることに鑑み、情緒の安定を図りながら、子どもの自発的な活動を尊重するとともに促していくこと。
エ 担当の保育士が替わる場合には、子どものそれまでの経験や発達過程に留意し、職員間で協力して対応すること。

3 3歳以上児の保育に関するねらい及び内容

(1) 基本的事項
ア この時期においては、運動機能の発達により、基本的な動作が一通りできるようになるとともに、基本的な生活習慣がほぼ自立できるようになる。理解する語彙数が急激に増加し、知的興味や関心も高まってくる。仲間と遊び、仲間の中の一人という自覚が生じ、集団的な遊びや協同的な活動も見られるようになる。これらの発達の特徴を踏まえて、この時期の保育においては、個の成長と集団としての活動の充実が図られるようにしなければならない。
イ 本項においては、この時期の発達の特徴を踏まえ、保育の「ねらい」及び「内容」について、心身の健康に関する領域「健康」、人との関わりに関する領域「人間関係」、身近な環境との関わりに関する領域「環境」、言葉の獲得に関する領域「言葉」及び感性と表現に関する領域「表現」としてまとめ、示している。
ウ 本項の各領域において示す保育の内容は、第1章の2に示された養護における「生命の保持」及び「情緒の安定」に関わる保育の内容と、一体となって展開されるものであることに留意が必要である。

(2) ねらい及び内容
ア 健康
健康な心と体を育て、自ら健康で安全な生活をつくり出す力を養う。
(ア) ねらい
① 明るく伸び伸びと行動し、充実感を味わう。
② 自分の体を十分に動かし、進んで運動しようとする。
③ 健康、安全な生活に必要な習慣や態度を身につけ、見通しをもって行動する。
(イ) 内容
① 保育士等や友達と触れ合い、安定感をもって行動する。
② いろいろな遊びの中で十分に体を動かす。
③ 進んで戸外で遊ぶ。
④ 様々な活動に親しみ、楽しんで取り組む。
⑤ 保育士等や友達と食べることを楽しみ、食べ物への興味や関心をもつ。
⑥ 健康な生活のリズムを身に付ける。
⑦ 身の回りを清潔にし、衣服の着脱、食事、排泄などの生活に必要な活動を自分でする。
⑧ 保育所における生活の仕方を知り、自分たちで生活の場を整えながら見通しをもって行動する。
⑨ 自分の健康に関心をもち、病気の予防などに必要な活動を進んで行う。

⑩ 危険な場所，危険な遊び方，災害時などの行動の仕方が分かり，安全に気を付けて行動する。
(ウ) 内容の取扱い
　上記の取扱いに当たっては，次の事項に留意する必要がある。
① 心と体の健康は，相互に密接な関連があるものであることを踏まえ，子どもが保育士等や他の子どもとの温かい触れ合いの中で自己の存在感や充実感を味わうことなどを基盤として，しなやかな心と体の発達を促すこと。特に，十分に体を動かす気持ちよさを体験し，自ら体を動かそうとする意欲が育つようにすること。
② 様々な遊びの中で，子どもが興味や関心，能力に応じて全身を使って活動することにより，体を動かす楽しさを味わい，自分の体を大切にしようとする気持ちが育つようにすること。その際，多様な動きを経験する中で，体の動きを調整するようにすること。
③ 自然の中で伸び伸びと体を動かして遊ぶことにより，体の諸機能の発達が促されることに留意し，子どもの興味や関心が戸外にも向くようにすること。その際，子どもの動線に配慮した園庭や遊具の配置などを工夫すること。
④ 健康な心と体を育てるためには食育を通じた望ましい食習慣の形成が大切であることを踏まえ，子どもの食生活の実情に配慮し，和やかな雰囲気の中で保育士等や他の子どもと食べる喜びや楽しさを味わったり，様々な食べ物への興味や関心をもったりするなどし，食の大切さに気付き，進んで食べようとする気持ちが育つようにすること。
⑤ 基本的な生活習慣の形成に当たっては，家庭での生活経験に配慮し，子どもの自立心を育て，子どもが他の子どもと関わりながら主体的な活動を展開する中で，生活に必要な習慣を身に付け，次第に見通しをもって行動できるようにすること。
⑥ 安全に関する指導に当たっては，情緒の安定を図り，遊びを通して安全についての構えを身に付け，危険な場所や事物などが分かり，安全についての理解を深めるようにすること。また，交通安全の習慣を身に付けるようにするとともに，避難訓練などを通して，災害などの緊急時に適切な行動がとれるようにすること。

イ 人間関係
　他の人々と親しみ，支え合って生活するために，自立心を育て，人と関わる力を養う。
(ア) ねらい
① 保育所の生活を楽しみ，自分の力で行動することの充実感を味わう。
② 身近な人と親しみ，関わりを深め，工夫したり，協力したりして一緒に活動する楽しさを味わい，愛情や信頼感をもつ。
③ 社会生活における望ましい習慣や態度を身に付ける。
(イ) 内容
① 保育士等や友達と共に過ごすことの喜びを味わう。
② 自分で考え，自分で行動する。
③ 自分でできることは自分でする。
④ いろいろな遊びを楽しみながら物事をやり遂げようとする気持ちをもつ。
⑤ 友達と積極的に関わりながら喜びや悲しみを共感し合う。
⑥ 自分の思ったことを相手に伝え，相手の思っていることに気付く。
⑦ 友達のよさに気付き，一緒に活動する楽しさを味わう。
⑧ 友達と楽しく活動する中で，共通の目的を見いだし，工夫したり，協力したりなどする。
⑨ よいことや悪いことがあることに気付き，考えながら行動する。
⑩ 友達との関わりを深め，思いやりをもつ。

⑪ 友達と楽しく生活する中できまりの大切さに気付き，守ろうとする。
⑫ 共同の遊具や用具を大切にし，皆で使う。
⑬ 高齢者をはじめ地域の人々などの自分の生活に関係の深いいろいろな人に親しみをもつ。
(ウ) 内容の取扱い
上記の取扱いに当たっては，次の事項に留意する必要がある。
① 保育士等との信頼関係に支えられて自分自身の生活を確立していくことが人と関わる基盤となることを考慮し，子どもが自ら周囲に働き掛けることにより多様な感情を体験し，試行錯誤しながら諦めずにやり遂げることの達成感や，前向きな見通しをもって自分の力で行うことの充実感を味わうことができるよう，子どもの行動を見守りながら適切な援助を行うようにすること。
② 一人一人を生かした集団を形成しながら人と関わる力を育てていくようにすること。その際，集団の生活の中で，子どもが自己を発揮し，保育士等や他の子どもに認められる体験をし，自分のよさや特徴に気付き，自信をもって行動できるようにすること。
③ 子どもが互いに関わりを深め，協同して遊ぶようになるため，自ら行動する力を育てるとともに，他の子どもと試行錯誤しながら活動を展開する楽しさや共通の目的が実現する喜びを味わうことができるようにすること。
④ 道徳性の芽生えを培うに当たっては，基本的な生活習慣の形成を図るとともに，子どもが他の子どもとの関わりの中で他人の存在に気付き，相手を尊重する気持ちをもって行動できるようにし，また，自然や身近な動植物に親しむことなどを通して豊かな心情が育つようにすること。特に，人に対する信頼感や思いやりの気持ちは，葛藤やつまずきをも体験し，それらを乗り越えることにより次第に芽生えてくることに配慮すること。
⑤ 集団の生活を通して，子どもが人との関わりを深め，規範意識の芽生えが培われることを考慮し，子どもが保育士等との信頼関係に支えられて自己を発揮する中で，互いに思いを主張し，折り合いを付ける体験をし，きまりの必要性などに気付き，自分の気持ちを調整する力が育つようにすること。
⑥ 高齢者をはじめ地域の人々などの自分の生活に関係の深いいろいろな人と触れ合い，自分の感情や意志を表現しながら共に楽しみ，共感し合う体験を通して，これらの人々などに親しみをもち，人と関わることの楽しさや人の役に立つ喜びを味わうことができるようにすること。また，生活を通して親や祖父母などの家族の愛情に気付き，家族を大切にしようとする気持ちが育つようにすること。
ウ 環境
周囲の様々な環境に好奇心や探究心をもって関わり，それらを生活に取り入れていこうとする力を養う。
(ア) ねらい
① 身近な環境に親しみ，自然と触れ合う中で様々な事象に興味や関心をもつ。
② 身近な環境に自分から関わり，発見を楽しんだり，考えたりし，それを生活に取り入れようとする。
③ 身近な事象を見たり，考えたり，扱ったりする中で，物の性質や数量，文字などに対する感覚を豊かにする。
(イ) 内容
① 自然に触れて生活し，その大きさ，美しさ，不思議さなどに気付く。
② 生活の中で，様々な物に触れ，その性質や仕組みに興味や関心をもつ。
③ 季節により自然や人間の生活に変

化のあることに気付く。
④ 自然などの身近な事象に関心をもち，取り入れて遊ぶ。
⑤ 身近な動植物に親しみをもって接し，生命の尊さに気付き，いたわったり，大切にしたりする。
⑥ 日常生活の中で，我が国や地域社会における様々な文化や伝統に親しむ。
⑦ 身近な物を大切にする。
⑧ 身近な物や遊具に興味をもって関わり，自分なりに比べたり，関連付けたりしながら考えたり，試したりして工夫して遊ぶ。
⑨ 日常生活の中で数量や図形などに関心をもつ。
⑩ 日常生活の中で簡単な標識や文字などに関心をもつ。
⑪ 生活に関係の深い情報や施設などに興味や関心をもつ。
⑫ 保育所内外の行事において国旗に親しむ。

(ウ) 内容の取扱い

上記の取扱いに当たっては，次の事項に留意する必要がある。
① 子どもが，遊びの中で周囲の環境と関わり，次第に周囲の世界に好奇心を抱き，その意味や操作の仕方に関心をもち，物事の法則性に気付き，自分なりに考えることができるようになる過程を大切にすること。また，他の子どもの考えなどに触れて新しい考えを生み出す喜びや楽しさを味わい，自分の考えをよりよいものにしようとする気持ちが育つようにすること。
② 幼児期において自然のもつ意味は大きく，自然の大きさ，美しさ，不思議さなどに直接触れる体験を通して，子どもの心が安らぎ，豊かな感情，好奇心，思考力，表現力の基礎が培われることを踏まえ，子どもが自然との関わりを深めることができるよう工夫すること。
③ 身近な事象や動植物に対する感動を伝え合い，共感し合うことを通して自分から関わろうとする意欲を育てるとともに，様々な関わり方を通してそれらに対する親しみや畏敬の念，生命を大切にする気持ち，公共心，探究心などが養われるようにすること。
④ 文化や伝統に親しむ際には，正月や節句など我が国の伝統的な行事，国歌，唱歌，わらべうたや我が国の伝統的な遊びに親しんだり，異なる文化に触れる活動に親しんだりすることを通じて，社会とのつながりの意識や国際理解の意識の芽生えなどが養われるようにすること。
⑤ 数量や文字などに関しては，日常生活の中で子ども自身の必要感に基づく体験を大切にし，数量や文字などに関する興味や関心，感覚が養われるようにすること。

エ 言葉

経験したことや考えたことなどを自分なりの言葉で表現し，相手の話す言葉を聞こうとする意欲や態度を育て，言葉に対する感覚や言葉で表現する力を養う。

(ア) ねらい
① 自分の気持ちを言葉で表現する楽しさを味わう。
② 人の言葉や話などをよく聞き，自分の経験したことや考えたことを話し，伝え合う喜びを味わう。
③ 日常生活に必要な言葉が分かるようになるとともに，絵本や物語などに親しみ，言葉に対する感覚を豊かにし，保育士等や友達と心を通わせる。

(イ) 内容
① 保育士等や友達の言葉や話に興味や関心をもち，親しみをもって聞いたり，話したりする。
② したり，見たり，聞いたり，感じたり，考えたりなどしたことを自分なりに言葉で表現する。
③ したいこと，してほしいことを言葉で表現したり，分からないことを尋ねたりする。
④ 人の話を注意して聞き，相手に分

かるように話す。
⑤ 生活の中で必要な言葉が分かり，使う。
⑥ 親しみをもって日常の挨拶をする。
⑦ 生活の中で言葉の楽しさや美しさに気付く。
⑧ いろいろな体験を通じてイメージや言葉を豊かにする。
⑨ 絵本や物語などに親しみ，興味をもって聞き，想像をする楽しさを味わう。
⑩ 日常生活の中で，文字などで伝える楽しさを味わう。
(ウ) 内容の取扱い
上記の取扱いに当たっては，次の事項に留意する必要がある。
① 言葉は，身近な人に親しみをもって接し，自分の感情や意志などを伝え，それに相手が応答し，その言葉を聞くことを通して次第に獲得されていくものであることを考慮して，子どもが保育士等や他の子どもと関わることにより心を動かされるような体験をし，言葉を交わす喜びを味わえるようにすること。
② 子どもが自分の思いを言葉で伝えるとともに，保育士等や他の子どもなどの話を興味をもって注意して聞くことを通して次第に話を理解するようになっていき，言葉による伝え合いができるようにすること。
③ 絵本や物語などで，その内容と自分の経験とを結び付けたり，想像を巡らせたりするなど，楽しみを十分に味わうことによって，次第に豊かなイメージをもち，言葉に対する感覚が養われるようにすること。
④ 子どもが生活の中で，言葉の響きやリズム，新しい言葉や表現などに触れ，これらを使う楽しさを味わえるようにすること。その際，絵本や物語に親しんだり，言葉遊びなどをしたりすることを通して，言葉が豊かになるようにすること。
⑤ 子どもが日常生活の中で，文字などを使いながら思ったことや考えたことを伝える喜びや楽しさを味わい，文字に対する興味や関心をもつようにすること。

オ 表現
感じたことや考えたことを自分なりに表現することを通して，豊かな感性や表現する力を養い，創造性を豊かにする。
(ア) ねらい
① いろいろなものの美しさなどに対する豊かな感性をもつ。
② 感じたことや考えたことを自分なりに表現して楽しむ。
③ 生活の中でイメージを豊かにし，様々な表現を楽しむ。
(イ) 内容
① 生活の中で様々な音，形，色，手触り，動きなどに気付いたり，感じたりするなどして楽しむ。
② 生活の中で美しいものや心を動かす出来事に触れ，イメージを豊かにする。
③ 様々な出来事の中で，感動したことを伝え合う楽しさを味わう。
④ 感じたこと，考えたことなどを音や動きなどで表現したり，自由にかいたり，つくったりなどする。
⑤ いろいろな素材に親しみ，工夫して遊ぶ。
⑥ 音楽に親しみ，歌を歌ったり，簡単なリズム楽器を使ったりなどする楽しさを味わう。
⑦ かいたり，つくったりすることを楽しみ，遊びに使ったり，飾ったりなどする。
⑧ 自分のイメージを動きや言葉などで表現したり，演じて遊んだりするなどの楽しさを味わう。
(ウ) 内容の取扱い
上記の取扱いに当たっては，次の事項に留意する必要がある。
① 豊かな感性は，身近な環境と十分に関わる中で美しいもの，優れたもの，心を動かす出来事などに出会い，そこから得た感動を他の子どもや保育士等と共有し，様々に表現す

ることなどを通して養われるようにすること。その際，風の音や雨の音，身近にある草や花の形や色など自然の中にある音，形，色などに気付くようにすること。

② 子どもの自己表現は素朴な形で行われることが多いので，保育士等はそのような表現を受容し，子ども自身の表現しようとする意欲を受け止めて，子どもが生活の中で子どもらしい様々な表現を楽しむことができるようにすること。

③ 生活経験や発達に応じ，自ら様々な表現を楽しみ，表現する意欲を十分に発揮させることができるように，遊具や用具などを整えたり，様々な素材や表現の仕方に親しんだり，他の子どもの表現に触れられるよう配慮したりし，表現する過程を大切にして自己表現を楽しめるように工夫すること。

(3) 保育の実施に関わる配慮事項

ア 第1章の4の(2)に示す「幼児期の終わりまでに育ってほしい姿」が，ねらい及び内容に基づく活動全体を通して資質・能力が育まれている子どもの小学校就学時の具体的な姿であることを踏まえ，指導を行う際には適宜考慮すること。

イ 子どもの発達や成長の援助をねらいとした活動の時間については，意識的に保育の計画等において位置付けて，実施することが重要であること。なお，そのような活動の時間については，保護者の就労状況等に応じて子どもが保育所で過ごす時間がそれぞれ異なることに留意して設定すること。

ウ 特に必要な場合には，各領域に示すねらいの趣旨に基づいて，具体的な内容を工夫し，それを加えても差し支えないが，その場合には，それが第1章の1に示す保育所保育に関する基本原則を逸脱しないよう慎重に配慮する必要があること。

4 保育の実施に関して留意すべき事項

(1) 保育全般に関わる配慮事項

ア 子どもの心身の発達及び活動の実態などの個人差を踏まえるとともに，一人一人の子どもの気持ちを受け止め，援助すること。

イ 子どもの健康は，生理的・身体的な育ちとともに，自主性や社会性，豊かな感性の育ちとがあいまってもたらされることに留意すること。

ウ 子どもが自ら周囲に働きかけ，試行錯誤しつつ自分の力で行う活動を見守りながら，適切に援助すること。

エ 子どもの入所時の保育に当たっては，できるだけ個別的に対応し，子どもが安定感を得て，次第に保育所の生活になじんでいくようにするとともに，既に入所している子どもに不安や動揺を与えないようにすること。

オ 子どもの国籍や文化の違いを認め，互いに尊重する心を育てるようにすること。

カ 子どもの性差や個人差にも留意しつつ，性別などによる固定的な意識を植え付けることがないようにすること。

(2) 小学校との連携

ア 保育所においては，保育所保育が，小学校以降の生活や学習の基盤の育成につながることに配慮し，幼児期にふさわしい生活を通じて，創造的な思考や主体的な生活態度などの基礎を培うようにすること。

イ 保育所保育において育まれた資質・能力を踏まえ，小学校教育が円滑に行われるよう，小学校教師との意見交換や合同の研究の機会などを設け，第1章の4の(2)に示す「幼児期の終わりまでに育って欲しい姿」を共有するなど連携を図り，保育所保育と小学校教育との円滑な接続を図るよう努めること。

ウ 子どもに関する情報共有に関して，保育所に入所している子どもの就学に際し，市町村の支援の下に，子どもの育ちを支えるための資料が保育所から小学校へ送付されるようにすること。

(3) 家庭及び地域社会との連携

子どもの生活の連続性を踏まえ、家庭及び地域社会と連携して保育が展開されるよう配慮すること。その際、家庭や地域の機関及び団体の協力を得て、地域の自然、高齢者や異年齢の子ども等を含む人材、行事、施設等の地域の資源を積極的に活用し、豊かな生活体験をはじめ保育内容の充実が図られるよう配慮すること。

第3章　健康及び安全

保育所保育において、子どもの健康及び安全の確保は、子どもの生命の保持と健やかな生活の基本であり、一人一人の子どもの健康の保持及び増進並びに安全の確保とともに、保育所全体における健康及び安全の確保に努めることが重要となる。

また、子どもが、自らの体や健康に関心をもち、心身の機能を高めていくことが大切である。

このため、第1章及び第2章等の関連する事項に留意し、次に示す事項を踏まえ、保育を行うこととする。

1　子どもの健康支援

(1) 子どもの健康状態並びに発育及び発達状態の把握

ア　子どもの心身の状態に応じて保育するために、子どもの健康状態並びに発育及び発達状態について、定期的・継続的に、また、必要に応じて随時、把握すること。

イ　保護者からの情報とともに、登所時及び保育中を通じて子どもの状態を観察し、何らかの疾病が疑われる状態や傷害が認められた場合には、保護者に連絡するとともに、嘱託医と相談するなど適切な対応を図ること。看護師等が配置されている場合には、その専門性を生かした対応を図ること。

ウ　子どもの心身の状態等を観察し、不適切な養育の兆候が見られる場合には、市町村や関係機関と連携し、児童福祉法第25条に基づき、適切な対応を図ること。また、虐待が疑われる場合には、速やかに市町村又は児童相談所に通告し、適切な対応を図ること。

(2) 健康増進

ア　子どもの健康に関する保健計画を全体的な計画に基づいて作成し、全職員がそのねらいや内容を踏まえ、一人一人の子どもの健康の保持及び増進に努めていくこと。

イ　子どもの心身の健康状態や疾病等の把握のために、嘱託医等により定期的に健康診断を行い、その結果を記録し、保育に活用するとともに、保護者が子どもの状態を理解し、日常生活に活用できるようにすること。

(3) 疾病等への対応

ア　保育中に体調不良や傷害が発生した場合には、その子どもの状態等に応じて、保護者に連絡するとともに、適宜、嘱託医や子どものかかりつけ医等と相談し、適切な処置を行うこと。看護師等が配置されている場合には、その専門性を生かした対応を図ること。

イ　感染症やその他の疾病の発生予防に努め、その発生や疑いがある場合には、必要に応じて嘱託医、市町村、保健所等に連絡し、その指示に従うとともに、保護者や全職員に連絡し、予防等について協力を求めること。また、感染症に関する保育所の対応方法等について、あらかじめ関係機関の協力を得ておくこと。看護師等が配置されている場合には、その専門性を生かした対応を図ること。

ウ　アレルギー疾患を有する子どもの保育については、保護者と連携し、医師の診断及び指示に基づき、適切な対応を行うこと。また、食物アレルギーに関して、関係機関と連携して、当該保育所の体制構築など、安全な環境の整備を行うこと。看護師や栄養士等が配置されている場合には、その専門性を生かした対応を図ること。

エ　子どもの疾病等の事態に備え、医務室等の環境を整え、救急用の薬品、材料等を適切な管理の下に常備し、全職員が対応できるようにしておくこと。

2 食育の推進
(1) 保育所の特性を生かした食育
ア 保育所における食育は、健康な生活の基本としての「食を営む力」の育成に向け、その基礎を培うことを目標とすること。
イ 子どもが生活と遊びの中で、意欲をもって食に関わる体験を積み重ね、食べることを楽しみ、食事を楽しみ合う子どもに成長していくことを期待するものであること。
ウ 乳幼児期にふさわしい食生活が展開され、適切な援助が行われるよう、食事の提供を含む食育計画を全体的な計画に基づいて作成し、その評価及び改善に努めること。栄養士が配置されている場合は、専門性を生かした対応を図ること。

(2) 食育の環境の整備等
ア 子どもが自らの感覚や体験を通して、自然の恵みとしての食材や食の循環・環境への意識、調理する人への感謝の気持ちが育つように、子どもと調理員等との関わりや、調理室など食に関わる保育環境に配慮すること。
イ 保護者や地域の多様な関係者との連携及び協働の下で、食に関する取組が進められること。また、市町村の支援の下に、地域の関係機関等との日常的な連携を図り、必要な協力が得られるよう努めること。
ウ 体調不良、食物アレルギー、障害のある子どもなど、一人一人の子どもの心身の状態等に応じ、嘱託医、かかりつけ医等の指示や協力の下に適切に対応すること。栄養士が配置されている場合は、専門性を生かした対応を図ること。

3 環境及び衛生管理並びに安全管理
(1) 環境及び衛生管理
ア 施設の温度、湿度、換気、採光、音などの環境を常に適切な状態に保持するとともに、施設内外の設備及び用具等の衛生管理に努めること。
イ 施設内外の適切な環境の維持に努めるとともに、子ども及び全職員が清潔を保つようにすること。また、職員は衛生知識の向上に努めること。

(2) 事故防止及び安全対策
ア 保育中の事故防止のために、子どもの心身の状態等を踏まえつつ、施設内外の安全点検に努め、安全対策のために全職員の共通理解や体制づくりを図るとともに、家庭や地域の関係機関の協力の下に安全指導を行うこと。
イ 事故防止の取組を行う際には、特に、睡眠中、プール活動・水遊び中、食事中等の場面では重大事故が発生しやすいことを踏まえ、子どもの主体的な活動を大切にしつつ、施設内外の環境の配慮や指導の工夫を行うなど、必要な対策を講じること。
ウ 保育中の事故の発生に備え、施設内外の危険箇所の点検や訓練を実施するとともに、外部からの不審者等の侵入防止のための措置や訓練など不測の事態に備えて必要な対応を行うこと。また、子どもの精神保健面における対応に留意すること。

4 災害への備え
(1) 施設・設備等の安全確保
ア 防火設備、避難経路等の安全性が確保されるよう、定期的にこれらの安全点検を行うこと。
イ 備品、遊具等の配置、保管を適切に行い、日頃から、安全環境の整備に努めること。

(2) 災害発生時の対応体制及び避難への備え
ア 火災や地震などの災害の発生に備え、緊急時の対応の具体的内容及び手順、職員の役割分担、避難訓練計画等に関するマニュアルを作成すること。
イ 定期的に避難訓練を実施するなど、必要な対応を図ること。
ウ 災害の発生時に、保護者等への連絡及び子どもの引渡しを円滑に行うため、日頃から保護者との密接な連携に努め、連絡体制や引渡し方法等について確認をしておくこと。

(3) 地域の関係機関等との連携
ア 市町村の支援の下に、地域の関係機関との日常的な連携を図り、必要な協力が

得られるよう努めること。
イ 避難訓練については，地域の関係機関や保護者との連携の下に行うなど工夫すること。

第4章　子育て支援

　保育所における保護者に対する子育て支援は，全ての子どもの健やかな育ちを実現することができるよう，第1章及び第2章等の関連する事項を踏まえ，子どもの育ちを家庭と連携して支援していくとともに，保護者及び地域が有する子育てを自ら実践する力の向上に資するよう，次の事項に留意するものとする。

1　保育所における子育て支援に関する基本的事項

(1) 保育所の特性を生かした子育て支援
　ア　保護者に対する子育て支援を行う際には，各地域や家庭の実態等を踏まえるとともに，保護者の気持ちを受け止め，相互の信頼関係を基本に，保護者の自己決定を尊重すること。
　イ　保育及び子育てに関する知識や技術など，保育士等の専門性や，子どもが常に存在する環境など，保育所の特性を生かし，保護者が子どもの成長に気付き子育ての喜びを感じられるように努めること。

(2) 子育て支援に関して留意すべき事項
　ア　保護者に対する子育て支援における地域の関係機関等との連携及び協働を図り，保育所全体の体制構築に努めること。
　イ　子どもの利益に反しない限りにおいて，保護者や子どものプライバシーを保護し，知り得た事柄の秘密を保持すること。

2　保育所を利用している保護者に対する子育て支援

(1) 保護者との相互理解
　ア　日常の保育に関連した様々な機会を活用し子どもの日々の様子の伝達や収集，保育所保育の意図の説明などを通じて，保護者との相互理解を図るよう努めること。
　イ　保育の活動に対する保護者の積極的な参加は，保護者の子育てを自ら実践する力の向上に寄与することから，これを促すこと。

(2) 保護者の状況に配慮した個別の支援
　ア　保護者の就労と子育ての両立等を支援するため，保護者の多様化した保育の需要に応じ，病児保育事業など多様な事業を実施する場合には，保護者の状況に配慮するとともに，子どもの福祉が尊重されるよう努め，子どもの生活の連続性を考慮すること。
　イ　子どもに障害や発達上の課題が見られる場合には，市町村や関係機関と連携及び協力を図りつつ，保護者に対する個別の支援を行うよう努めること。
　ウ　外国籍家庭など，特別な配慮を必要とする家庭の場合には，状況等に応じて個別の支援を行うよう努めること。

(3) 不適切な養育等が疑われる家庭への支援
　ア　保護者に育児不安等が見られる場合には，保護者の希望に応じて個別の支援を行うよう努めること。
　イ　保護者に不適切な養育等が疑われる場合には，市町村や関係機関と連携し，要保護児童対策地域協議会で検討するなど適切な対応を図ること。また，虐待が疑われる場合には，速やかに市町村又は児童相談所に通告し，適切な対応を図ること。

3　地域の保護者等に対する子育て支援

(1) 地域に開かれた子育て支援
　ア　保育所は，児童福祉法第48条の4の規定に基づき，その行う保育に支障がない限りにおいて，地域の実情や当該保育所の体制等を踏まえ，地域の保護者等に対して，保育所保育の専門性を生かした子育て支援を積極的に行うよう努めること。
　イ　地域の子どもに対する一時預かり事業などの活動を行う際には，一人一人の子どもの心身の状態などを考慮するとともに，日常の保育との関連に配慮するなど，柔軟に活動を展開できるようにする

(2) **地域の関係機関等との連携**
ア 市町村の支援を得て、地域の関係機関等との積極的な連携及び協働を図るとともに、子育て支援に関する地域の人材と積極的に連携を図るよう努めること。
イ 地域の要保護児童への対応など、地域の子どもを巡る諸課題に対し、要保護児童対策地域協議会など関係機関等と連携及び協力して取り組むよう努めること。

第5章 職員の資質向上

第1章から前章までに示された事項を踏まえ、保育所は、質の高い保育を展開するため、絶えず、一人一人の職員についての資質向上及び職員全体の専門性の向上を図るよう努めなければならない。

1 職員の資質向上に関する基本的事項
(1) **保育所職員に求められる専門性**
子どもの最善の利益を考慮し、人権に配慮した保育を行うためには、職員一人一人の倫理観、人間性並びに保育所職員としての職務及び責任の理解と自覚が基盤となる。
各職員は、自己評価に基づく課題等を踏まえ、保育所内外の研修等を通じて、保育士・看護師・調理員・栄養士等、それぞれの職務内容に応じた専門性を高めるため、必要な知識及び技術の修得、維持及び向上に努めなければならない。
(2) **保育の質の向上に向けた組織的な取組**
保育所においては、保育の内容等に関する自己評価等を通じて把握した、保育の質の向上に向けた課題に組織的に対応するため、保育内容の改善や保育士等の役割分担の見直し等に取り組むとともに、それぞれの職位や職務内容等に応じて、各職員が必要な知識及び技能を身につけられるよう努めなければならない。

2 施設長の責務
(1) **施設長の責務と専門性の向上**
施設長は、保育所の役割や社会的責任を遂行するために、法令等を遵守し、保育所を取り巻く社会情勢等を踏まえ、施設長としての専門性等の向上に努め、当該保育所における保育の質及び職員の専門性向上のために必要な環境の確保に努めなければならない。
(2) **職員の研修機会の確保等**
施設長は、保育所の全体的な計画や、各職員の研修の必要性等を踏まえて、体系的・計画的な研修機会を確保するとともに、職員の勤務体制の工夫等により、職員が計画的に研修等に参加し、その専門性の向上が図られるよう努めなければならない。

3 職員の研修等
(1) **職場における研修**
職員が日々の保育実践を通じて、必要な知識及び技術の修得、維持及び向上を図るとともに、保育の課題等への共通理解や協働性を高め、保育所全体としての保育の質の向上を図っていくためには、日常的に職員同士が主体的に学び合う姿勢と環境が重要であり、職場内での研修の充実が図られなければならない。
(2) **外部研修の活用**
各保育所における保育の課題への的確な対応や、保育士等の専門性の向上を図るためには、職場内での研修に加え、関係機関等による研修の活用が有効であることから、必要に応じて、こうした外部研修への参加機会が確保されるよう努めなければならない。

4 研修の実施体制等
(1) **体系的な研修計画の作成**
保育所においては、当該保育所における保育の課題や各職員のキャリアパス等も見据えて、初任者から管理職員までの職位や職務内容等を踏まえた体系的な研修計画を作成しなければならない。
(2) **組織内での研修成果の活用**
外部研修に参加する職員は、自らの専門性の向上を図るとともに、保育所における保育の課題を理解し、その解決を実践できる力を身に付けることが重要である。また、研修で得た知識及び技能を他の職員と

共有することにより，保育所全体としての保育実践の質及び専門性の向上につなげていくことが求められる。

(3) **研修の実施に関する留意事項**

施設長等は保育所全体としての保育実践の質及び専門性の向上のために，研修の受講は特定の職員に偏ることなく行われるよう，配慮する必要がある。また，研修を修了した職員については，その職務内容等において，当該研修の成果等が適切に勘案されることが望ましい。

幼保連携型認定こども園教育・保育要領

第1章　総則

第1　幼保連携型認定こども園における教育及び保育の基本及び目標等

1　幼保連携型認定こども園における教育及び保育の基本

　乳幼児期の教育及び保育は，子どもの健全な心身の発達を図りつつ生涯にわたる人格形成の基礎を培う重要なものであり，幼保連携型認定こども園における教育及び保育は，就学前の子どもに関する教育，保育等の総合的な提供の推進に関する法律（平成18年法律第77号。以下「認定こども園法」という。）第2条第7項に規定する目的及び第9条に掲げる目標を達成するため，乳幼児期全体を通して，その特性及び保護者や地域の実態を踏まえ，環境を通して行うものであることを基本とし，家庭や地域での生活を含めた園児の生活全体が豊かなものとなるように努めなければならない。

　このため保育教諭等は，園児との信頼関係を十分に築き，園児が自ら安心して身近な環境に主体的に関わり，環境との関わり方や意味に気付き，これらを取り込もうとして，試行錯誤したり，考えたりするようになる幼児期の教育における見方・考え方を生かし，その活動が豊かに展開されるよう環境を整え，園児と共によりよい教育及び保育の環境を創造するように努めるものとする。これらを踏まえ，次に示す事項を重視して教育及び保育を行わなければならない。

(1)　乳幼児期は周囲への依存を基盤にしつつ自立に向かうものであることを考慮して，周囲との信頼関係に支えられた生活の中で，園児一人一人が安心感と信頼感をもっていろいろな活動に取り組む体験を十分に積み重ねられるようにすること。

(2)　乳幼児期においては生命の保持が図られ安定した情緒の下で自己を十分に発揮することにより発達に必要な体験を得ていくものであることを考慮して，園児の主体的な活動を促し，乳幼児期にふさわしい生活が展開されるようにすること。

(3)　乳幼児期における自発的な活動としての遊びは，心身の調和のとれた発達の基礎を培う重要な学習であることを考慮して，遊びを通しての指導を中心として第2章に示すねらいが総合的に達成されるようにすること。

(4)　乳幼児期における発達は，心身の諸側面が相互に関連し合い，多様な経過をたどって成し遂げられていくものであること，また，園児の生活経験がそれぞれ異なることなどを考慮して，園児一人一人の特性や発達の過程に応じ，発達の課題に即した指導を行うようにすること。

　その際，保育教諭等は，園児の主体的な活動が確保されるよう，園児一人一人の行動の理解と予想に基づき，計画的に環境を構成しなければならない。この場合において，保育教諭等は，園児と人やものとの関わりが重要であることを踏まえ，教材を工夫し，物的・空間的環境を構成しなければならない。また，園児一人一人の活動の場面に応じて，様々な役割を果たし，その活動を豊かにしなければならない。

　なお，幼保連携型認定こども園における教育及び保育は，園児が入園してから修了するまでの在園期間全体を通して行われるものであり，この章の第3に示す幼保連携型認定こども園として特に配慮すべき事項を十分に踏まえて行うものとする。

2　幼保連携型認定こども園における教育及び保育の目標

　幼保連携型認定こども園は，家庭との連携を図りながら，この章の第1の1に示す幼保連携型認定こども園における教育及び保育の基本に基づいて一体的に展開される

幼保連携型認定こども園における生活を通して，生きる力の基礎を育成するよう認定こども園法第9条に規定する幼保連携型認定こども園の教育及び保育の目標の達成に努めなければならない。幼保連携型認定こども園は，このことにより，義務教育及びその後の教育の基礎を培うとともに，子どもの最善の利益を考慮しつつ，その生活を保障し，保護者と共に園児を心身ともに健やかに育成するものとする。

なお，認定こども園法第9条に規定する幼保連携型認定こども園の教育及び保育の目標については，発達や学びの連続性及び生活の連続性の観点から，小学校就学の始期に達するまでの時期を通じ，その達成に向けて努力すべき目当てとなるものであることから，満3歳未満の園児の保育にも当てはまることに留意するものとする。

3 幼保連携型認定こども園の教育及び保育において育みたい資質・能力及び「幼児期の終わりまでに育ってほしい姿」

(1) 幼保連携型認定こども園においては，生きる力の基礎を育むため，この章の1に示す幼保連携型認定こども園の教育及び保育の基本を踏まえ，次に掲げる資質・能力を一体的に育むよう努めるものとする。

　ア 豊かな体験を通じて，感じたり，気付いたり，分かったり，できるようになったりする「知識及び技能の基礎」
　イ 気付いたことや，できるようになったことなどを使い，考えたり，試したり，工夫したり，表現したりする「思考力，判断力，表現力等の基礎」
　ウ 心情，意欲，態度が育つ中で，よりよい生活を営もうとする「学びに向かう力，人間性等」

(2) (1)に示す資質・能力は，第2章に示すねらい及び内容に基づく活動全体によって育むものである。

(3) 次に示す「幼児期の終わりまでに育ってほしい姿」は，第2章に示すねらい及び内容に基づく活動全体を通して資質・能力が育まれている園児の幼保連携型認定こども園修了時の具体的な姿であり，保育教諭等が指導を行う際に考慮するものである。

　ア 健康な心と体
　　幼保連携型認定こども園における生活の中で，充実感をもって自分のやりたいことに向かって心と体を十分に働かせ，見通しをもって行動し，自ら健康で安全な生活をつくり出すようになる。
　イ 自立心
　　身近な環境に主体的に関わり様々な活動を楽しむ中で，しなければならないことを自覚し，自分の力で行うために考えたり，工夫したりしながら，諦めずにやり遂げることで達成感を味わい，自信をもって行動するようになる。
　ウ 協同性
　　友達と関わる中で，互いの思いや考えなどを共有し，共通の目的の実現に向けて，考えたり，工夫したり，協力したりし，充実感をもってやり遂げるようになる。
　エ 道徳性・規範意識の芽生え
　　友達と様々な体験を重ねる中で，してよいことや悪いことが分かり，自分の行動を振り返ったり，友達の気持ちに共感したりし，相手の立場に立って行動するようになる。また，きまりを守る必要性が分かり，自分の気持ちを調整し，友達と折り合いを付けながら，きまりをつくったり，守ったりするようになる。
　オ 社会生活との関わり
　　家族を大切にしようとする気持ちをもつとともに，地域の身近な人と触れ合う中で，人との様々な関わり方に気付き，相手の気持ちを考えて関わり，自分が役に立つ喜びを感じ，地域に親しみをもつようになる。また，幼保連携型認定こども園内外の様々な環境に関わる中で，遊びや生活に必要な情報を取り入れ，情報に基づき判断したり，情報を伝え合ったり，活用したりするなど，情報を役立てながら活動するようになるとともに，公共の施設を大切に利用するなどして，社会とのつ

ながりなどを意識するようになる。
カ　思考力の芽生え
　　身近な事象に積極的に関わる中で，物の性質や仕組みなどを感じ取ったり，気付いたりし，考えたり，予想したり，工夫したりするなど，多様な関わりを楽しむようになる。また，友達の様々な考えに触れる中で，自分と異なる考えがあることに気付き，自ら判断したり，考え直したりするなど，新しい考えを生み出す喜びを味わいながら，自分の考えをよりよいものにするようになる。
キ　自然との関わり・生命尊重
　　自然に触れて感動する体験を通して，自然の変化などを感じ取り，好奇心や探究心をもって考え言葉などで表現しながら，身近な事象への関心が高まるとともに，自然への愛情や畏敬の念をもつようになる。また，身近な動植物に心を動かされる中で，生命の不思議さや尊さに気付き，身近な動植物への接し方を考え，命あるものとしていたわり，大切にする気持ちをもって関わるようになる。
ク　数量や図形，標識や文字などへの関心・感覚
　　遊びや生活の中で，数量や図形，標識や文字などに親しむ体験を重ねたり，標識や文字の役割に気付いたりし，自らの必要感に基づきこれらを活用し，興味や関心，感覚をもつようになる。
ケ　言葉による伝え合い
　　保育教諭等や友達と心を通わせる中で，絵本や物語などに親しみながら，豊かな言葉や表現を身に付け，経験したことや考えたことなどを言葉で伝えたり，相手の話を注意して聞いたりし，言葉による伝え合いを楽しむようになる。
コ　豊かな感性と表現
　　心を動かす出来事などに触れ感性を働かせる中で，様々な素材の特徴や表現の仕方などに気付き，感じたことや考えたことを自分で表現したり，友達同士で表現する過程を楽しんだりし，表現する喜びを味わい，意欲をもつようになる。

第2　教育及び保育の内容並びに子育ての支援等に関する全体的な計画等

1　教育及び保育の内容並びに子育ての支援等に関する全体的な計画の作成等

(1) 教育及び保育の内容並びに子育ての支援等に関する全体的な計画の役割

　各幼保連携型認定こども園においては，教育基本法（平成18年法律第120号），児童福祉法（昭和22年法律第164号）及び認定こども園法その他の法令並びにこの幼保連携型認定こども園教育・保育要領の示すところに従い，教育と保育を一体的に提供するため，創意工夫を生かし，園児の心身の発達と幼保連携型認定こども園，家庭及び地域の実態に即応した適切な教育及び保育の内容並びに子育ての支援等に関する全体的な計画を作成するものとする。

　教育及び保育の内容並びに子育ての支援等に関する全体的な計画とは，教育と保育を一体的に捉え，園児の入園から修了までの在園期間の全体にわたり，幼保連携型認定こども園の目標に向かってどのような過程をたどって教育及び保育を進めていくかを明らかにするものであり，子育ての支援と有機的に連携し，園児の園生活全体を捉え，作成する計画である。

　各幼保連携型認定こども園においては，「幼児期の終わりまでに育ってほしい姿」を踏まえ教育及び保育の内容並びに子育ての支援等に関する全体的な計画を作成すること，その実施状況を評価して改善を図っていくこと，また実施に必要な人的又は物的な体制を確保するとともにその改善を図っていくことなどを通して，教育及び保育の内容並びに子育ての支援等に関する全体的な計画に基づき組織的かつ計画的に各幼保連携型認定こども園の教育及び保育活動の質の向上を図っていくこと（以下「カリキュラム・マネジメント」という。）に努めるもの

とする。
(2) 各幼保連携型認定こども園の教育及び保育の目標と教育及び保育の内容並びに子育ての支援等に関する全体的な計画の作成

教育及び保育の内容並びに子育ての支援等に関する全体的な計画の作成に当たっては，幼保連携型認定こども園の教育及び保育において育みたい資質・能力を踏まえつつ，各幼保連携型認定こども園の教育及び保育の目標を明確にするとともに，教育及び保育の内容並びに子育ての支援等に関する全体的な計画の作成についての基本的な方針が家庭や地域とも共有されるよう努めるものとする。

(3) 教育及び保育の内容並びに子育ての支援等に関する全体的な計画の作成上の基本的事項

ア　幼保連携型認定こども園における生活の全体を通して第2章に示すねらいが総合的に達成されるよう，教育課程に係る教育期間や園児の生活経験や発達の過程などを考慮して具体的なねらいと内容を組織するものとする。この場合においては，特に，自我が芽生え，他者の存在を意識し，自己を抑制しようとする気持ちが生まれるなどの乳幼児期の発達の特性を踏まえ，入園から修了に至るまでの長期的な視野をもって充実した生活が展開できるように配慮するものとする。

イ　幼保連携型認定こども園の満3歳以上の園児の教育課程に係る教育週数は，特別の事情のある場合を除き，39週を下ってはならない。

ウ　幼保連携型認定こども園の1日の教育課程に係る教育時間は，4時間を標準とする。ただし，園児の心身の発達の程度や季節などに適切に配慮するものとする。

エ　幼保連携型認定こども園の保育を必要とする子どもに該当する園児に対する教育及び保育の時間（満3歳以上の保育を必要とする子どもに該当する園児については，この章の第2の1の(3)ウに規定する教育時間を含む。）は，1日につき8時間を原則とし，園長がこれを定める。ただし，その地方における園児の保護者の労働時間その他家庭の状況等を考慮するものとする。

(4) 教育及び保育の内容並びに子育ての支援等に関する全体的な計画の実施上の留意事項

各幼保連携型認定こども園においては，園長の方針の下に，園務分掌に基づき保育教諭等職員が適切に役割を分担しつつ，相互に連携しながら，教育及び保育の内容並びに子育ての支援等に関する全体的な計画や指導の改善を図るものとする。また，各幼保連携型認定こども園が行う教育及び保育等に係る評価については，教育及び保育の内容並びに子育ての支援等に関する全体的な計画の作成，実施，改善が教育及び保育活動や園運営の中核となることを踏まえ，カリキュラム・マネジメントと関連付けながら実施するよう留意するものとする。

(5) 小学校教育との接続に当たっての留意事項

ア　幼保連携型認定こども園においては，その教育及び保育が，小学校以降の生活や学習の基盤の育成につながることに配慮し，乳幼児期にふさわしい生活を通して，創造的な思考や主体的な生活態度などの基礎を培うようにするものとする。

イ　幼保連携型認定こども園の教育及び保育において育まれた資質・能力を踏まえ，小学校教育が円滑に行われるよう，小学校の教師との意見交換や合同の研究の機会などを設け，「幼児期の終わりまでに育ってほしい姿」を共有するなど連携を図り，幼保連携型認定こども園における教育及び保育と小学校教育との円滑な接続を図るよう努めるものとする。

2　指導計画の作成と園児の理解に基づいた評価

(1) 指導計画の考え方

幼保連携型認定こども園における教育及び保育は，園児が自ら意欲をもって環境と関わることによりつくり出される具

体的な活動を通して，その目標の達成を図るものである。

幼保連携型認定こども園においてはこのことを踏まえ，乳幼児期にふさわしい生活が展開され，適切な指導が行われるよう，調和のとれた組織的，発展的な指導計画を作成し，園児の活動に沿った柔軟な指導を行わなければならない。

(2) 指導計画の作成上の基本的事項

ア 指導計画は，園児の発達に即して園児一人一人が乳幼児期にふさわしい生活を展開し，必要な体験を得られるようにするために，具体的に作成するものとする。

イ 指導計画の作成に当たっては，次に示すところにより，具体的なねらい及び内容を明確に設定し，適切な環境を構成することなどにより活動が選択・展開されるようにするものとする。

(ｱ) 具体的なねらい及び内容は，幼保連携型認定こども園の生活における園児の発達の過程を見通し，園児の生活の連続性，季節の変化などを考慮して，園児の興味や関心，発達の実情などに応じて設定すること。

(ｲ) 環境は，具体的なねらいを達成するために適切なものとなるように構成し，園児が自らその環境に関わることにより様々な活動を展開しつつ必要な体験を得られるようにすること。その際，園児の生活する姿や発想を大切にし，常にその環境が適切なものとなるようにすること。

(ｳ) 園児の行う具体的な活動は，生活の流れの中で様々に変化するものであることに留意し，園児が望ましい方向に向かって自ら活動を展開していくことができるよう必要な援助をすること。

その際，園児の実態及び園児を取り巻く状況の変化などに即して指導の過程についての評価を適切に行い，常に指導計画の改善を図るものとする。

(3) 指導計画の作成上の留意事項

指導計画の作成に当たっては，次の事項に留意するものとする。

ア 園児の生活は，入園当初の一人一人の遊びや保育教諭等との触れ合いを通して幼保連携型認定こども園の生活に親しみ，安定していく時期から，他の園児との関わりの中で園児の主体的な活動が深まり，園児が互いに必要な存在であることを認識するようになる。その後，園児同士や学級全体で目的をもって協同して幼保連携型認定こども園の生活を展開し，深めていく時期などに至るまでの過程を様々に経ながら広げられていくものである。これらを考慮し，活動がそれぞれの時期にふさわしく展開されるようにすること。

また，園児の入園当初の教育及び保育に当たっては，既に在園している園児に不安や動揺を与えないようにしつつ，可能な限り個別的に対応し，園児が安定感を得て，次第に幼保連携型認定こども園の生活になじんでいくよう配慮すること。

イ 長期的に発達を見通した年，学期，月などにわたる長期の指導計画やこれとの関連を保ちながらより具体的な園児の生活に即した週，日などの短期の指導計画を作成し，適切な指導が行われるようにすること。特に，週，日などの短期の指導計画については，園児の生活のリズムに配慮し，園児の意識や興味の連続性のある活動が相互に関連して幼保連携型認定こども園の生活の自然な流れの中に組み込まれるようにすること。

ウ 園児が様々な人やものとの関わりを通して，多様な体験をし，心身の調和のとれた発達を促すようにしていくこと。その際，園児の発達に即して主体的・対話的で深い学びが実現するようにするとともに，心を動かされる体験が次の活動を生み出すことを考慮し，一つ一つの体験が相互に結び付き，幼保連携型認定こども園の生活が充実するようにすること。

エ 言語に関する能力の発達と思考力等の発達が関連していることを踏まえ，幼保連携型認定こども園における生活

全体を通して，園児の発達を踏まえた言語環境を整え，言語活動の充実を図ること。

オ 園児が次の活動への期待や意欲をもつことができるよう，園児の実態を踏まえながら，保育教諭等や他の園児と共に遊びや生活の中で見通しをもったり，振り返ったりするよう工夫すること。

カ 行事の指導に当たっては，幼保連携型認定こども園の生活の自然な流れの中で生活に変化や潤いを与え，園児が主体的に楽しく活動できるようにすること。なお，それぞれの行事については教育及び保育における価値を十分検討し，適切なものを精選し，園児の負担にならないようにすること。

キ 乳幼児期は直接的な体験が重要であることを踏まえ，視聴覚教材やコンピュータなど情報機器を活用する際には，幼保連携型認定こども園の生活では得難い体験を補完するなど，園児の体験との関連を考慮すること。

ク 園児の主体的な活動を促すためには，保育教諭等が多様な関わりをもつことが重要であることを踏まえ，保育教諭等は，理解者，共同作業者など様々な役割を果たし，園児の情緒の安定や発達に必要な豊かな体験が得られるよう，活動の場面に応じて，園児の人権や園児一人一人の個人差等に配慮した適切な指導を行うようにすること。

ケ 園児の行う活動は，個人，グループ，学級全体などで多様に展開されるものであることを踏まえ，幼保連携型認定こども園全体の職員による協力体制を作りながら，園児一人一人が興味や欲求を十分に満足させるよう適切な援助を行うようにすること。

コ 園児の生活は，家庭を基盤として地域社会を通じて次第に広がりをもつものであることに留意し，家庭との連携を十分に図るなど，幼保連携型認定こども園における生活が家庭や地域社会と連続性を保ちつつ展開されるようにするものとする。その際，地域の自然，高齢者や異年齢の子どもなどを含む人材，行事や公共施設などの地域の資源を積極的に活用し，園児が豊かな生活体験を得られるように工夫するものとする。また，家庭との連携に当たっては，保護者との情報交換の機会を設けたり，保護者と園児との活動の機会を設けたりなどすることを通じて，保護者の乳幼児期の教育及び保育に関する理解が深まるよう配慮するものとする。

サ 地域や幼保連携型認定こども園の実態等により，幼保連携型認定こども園間に加え，幼稚園，保育所等の保育施設，小学校，中学校，高等学校及び特別支援学校などとの間の連携や交流を図るものとする。特に，小学校教育との円滑な接続のため，幼保連携型認定こども園の園児と小学校の児童との交流の機会を積極的に設けるようにするものとする。また，障害のある園児児童生徒との交流及び共同学習の機会を設け，共に尊重し合いながら協働して生活していく態度を育むよう努めるものとする。

(4) 園児の理解に基づいた評価の実施

園児一人一人の発達の理解に基づいた評価の実施に当たっては，次の事項に配慮するものとする。

ア 指導の過程を振り返りながら園児の理解を進め，園児一人一人のよさや可能性などを把握し，指導の改善に生かすようにすること。その際，他の園児との比較や一定の基準に対する達成度についての評定によって捉えるものではないことに留意すること。

イ 評価の妥当性や信頼性が高められるよう創意工夫を行い，組織的かつ計画的な取組を推進するとともに，次年度又は小学校等にその内容が適切に引き継がれるようにすること。

3 特別な配慮を必要とする園児への指導

(1) 障害のある園児などへの指導

障害のある園児などへの指導に当たっては，集団の中で生活することを通して全体的な発達を促していくことに配慮

し，適切な環境の下で，障害のある園児が他の園児との生活を通して共に成長できるよう，特別支援学校などの助言又は援助を活用しつつ，個々の園児の障害の状態などに応じた指導内容や指導方法の工夫を組織的かつ計画的に行うものとする。また，家庭，地域及び医療や福祉，保健等の業務を行う関係機関との連携を図り，長期的な視点で園児への教育及び保育的支援を行うために，個別の教育及び保育支援計画を作成し活用することに努めるとともに，個々の園児の実態を的確に把握し，個別の指導計画を作成し活用することに努めるものとする。
(2) 海外から帰国した園児や生活に必要な日本語の習得に困難のある園児の幼保連携型認定こども園の生活への適応

海外から帰国した園児や生活に必要な日本語の習得に困難のある園児については，安心して自己を発揮できるよう配慮するなど個々の園児の実態に応じ，指導内容や指導方法の工夫を組織的かつ計画的に行うものとする。

第3 幼保連携型認定こども園として特に配慮すべき事項

幼保連携型認定こども園における教育及び保育を行うに当たっては，次の事項について特に配慮しなければならない。
1 当該幼保連携型認定こども園に入園した年齢により集団生活の経験年数が異なる園児がいることに配慮する等，0歳から小学校就学前までの一貫した教育及び保育を園児の発達や学びの連続性を考慮して展開していくこと。特に満3歳以上については入園する園児が多いことや同一学年の園児で編制される学級の中で生活することなどを踏まえ，家庭や他の保育施設等との連携や引継ぎを円滑に行うとともに，環境の工夫をすること。
2 園児の一日の生活の連続性及びリズムの多様性に配慮するとともに，保護者の生活形態を反映した園児の在園時間の長短，入園時期や登園日数の違いを踏まえ，園児一人一人の状況に応じ，教育及び保育の内容やその展開について工夫をすること。特に入園及び年度当初においては，家庭との連携の下，園児一人一人の生活の仕方やリズムに十分に配慮して一日の自然な生活の流れをつくり出していくようにすること。
3 環境を通して行う教育及び保育の活動の充実を図るため，幼保連携型認定こども園における教育及び保育の環境の構成に当たっては，乳幼児期の特性及び保護者や地域の実態を踏まえ，次の事項に留意すること。
(1) 0歳から小学校就学前までの様々な年齢の園児の発達の特性を踏まえ，満3歳未満の園児については特に健康，安全や発達の確保を十分に図るとともに，満3歳以上の園児については同一学年の園児で編制される学級による集団活動の中で遊びを中心とする園児の主体的な活動を通して発達や学びを促す経験が得られるよう工夫をすること。特に，満3歳以上の園児同士が共に育ち，学び合いながら，豊かな体験を積み重ねることができるよう工夫をすること。
(2) 在園時間が異なる多様な園児がいることを踏まえ，園児の生活が安定するよう，家庭や地域，幼保連携型認定こども園における生活の連続性を確保するとともに，一日の生活のリズムを整えるよう工夫をすること。特に満3歳未満の園児については睡眠時間等の個人差に配慮するとともに，満3歳以上の園児については集中して遊ぶ場と家庭的な雰囲気の中でくつろぐ場との適切な調和等の工夫をすること。
(3) 家庭や地域において異年齢の子どもと関わる機会が減少していることを踏まえ，満3歳以上の園児については，学級による集団活動とともに，満3歳未満の園児を含む異年齢の園児による活動を，園児の発達の状況にも配慮しつつ適切に組み合わせて設定するなどの工夫をすること。
(4) 満3歳以上の園児については，特に長期的な休業中，園児が過ごす家庭や園などの生活の場が異なることを踏まえ，それぞれの多様な生活経験が長期的な休業などの終了後等の園生活に生かされるよ

う工夫をすること。
4　指導計画を作成する際には，この章に示す指導計画の作成上の留意事項を踏まえるとともに，次の事項にも特に配慮すること。
(1)　園児の発達の個人差，入園した年齢の違いなどによる集団生活の経験年数の差，家庭環境等を踏まえ，園児一人一人の発達の特性や課題に十分留意すること。特に満3歳未満の園児については，大人への依存度が極めて高い等の特性があることから，個別的な対応を図ること。また，園児の集団生活への円滑な接続について，家庭等との連携及び協力を図る等十分留意すること。
(2)　園児の発達の連続性を考慮した教育及び保育を展開する際には，次の事項に留意すること。
　ア　満3歳未満の園児については，園児一人一人の生育歴，心身の発達，活動の実態等に即して，個別的な計画を作成すること。
　イ　満3歳以上の園児については，個の成長と，園児相互の関係や協同的な活動が促されるよう考慮すること。
　ウ　異年齢で構成されるグループ等での指導に当たっては，園児一人一人の生活や経験，発達の過程などを把握し，適切な指導や環境の構成ができるよう考慮すること。
(3)　一日の生活のリズムや在園時間が異なる園児が共に過ごすことを踏まえ，活動と休息，緊張感と解放感等の調和を図るとともに，園児に不安や動揺を与えないようにする等の配慮を行うこと。その際，担当の保育教諭等が替わる場合には，園児の様子等引継ぎを行い，十分な連携を図ること。
(4)　午睡は生活のリズムを構成する重要な要素であり，安心して眠ることのできる安全な午睡環境を確保するとともに，在園時間が異なることや，睡眠時間は園児の発達の状況や個人によって差があることから，一律とならないよう配慮すること。
(5)　長時間にわたる教育及び保育については，園児の発達の過程，生活のリズム及び心身の状態に十分配慮して，保育の内容や方法，職員の協力体制，家庭との連携などを指導計画に位置付けること。
5　生命の保持や情緒の安定を図るなど養護の行き届いた環境の下，幼保連携型認定こども園における教育及び保育を展開すること。
(1)　園児一人一人が，快適にかつ健康で安全に過ごせるようにするとともに，その生理的欲求が十分に満たされ，健康増進が積極的に図られるようにするため，次の事項に留意すること。
　ア　園児一人一人の平常の健康状態や発育及び発達の状態を的確に把握し，異常を感じる場合は，速やかに適切に対応すること。
　イ　家庭との連携を密にし，学校医等との連携を図りながら，園児の疾病や事故防止に関する認識を深め，保健的で安全な環境の維持及び向上に努めること。
　ウ　清潔で安全な環境を整え，適切な援助や応答的な関わりを通して，園児の生理的欲求を満たしていくこと。また，家庭と協力しながら，園児の発達の過程等に応じた適切な生活のリズムがつくられていくようにすること。
　エ　園児の発達の過程等に応じて，適度な運動と休息をとることができるようにすること。また，食事，排泄，睡眠，衣類の着脱，身の回りを清潔にすることなどについて，園児が意欲的に生活できるよう適切に援助すること。
(2)　園児一人一人が安定感をもって過ごし，自分の気持ちを安心して表すことができるようにするとともに，周囲から主体として受け止められ主体として育ち，自分を肯定する気持ちが育まれていくようにし，くつろいで共に過ごし，心身の疲れが癒やされるようにするため，次の事項に留意すること。
　ア　園児一人一人の置かれている状態や発達の過程などを的確に把握し，園児の欲求を適切に満たしながら，応答的な触れ合いや言葉掛けを行うこと。

イ 園児一人一人の気持ちを受容し，共感しながら，園児との継続的な信頼関係を築いていくこと。
ウ 保育教諭等との信頼関係を基盤に，園児一人一人が主体的に活動し，自発性や探索意欲などを高めるとともに，自分への自信をもつことができるよう成長の過程を見守り，適切に働き掛けること。
エ 園児一人一人の生活のリズム，発達の過程，在園時間などに応じて，活動内容のバランスや調和を図りながら，適切な食事や休息がとれるようにすること。
6 園児の健康及び安全は，園児の生命の保持と健やかな生活の基本であり，幼保連携型認定こども園の生活全体を通して健康や安全に関する管理や指導，食育の推進等に十分留意すること。
7 保護者に対する子育ての支援に当たっては，この章に示す幼保連携型認定こども園における教育及び保育の基本及び目標を踏まえ，子どもに対する学校としての教育及び児童福祉施設としての保育並びに保護者に対する子育ての支援について相互に有機的な連携が図られるようにすること。また，幼保連携型認定こども園の目的の達成に資するため，保護者が子どもの成長に気付き子育ての喜びが感じられるよう，幼保連携型認定こども園の特性を生かした子育ての支援に努めること。

第2章 ねらい及び内容並びに配慮事項

この章に示すねらいは，幼保連携型認定こども園の教育及び保育において育みたい資質・能力を園児の生活する姿から捉えたものであり，内容は，ねらいを達成するために指導する事項である。各視点や領域は，この時期の発達の特徴を踏まえ，教育及び保育のねらい及び内容を乳幼児の発達の側面から，乳児は三つの視点として，幼児は五つの領域としてまとめ，示したものである。内容の取扱いは，園児の発達を踏まえた指導を行うに当たって留意すべき事項である。

各視点や領域に示すねらいは，幼保連携型認定こども園における生活の全体を通じ，園児が様々な体験を積み重ねる中で相互に関連をもちながら次第に達成に向かうものであること，内容は，園児が環境に関わって展開する具体的な活動を通して総合的に指導されるものであることに留意しなければならない。

また，「幼児期の終わりまでに育ってほしい姿」が，ねらい及び内容に基づく活動全体を通して資質・能力が育まれている園児の幼保連携型認定こども園修了時の具体的な姿であることを踏まえ，指導を行う際に考慮するものとする。

なお，特に必要な場合には，各視点や領域に示すねらいの趣旨に基づいて適切な，具体的な内容を工夫し，それを加えても差し支えないが，その場合には，それが第1章の第1に示す幼保連携型認定こども園の教育及び保育の基本及び目標を逸脱しないよう慎重に配慮する必要がある。

第1 乳児期の園児の保育に関するねらい及び内容

基本的事項

1 乳児期の発達については，視覚，聴覚などの感覚や，座る，はう，歩くなどの運動機能が著しく発達し，特定の大人との応答的な関わりを通じて，情緒的な絆が形成されるといった特徴がある。これらの発達の特徴を踏まえて，乳児期の園児の保育は，愛情豊かに，応答的に行われることが特に必要である。
2 本項においては，この時期の発達の特徴を踏まえ，乳児期の園児の保育のねらい及び内容については，身体的発達に関する視点「健やかに伸び伸びと育つ」，社会的発達に関する視点「身近な人と気持ちが通じ合う」及び精神的発達に関する視点「身近なものと関わり感性が育つ」としてまとめ，示している。

ねらい及び内容
健やかに伸び伸びと育つ
〔健康な心と体を育て，自ら健康で安全な生活をつくり出す力の基盤を培う。〕

1 ねらい
(1) 身体感覚が育ち，快適な環境に心地よさを感じる。

(2)　伸び伸びと体を動かし，はう，歩くなどの運動をしようとする。
　(3)　食事，睡眠等の生活のリズムの感覚が芽生える。
2　内容
　(1)　保育教諭等の愛情豊かな受容の下で，生理的・心理的欲求を満たし，心地よく生活をする。
　(2)　一人一人の発育に応じて，はう，立つ，歩くなど，十分に体を動かす。
　(3)　個人差に応じて授乳を行い，離乳を進めていく中で，様々な食品に少しずつ慣れ，食べることを楽しむ。
　(4)　一人一人の生活のリズムに応じて，安全な環境の下で十分に午睡をする。
　(5)　おむつ交換や衣服の着脱などを通じて，清潔になることの心地よさを感じる。
3　内容の取扱い
　上記の取扱いに当たっては，次の事項に留意する必要がある。
　(1)　心と体の健康は，相互に密接な関連があるものであることを踏まえ，温かい触れ合いの中で，心と体の発達を促すこと。特に，寝返り，お座り，はいはい，つかまり立ち，伝い歩きなど，発育に応じて，遊びの中で体を動かす機会を十分に確保し，自ら体を動かそうとする意欲が育つようにすること。
　(2)　健康な心と体を育てるためには望ましい食習慣の形成が重要であることを踏まえ，離乳食が完了期へと徐々に移行する中で，様々な食品に慣れるようにするとともに，和やかな雰囲気の中で食べる喜びや楽しさを味わい，進んで食べようとする気持ちが育つようにすること。なお，食物アレルギーのある園児への対応については，学校医等の指示や協力の下に適切に対応すること。

身近な人と気持ちが通じ合う
〔受容的・応答的な関わりの下で，何かを伝えようとする意欲や身近な大人との信頼関係を育て，人と関わる力の基盤を培う。〕
1　ねらい
　(1)　安心できる関係の下で，身近な人と共に過ごす喜びを感じる。
　(2)　体の動きや表情，発声等により，保育教諭等と気持ちを通わせようとする。
　(3)　身近な人と親しみ，関わりを深め，愛情や信頼感が芽生える。
2　内容
　(1)　園児からの働き掛けを踏まえた，応答的な触れ合いや言葉掛けによって，欲求が満たされ，安定感をもって過ごす。
　(2)　体の動きや表情，発声，喃語等を優しく受け止めてもらい，保育教諭等とのやり取りを楽しむ。
　(3)　生活や遊びの中で，自分の身近な人の存在に気付き，親しみの気持ちを表す。
　(4)　保育教諭等による語り掛けや歌い掛け，発声や喃語等への応答を通じて，言葉の理解や発語の意欲が育つ。
　(5)　温かく，受容的な関わりを通じて，自分を肯定する気持ちが芽生える。
3　内容の取扱い
　上記の取扱いに当たっては，次の事項に留意する必要がある。
　(1)　保育教諭等との信頼関係に支えられて生活を確立していくことが人と関わる基盤となることを考慮して，園児の多様な感情を受け止め，温かく受容的・応答的に関わり，一人一人に応じた適切な援助を行うようにすること。
　(2)　身近な人に親しみをもって接し，自分の感情などを表し，それに相手が応答する言葉を聞くことを通して，次第に言葉が獲得されていくことを考慮して，楽しい雰囲気の中での保育教諭等との関わり合いを大切にし，ゆっくりと優しく話し掛けるなど，積極的に言葉のやり取りを楽しむことができるようにすること。

身近なものと関わり感性が育つ
〔身近な環境に興味や好奇心をもって関わり，感じたことや考えたことを表現する力の基盤を培う。〕
1　ねらい
　(1)　身の回りのものに親しみ，様々なものに興味や関心をもつ。
　(2)　見る，触れる，探索するなど，身近な環境に自分から関わろうとする。

(3) 身体の諸感覚による認識が豊かになり、表情や手足、体の動き等で表現する。

2 内容
(1) 身近な生活用具、玩具や絵本などが用意された中で、身の回りのものに対する興味や好奇心をもつ。
(2) 生活や遊びの中で様々なものに触れ、音、形、色、手触りなどに気付き、感覚の働きを豊かにする。
(3) 保育教諭等と一緒に様々な色彩や形のものや絵本などを見る。
(4) 玩具や身の回りのものを、つまむ、つかむ、たたく、引っ張るなど、手や指を使って遊ぶ。
(5) 保育教諭等のあやし遊びに機嫌よく応じたり、歌やリズムに合わせて手足や体を動かして楽しんだりする。

3 内容の取扱い
上記の取扱いに当たっては、次の事項に留意する必要がある。
(1) 玩具などは、音質、形、色、大きさなど園児の発達状態に応じて適切なものを選び、その時々の園児の興味や関心を踏まえるなど、遊びを通して感覚の発達が促されるものとなるように工夫すること。なお、安全な環境の下で、園児が探索意欲を満たして自由に遊べるよう、身の回りのものについては常に十分な点検を行うこと。
(2) 乳児期においては、表情、発声、体の動きなどで、感情を表現することが多いことから、これらの表現しようとする意欲を積極的に受け止めて、園児が様々な活動を楽しむことを通して表現が豊かになるようにすること。

第2 満1歳以上満3歳未満の園児の保育に関するねらい及び内容

基本的事項

1 この時期においては、歩き始めから、歩く、走る、跳ぶなどへと、基本的な運動機能が次第に発達し、排泄の自立のための身体的機能も整うようになる。つまむ、めくるなどの指先の機能も発達し、食事、衣類の着脱なども、保育教諭等の援助の下で自分で行うようになる。発声も明瞭になり、語彙も増加し、自分の意思や欲求を言葉で表出できるようになる。このように自分でできることが増えてくる時期であることから、保育教諭等は、園児の生活の安定を図りながら、自分でしようとする気持ちを尊重し、温かく見守るとともに、愛情豊かに、応答的に関わることが必要である。

2 本項においては、この時期の発達の特徴を踏まえ、保育のねらい及び内容について、心身の健康に関する領域「健康」、人との関わりに関する領域「人間関係」、身近な環境との関わりに関する領域「環境」、言葉の獲得に関する領域「言葉」及び感性と表現に関する領域「表現」としてまとめ、示している。

ねらい及び内容

健康

〔健康な心と体を育て、自ら健康で安全な生活をつくり出す力を養う。〕

1 ねらい
(1) 明るく伸び伸びと生活し、自分から体を動かすことを楽しむ。
(2) 自分の体を十分に動かし、様々な動きをしようとする。
(3) 健康、安全な生活に必要な習慣に気付き、自分でしてみようとする気持ちが育つ。

2 内容
(1) 保育教諭等の愛情豊かな受容の下で、安定感をもって生活をする。
(2) 食事や午睡、遊びと休息など、幼保連携型認定こども園における生活のリズムが形成される。
(3) 走る、跳ぶ、登る、押す、引っ張るなど全身を使う遊びを楽しむ。
(4) 様々な食品や調理形態に慣れ、ゆったりとした雰囲気の中で食事や間食を楽しむ。
(5) 身の回りを清潔に保つ心地よさを感じ、その習慣が少しずつ身に付く。
(6) 保育教諭等の助けを借りながら、衣類の着脱を自分でしようとする。
(7) 便器での排泄に慣れ、自分で排泄ができるようになる。

3 内容の取扱い

上記の取扱いに当たっては，次の事項に留意する必要がある。
(1) 心と体の健康は，相互に密接な関連があるものであることを踏まえ，園児の気持ちに配慮した温かい触れ合いの中で，心と体の発達を促すこと。特に，一人一人の発育に応じて，体を動かす機会を十分に確保し，自ら体を動かそうとする意欲が育つようにすること。
(2) 健康な心と体を育てるためには望ましい食習慣の形成が重要であることを踏まえ，ゆったりとした雰囲気の中で食べる喜びや楽しさを味わい，進んで食べようとする気持ちが育つようにすること。なお，食物アレルギーのある園児への対応については，学校医等の指示や協力の下に適切に対応すること。
(3) 排泄の習慣については，一人一人の排尿間隔等を踏まえ，おむつが汚れていないときに便器に座らせるなどにより，少しずつ慣れさせるようにすること。
(4) 食事，排泄，睡眠，衣類の着脱，身の回りを清潔にすることなど，生活に必要な基本的な習慣については，一人一人の状態に応じ，落ち着いた雰囲気の中で行うようにし，園児が自分でしようとする気持ちを尊重すること。また，基本的な生活習慣の形成に当たっては，家庭での生活経験に配慮し，家庭との適切な連携の下で行うようにすること。

人間関係
〔他の人々と親しみ，支え合って生活するために，自立心を育て，人と関わる力を養う。〕
1 ねらい
(1) 幼保連携型認定こども園での生活を楽しみ，身近な人と関わる心地よさを感じる。
(2) 周囲の園児等への興味・関心が高まり，関わりをもとうとする。
(3) 幼保連携型認定こども園の生活の仕方に慣れ，きまりの大切さに気付く。
2 内容
(1) 保育教諭等や周囲の園児等との安定した関係の中で，共に過ごす心地よさを感じる。
(2) 保育教諭等の受容的・応答的な関わりの中で，欲求を適切に満たし，安定感をもって過ごす。
(3) 身の回りに様々な人がいることに気付き，徐々に他の園児と関わりをもって遊ぶ。
(4) 保育教諭等の仲立ちにより，他の園児との関わり方を少しずつ身につける。
(5) 幼保連携型認定こども園の生活の仕方に慣れ，きまりがあることや，その大切さに気付く。
(6) 生活や遊びの中で，年長児や保育教諭等の真似をしたり，ごっこ遊びを楽しんだりする。
3 内容の取扱い

上記の取扱いに当たっては，次の事項に留意する必要がある。
(1) 保育教諭等との信頼関係に支えられて生活を確立するとともに，自分で何かをしようとする気持ちが旺盛になる時期であることに鑑み，そのような園児の気持ちを尊重し，温かく見守るとともに，愛情豊かに，応答的に関わり，適切な援助を行うようにすること。
(2) 思い通りにいかない場合等の園児の不安定な感情の表出については，保育教諭等が受容的に受け止めるとともに，そうした気持ちから立ち直る経験や感情をコントロールすることへの気付き等につなげていけるように援助すること。
(3) この時期は自己と他者との違いの認識がまだ十分ではないことから，園児の自我の育ちを見守るとともに，保育教諭等が仲立ちとなって，自分の気持ちを相手に伝えることや相手の気持ちに気付くことの大切さなど，友達の気持ちや友達との関わり方を丁寧に伝えていくこと。

環境
〔周囲の様々な環境に好奇心や探究心をもって関わり，それらを生活に取り入れていこうとする力を養う。〕
1 ねらい
(1) 身近な環境に親しみ，触れ合う中で，様々なものに興味や関心をもつ。

(2)　様々なものに関わる中で，発見を楽しんだり，考えたりしようとする。
　(3)　見る，聞く，触るなどの経験を通して，感覚の働きを豊かにする。
2　内容
　(1)　安全で活動しやすい環境での探索活動等を通して，見る，聞く，触れる，嗅ぐ，味わうなどの感覚の働きを豊かにする。
　(2)　玩具，絵本，遊具などに興味をもち，それらを使った遊びを楽しむ。
　(3)　身の回りの物に触れる中で，形，色，大きさ，量などの物の性質や仕組みに気付く。
　(4)　自分の物と人の物の区別や，場所的感覚など，環境を捉える感覚が育つ。
　(5)　身近な生き物に気付き，親しみをもつ。
　(6)　近隣の生活や季節の行事などに興味や関心をもつ。
3　内容の取扱い
　　上記の取扱いに当たっては，次の事項に留意する必要がある。
　(1)　玩具などは，音質，形，色，大きさなど園児の発達状態に応じて適切なものを選び，遊びを通して感覚の発達が促されるように工夫すること。
　(2)　身近な生き物との関わりについては，園児が命を感じ，生命の尊さに気付く経験へとつながるものであることから，そうした気付きを促すような関わりとなるようにすること。
　(3)　地域の生活や季節の行事などに触れる際には，社会とのつながりや地域社会の文化への気付きにつながるものとなることが望ましいこと。その際，幼保連携型認定こども園内外の行事や地域の人々との触れ合いなどを通して行うこと等も考慮すること。

言葉
〔経験したことや考えたことなどを自分なりの言葉で表現し，相手の話す言葉を聞こうとする意欲や態度を育て，言葉に対する感覚や言葉で表現する力を養う。〕

1　ねらい
　(1)　言葉遊びや言葉で表現する楽しさを感じる。
　(2)　人の言葉や話などを聞き，自分でも思ったことを伝えようとする。
　(3)　絵本や物語等に親しむとともに，言葉のやり取りを通じて身近な人と気持ちを通わせる。
2　内容
　(1)　保育教諭等の応答的な関わりや話し掛けにより，自ら言葉を使おうとする。
　(2)　生活に必要な簡単な言葉に気付き，聞き分ける。
　(3)　親しみをもって日常の挨拶に応じる。
　(4)　絵本や紙芝居を楽しみ，簡単な言葉を繰り返したり，模倣をしたりして遊ぶ。
　(5)　保育教諭等とごっこ遊びをする中で，言葉のやり取りを楽しむ。
　(6)　保育教諭等を仲立ちとして，生活や遊びの中で友達との言葉のやり取りを楽しむ。
　(7)　保育教諭等や友達の言葉や話に興味や関心をもって，聞いたり，話したりする。
3　内容の取扱い
　　上記の取扱いに当たっては，次の事項に留意する必要がある。
　(1)　身近な人に親しみをもって接し，自分の感情などを伝え，それに相手が応答し，その言葉を聞くことを通して，次第に言葉が獲得されていくものであることを考慮して，楽しい雰囲気の中で保育教諭等との言葉のやり取りができるようにすること。
　(2)　園児が自分の思いを言葉で伝えるとともに，他の園児の話などを聞くことを通して，次第に話を理解し，言葉による伝え合いができるようになるよう，気持ちや経験等の言語化を行うことを援助するなど，園児同士の関わりの仲立ちを行うようにすること。
　(3)　この時期は，片言から，二語文，ごっこ遊びでのやり取りができる程度へと，大きく言葉の習得が進む時期であることから，それぞれの園児の発達の状況に応じて，遊びや関わりの工夫など，保育の内容を適切に展開することが必要である

こと。

表現
〔感じたことや考えたことを自分なりに表現することを通して，豊かな感性や表現する力を養い，創造性を豊かにする。〕

1 ねらい
  (1) 身体の諸感覚の経験を豊かにし，様々な感覚を味わう。
  (2) 感じたことや考えたことなどを自分なりに表現しようとする。
  (3) 生活や遊びの様々な体験を通して，イメージや感性が豊かになる。

2 内容
  (1) 水，砂，土，紙，粘土など様々な素材に触れて楽しむ。
  (2) 音楽，リズムやそれに合わせた体の動きを楽しむ。
  (3) 生活の中で様々な音，形，色，手触り，動き，味，香りなどに気付いたり，感じたりして楽しむ。
  (4) 歌を歌ったり，簡単な手遊びや全身を使う遊びを楽しんだりする。
  (5) 保育教諭等からの話や，生活や遊びの中での出来事を通して，イメージを豊かにする。
  (6) 生活や遊びの中で，興味のあることや経験したことなどを自分なりに表現する。

3 内容の取扱い
  上記の取扱いに当たっては，次の事項に留意する必要がある。
  (1) 園児の表現は，遊びや生活の様々な場面で表出されているものであることから，それらを積極的に受け止め，様々な表現の仕方や感性を豊かにする経験となるようにすること。
  (2) 園児が試行錯誤しながら様々な表現を楽しむことや，自分の力でやり遂げる充実感などに気付くよう，温かく見守るとともに，適切に援助を行うようにすること。
  (3) 様々な感情の表現等を通じて，園児が自分の感情や気持ちに気付くようになる時期であることに鑑み，受容的な関わりの中で自信をもって表現をすることや，諦めずに続けた後の達成感等を感じられるような経験が蓄積されるようにすること。
  (4) 身近な自然や身の回りの事物に関わる中で，発見や心が動く経験が得られるよう，諸感覚を働かせることを楽しむ遊びや素材を用意するなど保育の環境を整えること。

第3 満3歳以上の園児の教育及び保育に関するねらい及び内容

基本的事項
1 この時期においては，運動機能の発達により，基本的な動作が一通りできるようになるとともに，基本的な生活習慣もほぼ自立できるようになる。理解する語彙数が急激に増加し，知的興味や関心も高まってくる。仲間と遊び，仲間の中の一人という自覚が生じ，集団的な遊びや協同的な活動も見られるようになる。これらの発達の特徴を踏まえて，この時期の教育及び保育においては，個の成長と集団としての活動の充実が図られるようにしなければならない。
2 本項においては，この時期の発達の特徴を踏まえ，教育及び保育のねらい及び内容について，心身の健康に関する領域「健康」，人との関わりに関する領域「人間関係」，身近な環境との関わりに関する領域「環境」，言葉の獲得に関する領域「言葉」及び感性と表現に関する領域「表現」としてまとめ，示している。

ねらい及び内容
健康
〔健康な心と体を育て，自ら健康で安全な生活をつくり出す力を養う。〕

1 ねらい
  (1) 明るく伸び伸びと行動し，充実感を味わう。
  (2) 自分の体を十分に動かし，進んで運動しようとする。
  (3) 健康，安全な生活に必要な習慣や態度を身に付け，見通しをもって行動する。

2 内容
  (1) 保育教諭等や友達と触れ合い，安定感をもって行動する。

(2) いろいろな遊びの中で十分に体を動かす。
(3) 進んで戸外で遊ぶ。
(4) 様々な活動に親しみ，楽しんで取り組む。
(5) 保育教諭等や友達と食べることを楽しみ，食べ物への興味や関心をもつ。
(6) 健康な生活のリズムを身に付ける。
(7) 身の回りを清潔にし，衣服の着脱，食事，排泄などの生活に必要な活動を自分でする。
(8) 幼保連携型認定こども園における生活の仕方を知り，自分たちで生活の場を整えながら見通しをもって行動する。
(9) 自分の健康に関心をもち，病気の予防などに必要な活動を進んで行う。
(10) 危険な場所，危険な遊び方，災害時などの行動の仕方が分かり，安全に気を付けて行動する。

3 内容の取扱い
　上記の取扱いに当たっては，次の事項に留意する必要がある。
(1) 心と体の健康は，相互に密接な関連があるものであることを踏まえ，園児が保育教諭等や他の園児との温かい触れ合いの中で自己の存在感や充実感を味わうことなどを基盤として，しなやかな心と体の発達を促すこと。特に，十分に体を動かす気持ちよさを体験し，自ら体を動かそうとする意欲が育つようにすること。
(2) 様々な遊びの中で，園児が興味や関心，能力に応じて全身を使って活動することにより，体を動かす楽しさを味わい，自分の体を大切にしようとする気持ちが育つようにすること。その際，多様な動きを経験する中で，体の動きを調整するようにすること。
(3) 自然の中で伸び伸びと体を動かして遊ぶことにより，体の諸機能の発達が促されることに留意し，園児の興味や関心が戸外にも向くようにすること。その際，園児の動線に配慮した園庭や遊具の配置などを工夫すること。
(4) 健康な心と体を育てるためには食育を通じた望ましい食習慣の形成が大切であることを踏まえ，園児の食生活の実情に配慮し，和やかな雰囲気の中で保育教諭等や他の園児と食べる喜びや楽しさを味わったり，様々な食べ物への興味や関心をもったりするなどし，食の大切さに気付き，進んで食べようとする気持ちが育つようにすること。
(5) 基本的な生活習慣の形成に当たっては，家庭での生活経験に配慮し，園児の自立心を育て，園児が他の園児と関わりながら主体的な活動を展開する中で，生活に必要な習慣を身に付け，次第に見通しをもって行動できるようにすること。
(6) 安全に関する指導に当たっては，情緒の安定を図り，遊びを通して安全についての構えを身に付け，危険な場所や事物などが分かり，安全についての理解を深めるようにすること。また，交通安全の習慣を身に付けるようにするとともに，避難訓練などを通して，災害などの緊急時に適切な行動がとれるようにすること。

人間関係
〔他の人々と親しみ，支え合って生活するために，自立心を育て，人と関わる力を養う。〕

1 ねらい
(1) 幼保連携型認定こども園の生活を楽しみ，自分の力で行動することの充実感を味わう。
(2) 身近な人と親しみ，関わりを深め，工夫したり，協力したりして一緒に活動する楽しさを味わい，愛情や信頼感をもつ。
(3) 社会生活における望ましい習慣や態度を身に付ける。

2 内容
(1) 保育教諭等や友達と共に過ごすことの喜びを味わう。
(2) 自分で考え，自分で行動する。
(3) 自分でできることは自分でする。
(4) いろいろな遊びを楽しみながら物事をやり遂げようとする気持ちをもつ。
(5) 友達と積極的に関わりながら喜びや悲しみを共感し合う。
(6) 自分の思ったことを相手に伝え，相手の思っていることに気付く。

(7) 友達のよさに気付き，一緒に活動する楽しさを味わう。
(8) 友達と楽しく活動する中で，共通の目的を見いだし，工夫したり，協力したりなどする。
(9) よいことや悪いことがあることに気付き，考えながら行動する。
(10) 友達との関わりを深め，思いやりをもつ。
(11) 友達と楽しく生活する中できまりの大切さに気付き，守ろうとする。
(12) 共同の遊具や用具を大切にし，皆で使う。
(13) 高齢者をはじめ地域の人々などの自分の生活に関係の深いいろいろな人に親しみをもつ。

3 内容の取扱い
上記の取扱いに当たっては，次の事項に留意する必要がある。
(1) 保育教諭等との信頼関係に支えられて自分自身の生活を確立していくことが人と関わる基盤となることを考慮し，園児が自ら周囲に働き掛けることにより多様な感情を体験し，試行錯誤しながら諦めずにやり遂げることの達成感や，前向きな見通しをもって自分の力で行うことの充実感を味わうことができるよう，園児の行動を見守りながら適切な援助を行うようにすること。
(2) 一人一人を生かした集団を形成しながら人と関わる力を育てていくようにすること。その際，集団の生活の中で，園児が自己を発揮し，保育教諭等や他の園児に認められる体験をし，自分のよさや特徴に気付き，自信をもって行動できるようにすること。
(3) 園児が互いに関わりを深め，協同して遊ぶようになるため，自ら行動する力を育てるようにするとともに，他の園児と試行錯誤しながら活動を展開する楽しさや共通の目的が実現する喜びを味わうことができるようにすること。
(4) 道徳性の芽生えを培うに当たっては，基本的な生活習慣の形成を図るとともに，園児が他の園児との関わりの中で他人の存在に気付き，相手を尊重する気持ちをもって行動できるようにし，また，自然や身近な動植物に親しむことなどを通して豊かな心情が育つようにすること。特に，人に対する信頼感や思いやりの気持ちは，葛藤やつまずきをも体験し，それらを乗り越えることにより次第に芽生えてくることに配慮すること。
(5) 集団の生活を通して，園児が人との関わりを深め，規範意識の芽生えが培われることを考慮し，園児が保育教諭等との信頼関係に支えられて自己を発揮する中で，互いに思いを主張し，折り合いを付ける体験をし，きまりの必要性などに気付き，自分の気持ちを調整する力が育つようにすること。
(6) 高齢者をはじめ地域の人々などの自分の生活に関係の深いいろいろな人と触れ合い，自分の感情や意志を表現しながら共に楽しみ，共感し合う体験を通して，これらの人々などに親しみをもち，人と関わることの楽しさや人の役に立つ喜びを味わうことができるようにすること。また，生活を通して親や祖父母などの家族の愛情に気付き，家族を大切にしようとする気持ちが育つようにすること。

環境
〔周囲の様々な環境に好奇心や探究心をもって関わり，それらを生活に取り入れていこうとする力を養う。〕

1 ねらい
(1) 身近な環境に親しみ，自然と触れ合う中で様々な事象に興味や関心をもつ。
(2) 身近な環境に自分から関わり，発見を楽しんだり，考えたりし，それを生活に取り入れようとする。
(3) 身近な事象を見たり，考えたり，扱ったりする中で，物の性質や数量，文字などに対する感覚を豊かにする。

2 内容
(1) 自然に触れて生活し，その大きさ，美しさ，不思議さなどに気付く。
(2) 生活の中で，様々な物に触れ，その性質や仕組みに興味や関心をもつ。
(3) 季節により自然や人間の生活に変化のあることに気付く。

(4) 自然などの身近な事象に関心をもち，取り入れて遊ぶ。
(5) 身近な動植物に親しみをもって接し，生命の尊さに気付き，いたわったり，大切にしたりする。
(6) 日常生活の中で，我が国や地域社会における様々な文化や伝統に親しむ。
(7) 身近な物を大切にする。
(8) 身近な物や遊具に興味をもって関わり，自分なりに比べたり，関連付けたりしながら考えたり，試したりして工夫して遊ぶ。
(9) 日常生活の中で数量や図形などに関心をもつ。
(10) 日常生活の中で簡単な標識や文字などに関心をもつ。
(11) 生活に関係の深い情報や施設などに興味や関心をもつ。
(12) 幼保連携型認定こども園内外の行事において国旗に親しむ。

3 内容の取扱い

上記の取扱いに当たっては，次の事項に留意する必要がある。
(1) 園児が，遊びの中で周囲の環境と関わり，次第に周囲の世界に好奇心を抱き，その意味や操作の仕方に関心をもち，物事の法則性に気付き，自分なりに考えることができるようになる過程を大切にすること。また，他の園児の考えなどに触れて新しい考えを生み出す喜びや楽しさを味わい，自分の考えをよりよいものにしようとする気持ちが育つようにすること。
(2) 幼児期において自然のもつ意味は大きく，自然の大きさ，美しさ，不思議さなどに直接触れる体験を通して，園児の心が安らぎ，豊かな感情，好奇心，思考力，表現力の基礎が培われることを踏まえ，園児が自然との関わりを深めることができるよう工夫すること。
(3) 身近な事象や動植物に対する感動を伝え合い，共感し合うことなどを通して自分から関わろうとする意欲を育てるとともに，様々な関わり方を通してそれらに対する親しみや畏敬の念，生命を大切にする気持ち，公共心，探究心などが養われるようにすること。
(4) 文化や伝統に親しむ際には，正月や節句など我が国の伝統的な行事，国歌，唱歌，わらべうたや我が国の伝統的な遊びに親しんだり，異なる文化に触れる活動に親しんだりすることを通じて，社会とのつながりの意識や国際理解の意識の芽生えなどが養われるようにすること。
(5) 数量や文字などに関しては，日常生活の中で園児自身の必要感に基づく体験を大切にし，数量や文字などに関する興味や関心，感覚が養われるようにすること。

言葉

〔経験したことや考えたことなどを自分なりの言葉で表現し，相手の話す言葉を聞こうとする意欲や態度を育て，言葉に対する感覚や言葉で表現する力を養う。〕

1 ねらい
(1) 自分の気持ちを言葉で表現する楽しさを味わう。
(2) 人の言葉や話などをよく聞き，自分の経験したことや考えたことを話し，伝え合う喜びを味わう。
(3) 日常生活に必要な言葉が分かるようになるとともに，絵本や物語などに親しみ，言葉に対する感覚を豊かにし，保育教諭等や友達と心を通わせる。

2 内容
(1) 保育教諭等や友達の言葉や話に興味や関心をもち，親しみをもって聞いたり，話したりする。
(2) したり，見たり，聞いたり，感じたり，考えたりなどしたことを自分なりに言葉で表現する。
(3) したいこと，してほしいことを言葉で表現したり，分からないことを尋ねたりする。
(4) 人の話を注意して聞き，相手に分かるように話す。
(5) 生活の中で必要な言葉が分かり，使う。
(6) 親しみをもって日常の挨拶をする。
(7) 生活の中で言葉の楽しさや美しさに気付く。
(8) いろいろな体験を通じてイメージや言

葉を豊かにする。
(9) 絵本や物語などに親しみ，興味をもって聞き，想像をする楽しさを味わう。
(10) 日常生活の中で，文字などで伝える楽しさを味わう。

3 内容の取扱い
上記の取扱いに当たっては，次の事項に留意する必要がある。
(1) 言葉は，身近な人に親しみをもって接し，自分の感情や意志などを伝え，それに相手が応答し，その言葉を聞くことを通して次第に獲得されていくものであることを考慮して，園児が保育教諭等や他の園児と関わることにより心を動かされるような体験をし，言葉を交わす喜びを味わえるようにすること。
(2) 園児が自分の思いを言葉で伝えるとともに，保育教諭等や他の園児などの話を興味をもって注意して聞くことを通して次第に話を理解するようになっていき，言葉による伝え合いができるようにすること。
(3) 絵本や物語などで，その内容と自分の経験とを結び付けたり，想像を巡らせたりするなど，楽しみを十分に味わうことによって，次第に豊かなイメージをもち，言葉に対する感覚が養われるようにすること。
(4) 園児が生活の中で，言葉の響きやリズム，新しい言葉や表現などに触れ，これらを使う楽しさを味わえるようにすること。その際，絵本や物語に親しんだり，言葉遊びなどをしたりすることを通して，言葉が豊かになるようにすること。
(5) 園児が日常生活の中で，文字などを使いながら思ったことや考えたことを伝える喜びや楽しさを味わい，文字に対する興味や関心をもつようにすること。

表現
〔感じたことや考えたことを自分なりに表現することを通して，豊かな感性や表現する力を養い，創造性を豊かにする。〕
1 ねらい
(1) いろいろなものの美しさなどに対する豊かな感性をもつ。
(2) 感じたことや考えたことを自分なりに表現して楽しむ。
(3) 生活の中でイメージを豊かにし，様々な表現を楽しむ。

2 内容
(1) 生活の中で様々な音，形，色，手触り，動きなどに気付いたり，感じたりするなどして楽しむ。
(2) 生活の中で美しいものや心を動かす出来事に触れ，イメージを豊かにする。
(3) 様々な出来事の中で，感動したことを伝え合う楽しさを味わう。
(4) 感じたこと，考えたことなどを音や動きなどで表現したり，自由にかいたり，つくったりなどする。
(5) いろいろな素材に親しみ，工夫して遊ぶ。
(6) 音楽に親しみ，歌を歌ったり，簡単なリズム楽器を使ったりなどする楽しさを味わう。
(7) かいたり，つくったりすることを楽しみ，遊びに使ったり，飾ったりなどする。
(8) 自分のイメージを動きや言葉などで表現したり，演じて遊んだりするなどの楽しさを味わう。

3 内容の取扱い
上記の取扱いに当たっては，次の事項に留意する必要がある。
(1) 豊かな感性は，身近な環境と十分に関わる中で美しいもの，優れたもの，心を動かす出来事などに出会い，そこから得た感動を他の園児や保育教諭等と共有し，様々に表現することなどを通して養われるようにすること。その際，風の音や雨の音，身近にある草や花の形や色など自然の中にある音，形，色などに気付くようにすること。
(2) 幼児期の自己表現は素朴な形で行われることが多いので，保育教諭等はそのような表現を受容し，園児自身の表現しようとする意欲を受け止めて，園児が生活の中で園児らしい様々な表現を楽しむことができるようにすること。
(3) 生活経験や発達に応じ，自ら様々な表現を楽しみ，表現する意欲を十分に発揮させることができるように，遊具や用具

などを整えたり，様々な素材や表現の仕方に親しんだり，他の園児の表現に触れられるよう配慮したりし，表現する過程を大切にして自己表現を楽しめるように工夫すること。

第4 教育及び保育の実施に関する配慮事項

1 満3歳未満の園児の保育の実施については，以下の事項に配慮するものとする。
  (1) 乳児は疾病への抵抗力が弱く，心身の機能の未熟さに伴う疾病の発生が多いことから，一人一人の発育及び発達状態や健康状態についての適切な判断に基づく保健的な対応を行うこと。また，一人一人の園児の生育歴の違いに留意しつつ，欲求を適切に満たし，特定の保育教諭等が応答的に関わるように努めること。更に，乳児期の園児の保育に関わる職員間の連携や学校医との連携を図り，第3章に示す事項を踏まえ，適切に対応すること。栄養士及び看護師等が配置されている場合は，その専門性を生かした対応を図ること。乳児期の園児の保育においては特に，保護者との信頼関係を築きながら保育を進めるとともに，保護者からの相談に応じ支援に努めていくこと。なお，担当の保育教諭等が替わる場合には，園児のそれまでの生育歴や発達の過程に留意し，職員間で協力して対応すること。
  (2) 満1歳以上満3歳未満の園児は，特に感染症にかかりやすい時期であるので，体の状態，機嫌，食欲などの日常の状態の観察を十分に行うとともに，適切な判断に基づく保健的な対応を心掛けること。また，探索活動が十分できるように，事故防止に努めながら活動しやすい環境を整え，全身を使う遊びなど様々な遊びを取り入れること。更に，自我が形成され，園児が自分の感情や気持ちに気付くようになる重要な時期であることに鑑み，情緒の安定を図りながら，園児の自発的な活動を尊重するとともに促していくこと。なお，担当の保育教諭等が替わる場合には，園児のそれまでの経験や発達の過程に留意し，職員間で協力して対応すること。

2 幼保連携型認定こども園における教育及び保育の全般において以下の事項に配慮するものとする。
  (1) 園児の心身の発達及び活動の実態などの個人差を踏まえるとともに，一人一人の園児の気持ちを受け止め，援助すること。
  (2) 園児の健康は，生理的・身体的な育ちとともに，自主性や社会性，豊かな感性の育ちとがあいまってもたらされることに留意すること。
  (3) 園児が自ら周囲に働き掛け，試行錯誤しつつ自分の力で行う活動を見守りながら，適切に援助すること。
  (4) 園児の入園時の教育及び保育に当たっては，できるだけ個別的に対応し，園児が安定感を得て，次第に幼保連携型認定こども園の生活になじんでいくようにするとともに，既に入園している園児に不安や動揺を与えないようにすること。
  (5) 園児の国籍や文化の違いを認め，互いに尊重する心を育てるようにすること。
  (6) 園児の性差や個人差にも留意しつつ，性別などによる固定的な意識を植え付けることがないようにすること。

第3章　健康及び安全

幼保連携型認定こども園における園児の健康及び安全は，園児の生命の保持と健やかな生活の基本となるものであり，第1章及び第2章の関連する事項と併せ，次に示す事項について適切に対応するものとする。その際，養護教諭や看護師，栄養教諭や栄養士等が配置されている場合には，学校医等と共に，これらの者がそれぞれの専門性を生かしながら，全職員が相互に連携し，組織的かつ適切な対応を行うことができるような体制整備や研修を行うことが必要である。

第1 健康支援

1 健康状態や発育及び発達の状態の把握
  (1) 園児の心身の状態に応じた教育及び保育を行うために，園児の健康状態や発育及び発達の状態について，定期的・継続的に，また，必要に応じて随時，把握すること。

(2) 保護者からの情報とともに，登園時及び在園時に園児の状態を観察し，何らかの疾病が疑われる状態や傷害が認められた場合には，保護者に連絡するとともに，学校医と相談するなど適切な対応を図ること。

　(3) 園児の心身の状態等を観察し，不適切な養育の兆候が見られる場合には，市町村（特別区を含む。以下同じ。）や関係機関と連携し，児童福祉法第25条に基づき，適切な対応を図ること。また，虐待が疑われる場合には，速やかに市町村又は児童相談所に通告し，適切な対応を図ること。

2　健康増進

　(1) 認定こども園法第27条において準用する学校保健安全法（昭和33年法律第56号）第5条の学校保健計画を作成する際は，教育及び保育の内容並びに子育ての支援等に関する全体的な計画に位置づくものとし，全ての職員がそのねらいや内容を踏まえ，園児一人一人の健康の保持及び増進に努めていくこと。

　(2) 認定こども園法第27条において準用する学校保健安全法第13条第1項の健康診断を行ったときは，認定こども園法第27条において準用する学校保健安全法第14条の措置を行い，教育及び保育に活用するとともに，保護者が園児の状態を理解し，日常生活に活用できるようにすること。

3　疾病等への対応

　(1) 在園時に体調不良や傷害が発生した場合には，その園児の状態等に応じて，保護者に連絡するとともに，適宜，学校医やかかりつけ医等と相談し，適切な処置を行うこと。

　(2) 感染症やその他の疾病の発生予防に努め，その発生や疑いがある場合には必要に応じて学校医，市町村，保健所等に連絡し，その指示に従うとともに，保護者や全ての職員に連絡し，予防等について協力を求めること。また，感染症に関する幼保連携型認定こども園の対応方法等について，あらかじめ関係機関の協力を得ておくこと。

　(3) アレルギー疾患を有する園児に関しては，保護者と連携し，医師の診断及び指示に基づき，適切な対応を行うこと。また，食物アレルギーに関して，関係機関と連携して，当該幼保連携型認定こども園の体制構築など，安全な環境の整備を行うこと。

　(4) 園児の疾病等の事態に備え，保健室の環境を整え，救急用の薬品，材料等を適切な管理の下に常備し，全ての職員が対応できるようにしておくこと。

第2　食育の推進

1　幼保連携型認定こども園における食育は，健康な生活の基本としての食を営む力の育成に向け，その基礎を培うことを目標とすること。

2　園児が生活と遊びの中で，意欲をもって食に関わる体験を積み重ね，食べることを楽しみ，食事を楽しみ合う園児に成長していくことを期待するものであること。

3　乳幼児期にふさわしい食生活が展開され，適切な援助が行われるよう，教育及び保育の内容並びに子育ての支援等に関する全体的な計画に基づき，食事の提供を含む食育の計画を作成し，指導計画に位置付けるとともに，その評価及び改善に努めること。

4　園児が自らの感覚や体験を通して，自然の恵みとしての食材や食の循環・環境への意識，調理する人への感謝の気持ちが育つように，園児と調理員等との関わりや，調理室など食に関する環境に配慮すること。

5　保護者や地域の多様な関係者との連携及び協働の下で，食に関する取組が進められること。また，市町村の支援の下に，地域の関係機関等との日常的な連携を図り，必要な協力が得られるよう努めること。

6　体調不良，食物アレルギー，障害のある園児など，園児一人一人の心身の状態等に応じ，学校医，かかりつけ医等の指示や協力の下に適切に対応すること。

第3　環境及び衛生管理並びに安全管理

1　環境及び衛生管理

　(1) 認定こども園法第27条において準用する学校保健安全法第6条の学校環境衛

生基準に基づき幼保連携型認定こども園の適切な環境の維持に努めるとともに，施設内外の設備，用具等の衛生管理に努めること。
(2) 認定こども園法第27条において準用する学校保健安全法第6条の学校環境衛生基準に基づき幼保連携型認定こども園の施設内外の適切な環境の維持に努めるとともに，園児及び全職員が清潔を保つようにすること。また，職員は衛生知識の向上に努めること。

2 事故防止及び安全対策
(1) 在園時の事故防止のために，園児の心身の状態等を踏まえつつ，認定こども園法第27条において準用する学校保健安全法第27条の学校安全計画の策定等を通じ，全職員の共通理解や体制づくりを図るとともに，家庭や地域の関係機関の協力の下に安全指導を行うこと。
(2) 事故防止の取組を行う際には，特に，睡眠中，プール活動・水遊び中，食事中等の場面では重大事故が発生しやすいことを踏まえ，園児の主体的な活動を大切にしつつ，施設内外の環境の配慮や指導の工夫を行うなど，必要な対策を講じること。
(3) 認定こども園法第27条において準用する学校保健安全法第29条の危険等発生時対処要領に基づき，事故の発生に備えるとともに施設内外の危険箇所の点検や訓練を実施すること。また，外部からの不審者等の侵入防止のための措置や訓練など不測の事態に備え必要な対応を行うこと。更に，園児の精神保健面における対応に留意すること。

第4 災害への備え

1 施設・設備等の安全確保
(1) 認定こども園法第27条において準用する学校保健安全法第29条の危険等発生時対処要領に基づき，災害等の発生に備えるとともに，防火設備，避難経路等の安全性が確保されるよう，定期的にこれらの安全点検を行うこと。
(2) 備品，遊具等の配置，保管を適切に行い，日頃から，安全環境の整備に努めること。

2 災害発生時の対応体制及び避難への備え
(1) 火災や地震などの災害の発生に備え，認定こども園法第27条において準用する学校保健安全法第29条の危険等発生時対処要領を作成する際には，緊急時の対応の具体的内容及び手順，職員の役割分担，避難訓練計画等の事項を盛り込むこと。
(2) 定期的に避難訓練を実施するなど，必要な対応を図ること。
(3) 災害の発生時に，保護者等への連絡及び子どもの引渡しを円滑に行うため，日頃から保護者との密接な連携に努め，連絡体制や引渡し方法等について確認をしておくこと。

3 地域の関係機関等との連携
(1) 市町村の支援の下に，地域の関係機関との日常的な連携を図り，必要な協力が得られるよう努めること。
(2) 避難訓練については，地域の関係機関や保護者との連携の下に行うなど工夫すること。

第4章　子育ての支援

幼保連携型認定こども園における保護者に対する子育ての支援は，子どもの利益を最優先して行うものとし，第1章及び第2章等の関連する事項を踏まえ，子どもの育ちを家庭と連携して支援していくとともに，保護者及び地域が有する子育てを自ら実践する力の向上に資するよう，次の事項に留意するものとする。

第1 子育ての支援全般に関わる事項

1 保護者に対する子育ての支援を行う際には，各地域や家庭の実態等を踏まえるとともに，保護者の気持ちを受け止め，相互の信頼関係を基本に，保護者の自己決定を尊重すること。
2 教育及び保育並びに子育ての支援に関する知識や技術など，保育教諭等の専門性や，園児が常に存在する環境など，幼保連携型認定こども園の特性を生かし，保護者が子どもの成長に気付き子育ての喜びを感じられるように努めること。

3　保護者に対する子育ての支援における地域の関係機関等との連携及び協働を図り，園全体の体制構築に努めること。
4　子どもの利益に反しない限りにおいて，保護者や子どものプライバシーを保護し，知り得た事柄の秘密を保持すること。

第2　幼保連携型認定こども園の園児の保護者に対する子育ての支援

1　日常の様々な機会を活用し，園児の日々の様子の伝達や収集，教育及び保育の意図の説明などを通じて，保護者との相互理解を図るよう努めること。
2　教育及び保育の活動に対する保護者の積極的な参加は，保護者の子育てを自ら実践する力の向上に寄与するだけでなく，地域社会における家庭や住民の子育てを自ら実践する力の向上及び子育ての経験の継承につながるきっかけとなる。これらのことから，保護者の参加を促すとともに，参加しやすいよう工夫すること。
3　保護者の生活形態が異なることを踏まえ，全ての保護者の相互理解が深まるように配慮すること。その際，保護者同士が子育てに対する新たな考えに出会い気付き合えるよう工夫すること。
4　保護者の就労と子育ての両立等を支援するため，保護者の多様化した教育及び保育の需要に応じて病児保育事業など多様な事業を実施する場合には，保護者の状況に配慮するとともに，園児の福祉が尊重されるよう努め，園児の生活の連続性を考慮すること。
5　地域の実態や保護者の要請により，教育を行う標準的な時間の終了後等に希望する園児を対象に一時預かり事業などとして行う活動については，保育教諭間及び家庭との連携を密にし，園児の心身の負担に配慮すること。その際，地域の実態や保護者の事情とともに園児の生活のリズムを踏まえつつ，必要に応じて，弾力的な運用を行うこと。
6　園児に障害や発達上の課題が見られる場合には，市町村や関係機関と連携及び協力を図りつつ，保護者に対する個別の支援を行うよう努めること。
7　外国籍家庭など，特別な配慮を必要とする家庭の場合には，状況等に応じて個別の支援を行うよう努めること。
8　保護者に育児不安等が見られる場合には，保護者の希望に応じて個別の支援を行うよう努めること。
9　保護者に不適切な養育等が疑われる場合には，市町村や関係機関と連携し，要保護児童対策地域協議会で検討するなど適切な対応を図ること。また，虐待が疑われる場合には，速やかに市町村又は児童相談所に通告し，適切な対応を図ること。

第3　地域における子育て家庭の保護者等に対する支援

1　幼保連携型認定こども園において，認定こども園法第2条第12項に規定する子育て支援事業を実施する際には，当該幼保連携型認定こども園がもつ地域性や専門性などを十分に考慮して当該地域において必要と認められるものを適切に実施すること。また，地域の子どもに対する一時預かり事業などの活動を行う際には，一人一人の子どもの心身の状態などを考慮するとともに，教育及び保育との関連に配慮するなど，柔軟に活動を展開できるようにすること。
2　市町村の支援を得て，地域の関係機関等との積極的な連携及び協働を図るとともに，子育ての支援に関する地域の人材の積極的な活用を図るよう努めること。また，地域の要保護児童への対応など，地域の子どもを巡る諸課題に対し，要保護児童対策地域協議会など関係機関等と連携及び協力して取り組むよう努めること。
3　幼保連携型認定こども園は，地域の子どもが健やかに育成される環境を提供し，保護者に対する総合的な子育ての支援を推進するため，地域における乳幼児期の教育及び保育の中心的な役割を果たすよう努めること。

編者・執筆者一覧

● 編　者

無藤　　隆（白梅学園大学大学院特任教授）　　　はじめに，序章

● 執筆者

北野　幸子（神戸大学准教授）　　　　　　　　　第1章　1
掘越　紀香（国立教育政策研究所総括研究官）　　第1章　2
瀧川　光治（大阪総合保育大学教授）　　　　　　第1章　3
神長美津子（國學院大學教授）　　　　　　　　　第1章　4
相馬　靖明（保育のデザイン研究所）　　　　　　第1章　5
山下　文一（松蔭大学教授）　　　　　　　　　　第1章　6
市川奈緒子（白梅学園大学准教授）　　　　　　　第1章　7
松嵜　洋子（千葉大学教授）　　　　　　　　　　第1章　8【健康】
古賀　松香（京都教育大学准教授）　　　　　　　第1章　8【人間関係】
本山　方子（奈良女子大学准教授）　　　　　　　第1章　8【環境】
横山真貴子（奈良教育大学教授）　　　　　　　　第1章　8【言葉】
吉永　早苗（岡山県立大学教授）　　　　　　　　第1章　8【表現】
大方　美香（大阪総合保育大学教授）　　　　　　第1章　9
天野　珠路（鶴見大学短期大学部教授）　　　　　第1章　10
齊藤多江子（こども教育宝仙大学准教授）　　　　第1章　11
和田　美香（東京家政学院大学准教授）　　　　　第1章　12
岡村　　宣（学校法人聖和学園理事長）　　　　　第1章　13
吉永　安里（國學院大學准教授）　　　　　　　　第1章　14
荒牧美佐子（目白大学准教授）　　　　　　　　　第2章　1
内田　千春（東洋大学教授）　　　　　　　　　　第2章　2
安藤　智子（筑波大学教授）　　　　　　　　　　第2章　3
白川　佳子（共立女子大学教授）　　　　　　　　第2章　4
宮田まり子（白梅学園大学講師）　　　　　　　　第2章　5
若山　育代（富山大学准教授）　　　　　　　　　第2章　6
伊藤　理絵（名古屋女子大学短期大学部講師）　　第2章　7
佐久間路子（白梅学園大学教授）　　　　　　　　第2章　8

広瀬　美和（城西国際大学准教授）　　　　　　　　　第2章 9
野口　隆子（東京家政大学准教授）　　　　　　　　　第3章 1
富山　大士（秋草学園短期大学准教授）　　　　　　　第3章 2
岸野　麻衣（福井大学准教授）　　　　　　　　　　　第3章 3
深田　昭三（愛媛大学教授）　　　　　　　　　　　　第3章 4
津金美智子（名古屋学芸大学教授）　　　　　　　　　第3章 5
中坪　史典（広島大学大学院准教授）　　　　　　　　第3章 6
若盛　正城（幼保連携型認定こども園こどものもり理事長・園長）第3章 7
中村　章啓（社会福祉法人柿ノ木会野中保育園事務長）第3章 8
矢藤誠慈郎（岡崎女子大学教授）　　　　　　　　　　第3章 9
原　　孝成（目白大学准教授）　　　　　　　　　　　第3章 10

〔掲載順／職名は執筆時現在〕

● 編　者

無藤　隆（むとう・たかし）

東京大学教育学部卒業，東京大学大学院教育学研究科博士課程中途退学。聖心女子大学助教授，お茶の水女子大学生活科学部教授などを経て，現在，白梅学園大学大学院特任教授。日本発達心理学会元理事長，日本質的心理学会元理事長，中央教育審議会委員，同教育課程部会前部会長。主著書に『幼児教育のデザイン』（東京大学出版会），『質的心理学講座第１巻』（共編著，東京大学出版会），『発達心理学全２巻』（共編著，東京大学出版会）など。

育てたい子どもの姿とこれからの保育
―平成30年度施行　幼稚園・保育所・認定こども園　新要領・指針対応―

2018年３月15日　第１刷発行
2018年12月20日　第６刷発行

　　　編　者　**無藤　隆**
　　　発　行　**株式会社ぎょうせい**
　　　　　　　〒136-8575　東京都江東区新木場1-18-11
　　　　　　　　　電　話　編集　03-6892-6508
　　　　　　　　　　　　　営業　03-6892-6666
　　　　　　　　　フリーコール　0120-953-431
　　　　　　　　　URL：https://gyosei.jp

〈検印省略〉

印刷　ぎょうせいデジタル株式会社
乱丁・落丁本は，送料小社負担にてお取り替えいたします。
©2018 Printed in Japan　禁無断転載・複製
ISBN978-4-324-10462-0（5108401-00-000）［略号：これからの保育］

"量"の拡充が進む今だからこそ、保育と子育て支援の"質"を大切にしたい。

子どもの育ちを支える方々のためにすぐ役立つ技と知恵を凝縮！

保育現場で使える カウンセリング・テクニック
［全2巻］

諸富祥彦・冨田久枝【編著】

B5判・並製本カバー装
各巻定価（本体 2,100 円＋税）　各巻送料 350 円
セット定価（本体 4,200 円＋税）　セット送料サービス

子どもの保育・発達支援 編

○発達上の課題を抱える子、ちょっと気になる子。──そんな子どもたちの心を支え、問題を解決するのに役立つ「カウンセリング技法」を豊富に紹介します。
○よくある現場の悩みや子どもの状態・問題を題材としたケーススタディ形式。会話例も豊富に盛り込みました。

〔主な目次〕　第1章　子どもと関わるカウンセリング・テクニック
　　　　　　　第2章　保育現場から見える"いまどき"の子どもたちの姿
　　　　　　　第3章　事例で考える 保育者のためのカウンセリング・テクニック

保護者支援、先生のチームワーク 編

○「課題を抱える子とその親への一体的な支援」とは？「保護者自身の問題」に対しては何ができるのか？「先生自身の人間関係」をスムーズにするためには？　「カウンセリング技法」を生かした支援・解決策を紹介します。
○「子どもが好き。だからこの仕事に就いたのに……」。保護者や同僚・先輩ら「大人への対応」で悩んでいる先生方のための具体的ヒントが満載です。

〔主な目次〕　第1章　保護者や他の先生と関わるカウンセリング・テクニック
　　　　　　　第2章　"いまどき"の保育者の悩み──大人対応に振り回される保育現場
　　　　　　　第3章　事例で考える 保育者のためのカウンセリング・テクニック

株式会社　ぎょうせい
〒136-8575　東京都江東区新木場 1-18-11

フリーコール
TEL: 0120-953-431　［平日 9～17時］　FAX:0120-953-495
https://shop.gyosei.jp　　ぎょうせいオンライン　検索